奥赛经典

专题研究系列

初中数学竞赛中的数论问题

湖 南 省 数 学 会
湖南师范大学数学奥林匹克研究所 组编

◇沈文选 张 垚 吴仁芳/编著

湖南师范大学出版社

◆**沈文选**

男,1948 年生,湖南师范大学数学与计算机科学学院教授,硕士生导师,湖南师范大学数学奥林匹克研究所副所长,中国数学奥林匹克高级教练,全国初等数学研究会理事长,全国高等师范院校数学教育研究会常务理事,《数学教育学报》编委,湖南省高师教育研究会理事长,湖南省数学会初等数学委员会副主任,湖南省数学奥林匹克培训的主要组织者与授课者,湖南师大附中、长沙市一中数学奥林匹克培训主要教练.

已出版著作《走进教育数学》、《单形论导引》、《矩阵的初等应用》、《中学数学思想方法》、《竞赛数学教程》等 40 余部,发表学术论文《奥林匹克数学研究与数学奥林匹克教育》等 100 余篇,发表初等数学研究、数学思想方法研究和数学奥林匹克研究等文章 200 余篇.多年来为全国初、高中数学联赛,数学冬令营提供试题 20 余道,是 1997 年全国高中数学联赛,2002 年全国初中数学联赛,2003 年第 18 届数学冬令营命题组成员.

◆**张　垚**

男,1938 年生,湖南师范大学数学与计算机科学学院教授,中国数学奥林匹克高级教练,湖南省数学奥林匹克主教练,美国《数学评论》评论员.1987～1999 年任湖南省数学会副理事长兼普及工作委员会主任,负责全省数学竞赛的组织及培训工作,并主持了 1989 年全国初中数学联赛和 1997 年全国高中数学联赛的命题工作.

已出版图书《数学奥林匹克理论、方法、技巧》等 20 余部,发表学术论文 80 余篇.从 1992 年起享受国务院颁发的政府特殊津贴.曾荣获湖南省优秀教师,全国优秀教师,曾宪梓教育基金高等师范院校教师奖三等奖,湖南省教委科技进步奖二等奖等多项表彰和奖励.所培训的学生有 100 余人进入全国中学生数学冬令营,其中有 40 余人进入国家集训队,14 人进入国家队,在国际中学生数学竞赛(IMO)中,共夺得 10 枚金牌和 3 枚银牌.

◆**吴仁芳**

男,1975 年生,湖南师范大学数学与计算机科学学院讲师.主要研究方向:数学教育、数学竞赛.从 2006 年起负责湖南省数学奥林匹克组织和培训工作,为初、高中竞赛选手做了大量的培训工作.

已出版著作《奥赛经典·解题金钥匙初中数学》、《奥赛经典·解题金钥匙高中数学》、《奥赛经典·分级精讲与测试高一数学》、《新课程教学资源库·数学教学资料(1～3 年级)》、《新课程教学资源库·数学教学资料(7 年级)》、《中学几何研究》等,在国内外重要数学学术期刊发表学术论文 10 余篇.

奋发图强，力争上游，

为提高我国数学水平

而共同努力。

王梓坤敬书

▲ 王梓坤：中国科学院院士

湖南省中学生在国际数学奥林匹克中的获奖情况

届　次	获奖情况
第 28 届 （1987）	刘　雄（湖南湘阴一中）　金牌
第 32 届 （1991）	郭早阳（湖南师大附中）　银牌
第 34 届 （1993）	刘　炀（湖南师大附中）　金牌
第 35 届 （1994）	彭建波（湖南师大附中）　金牌
第 39 届 （1998）	艾颖华（湖南师大附中）进国家队 该届国家队未参赛
第 40 届 （1999）	孔文彬（湖南师大附中）　银牌
第 41 届 （2000）	刘志鹏（长沙市一中）　金牌
第 42 届 （2001）	张志强（长沙市一中）　金牌 余　君（湖南师大附中）　金牌
第 43 届 （2002）	肖　维（湖南师大附中）　金牌
第 44 届 （2003）	王　伟（湖南师大附中）　金牌 向　振（长沙市一中）　金牌
第 45 届 （2004）	李先颖（湖南师大附中）　金牌
第 48 届 （2007）	胡　涵（湖南师大附中）　银牌

前 言

　　数学奥林匹克是起步最早、规模最大、类型多种、层次较多的一项学科竞赛活动. 多年来的实践表明：这项活动可以激发青少年学习数学的兴趣, 焕发青少年的学习热情, 吸引他们去读一些数学小册子, 促使他们寻找机会去听一些名师的讲座；这项活动可以使参与者眼界大开, 跳出一个班、一个学校或一个地区的小圈子, 与其他高手切磋, 培养他们喜爱有挑战性数学问题的素养与精神；这项活动可以使参与者求知欲望大增, 使得他们的阅读能力、理解能力、交流能力、表达能力等与日俱进. 这是一种有深刻内涵的文化现象, 因此, 越来越多的国家或地区除组织本国或本地区的各级各类数学奥林匹克外, 还积极地参与到国际数学奥林匹克中.

　　我国自 1986 年参加国际数学奥林匹克以来, 所取得的成绩举世公认, 十多年来一直保持世界领先水平. 其中, 截至 2010 年, 湖南的学生已取得 10 块金牌、3 块银牌的好成绩. 这优异的成绩, 是中华民族精神的体现, 是国人潜质的反映, 是民族强盛的希望. 为使我国数学奥林匹克事业可持续发展, 一方面要继续吸引越来越多的青少年参与, 吸引一部分数学工作者扎实地投入到这项活动中来, 另一方面要深入研究奥林匹克数学的理论体系, 要深入研究数学奥林匹克教育理论与教学方略, 研究数学奥林匹克教育与中学数学教育的内在联系. 为此, 在中国数学奥林匹克委员会领导的大力支持与热情指导下, 2003 年, 湖南师范大学成立了"数学奥林匹克研究所". 研究所组建一年后, 我们几位教授都积极投身到研究所的工作中, 除深入进行奥林匹克数学与数学奥林匹克教育理论研究外, 还将我们多年积累的辅导讲座资料进行了全面、系统的整理, 以专题讲座的形式编写了《奥赛经典·专题研究系列》, 高中分几何、代数、组合、数论、真题分析五卷, 初中分几何、代数、组合、数论四卷. 这些丰富、系统的专题知识不仅是创新地解竞赛题所不可或缺的材料, 而且还可激发解竞赛题的直觉或灵感. 从教育心理学角度上说, 只有具备了充分的专题知识与逻辑推理知识, 才能有目的、有方向、有成效地进行探究性活动.

编　者

目　录

专题研究系列

○ 初中数学竞赛中的数论问题

第一章　整数的封闭性运算

【基础知识】

任何两个整数的和、差、积以及乘方运算的结果仍为整数.因此,这几种运算称为整数的封闭运算.

【典型例题与基本方法】

例 1　(1995 年全国联赛题)方程组 $\begin{cases} xy+yz=63, \\ xz+yz=23 \end{cases}$ 的正整数解的组数是(　　).

A. 1　　　　　　B. 2　　　　　　C. 3　　　　　　D. 4

解　选 B.理由:由 x,y,z 均表示正整数,根据整数运算的封闭性,由第二个方程得 $z(x+y)=23$,而 23 不是两个正整数(除去 1 与 23)的乘积,故可得 $\begin{cases} z=1, \\ x+y=23 \end{cases}$ 或 $\begin{cases} z=23, \\ x+y=1. \end{cases}$

而 $x+y=1$ 不可能是两个正整数的和式,故舍去.

把 $z=1$ 代入题设方程组得 $\begin{cases} xy+y=63, \\ x+y=23. \end{cases}$

因此,原方程组的正整数解为 $(x,y,z)=(20,3,1),(2,21,1)$.

例 2　(2007 年天津市竞赛题)八年级二班的同学参加社区公益活动——收集废旧电池,其中,甲组同学平均每人收集 17 个,乙组同学平均每人收集 20 个,丙组同学平均每人收集 21 个.若这三个小组共收集了 233 个废旧电池,则这三个小组共有学生(　　)人.

A. 12　　　　　　B. 13　　　　　　C. 14　　　　　　D. 15

解　选 A.理由:设甲、乙、丙三个小组的学生人数分别为 x,y,z.由题意得

$17x+20y+21z=233$.

因 $233=17x+20y+21z>17x+17y+17z$,则

$x+y+z<\dfrac{233}{17}=13\dfrac{12}{17}$.

1

又 $233=17x+20y+21z<21x+21y+21z$,则

$$x+y+z>\frac{233}{21}=11\frac{2}{21}.$$

于是,$11\frac{2}{21}<x+y+z<13\frac{12}{17}.$

由于 x,y,z 均为正整数,则

$x+y+z=12$ 或 $x+y+z=13$.

（ⅰ）当 $x+y+z=13$ 时,由方程组

$$\begin{cases} x+y+z=13, \\ 17x+20y+21z=233 \end{cases}$$

消去 x,得 $3y+4z=12$,此方程无正整数解.

（ⅱ）当 $x+y+z=12$ 时,由方程组

$$\begin{cases} x+y+z=12, \\ 17x+20y+21z=233 \end{cases}$$

消去 z,得 $4x+y=19$,此方程有正整数解.

故 $x+y+z=12$,即三个小组共有学生 12 人.

实际上,由于 x,y,z 均为正整数,并结合方程组 $\begin{cases} x+y+z=12, \\ 4x+y=19, \end{cases}$ 可解得

$(x,y,z)=(3,7,2),(4,3,5)$.

例 3 （2002 年"我爱数学"初中生夏令营竞赛题）如果一个正整数等于它的各位数字之和的 4 倍,那么,我们就把这个正整数叫做四合数.所有四合数的总和等于_____.

解 填 120.理由:根据四合数为一位数、两位数、高于两位数进行分类讨论.一位数四合数满足 $a=4a$,推出 $a=0$,这表明一位数的四合数不存在.二位数四合数满足 $\overline{ab}=4(a+b)$,即 $10a+b=4a+4b$,亦即 $2a=b$,得四组解:$a=1,b=2$;$a=2,b=4$;$a=3,b=6$;$a=4,b=8$.

故所求四合数为 12,24,36,48.它们的总和为 $12+24+36+48=120$.

三位数四合数满足 $\overline{abc}=4(a+b+c)$,

即 $100a+10b+c=4a+4b+4c$,亦即 $96a+6b-3c=0$.

因为 $a\geqslant1,0\leqslant b,c\leqslant9$,

所以此方程无解.

这表明三位数四合数不存在.同样的分析可知三位数以上的四合数也不存在.因此所有四合数的总和等于 120.

例 4 （2000 年重庆市竞赛题）一个四位数与它的四个数字之和恰好等于 2001,则

这个四位数为_____.

解 1977.理由:设这个四位数为 $N=\overline{abcd}$,则由题意有:

$1000a+100b+10c+d+a+b+c+d=1001a+101b+11c+2d=2001$.

由此可推得 $a=1$,于是 $101b+11c+2d=1000$.

由此推得 $b+c+2d=10,20$ 或 30.

(1)若 $b+c+2d=10$,则 $100b+10c=990$.

由此得 $b=9,c=9$,从而 $d=-8$,矛盾.

(2)若 $b+c+2d=20$,则 $100b+10c=980$,从而得

$b=9,c=8$,从而 $d=1.5$,矛盾.

(3)若 $b+c+2d=30$,则 $100b+10c=970$,从而得

$b=9,c=7,d=7$.

因此本题所求的四位数是 1977.

【解题思维策略分析】

1. 注意整数乘积或幂中的特殊因数

例 5 (2008 年青少年数学国际城市邀请赛题)已知 n 为正整数,使得 $1+n+\dfrac{n(n-1)}{2}+\dfrac{n(n-1)(n-2)}{6}=2^k$($k$ 是正整数).求所有可能的 n 值的总和.

解 因为 $1+n+\dfrac{n(n-1)}{2}+\dfrac{n(n-1)(n-2)}{6}=\dfrac{(n+1)(n^2-n+6)}{6}$,

所以,$n+1$ 是 2 的方幂或 2 的方幂的 3 倍.

(i)若 $n+1=2^m(m\in \mathbf{N}_+)$,则 $n^2-n+6=2^{2m}-3\times2^m+8$ 是 2 的方幂的 3 倍.

当 $m>3$ 时,有 $3\times2^{2m-2}<4\times2^{2m-2}-3\times2^m<2^{2m}-3\times2^m+8<2^{2m}=4\times2^{2m-2}$.

所以,n^2-n+6 不是 2 的方幂的 3 倍.

因此,$m\leqslant3$.从而,只需验证 $n=1,3$ 及 7 的情形,它们都符合题意.

(ii)若 $n+1=3\times2^m$(m 是非负整数),则 $n^2-n+6=9\times2^{2m}-9\times2^m+8$ 是 2 的方幂.

当 $m>3$ 时,有 $2^{2m+3}=8\times2^{2m}<9\times2^{2m}-9\times2^m<9\times2^{2m}-9\times2^m+8<9\times2^{2m}<2^{2m+4}$.

所以,n^2-n+6 不是 2 的方幂.

因此,$m\leqslant3$.从而,只需验证 $n=2,5,11$ 及 23 的情形.经验证,$n=2$ 及 23 符合题意.

故所有可能的 n 值的总和为 $1+2+3+7+23=36$.

○初中数学竞赛中的数论问题

2. 注意整数运算的封闭性

例 6　（2007 年"新知杯"上海市竞赛题）求满足下列条件的正整数 n 的所有可能值：对这样的 n，能找到实数 a,b，使得函数 $f(x)=\frac{1}{n}x^2+ax+b$ 对任意整数 x，$f(x)$ 都是整数.

解　设 $f(x)=\frac{1}{n}x^2+ax+b$ 对任意整数 x，$f(x)$ 都是整数，则

$$g(x)=f(x+1)-f(x)$$
$$=\left[\frac{1}{n}(x+1)^2+a(x+1)+b\right]-\left(\frac{1}{n}x^2+ax+b\right)$$
$$=\frac{2}{n}x+\frac{1}{n}+a$$

也为整数.

进而，$g(x+1)-g(x)=\frac{2}{n}$ 也是整数.

所以，$n=1$ 或 2.

当 $n=1$ 时，取整数 a,b，则 $f(x)=x^2+ax+b$ 对任意整数 x，$f(x)$ 都是整数.

当 $n=2$ 时，取 $a=\frac{1}{2}$，b 为整数，则 $f(x)=\frac{1}{2}x^2+\frac{1}{2}x+b=\frac{1}{2}x(x+1)+b$ 对任意整数 x，$f(x)$ 都是整数.

综上所述，$n=1$ 或 2.

3. 注意在分数不等式中取整数的条件

例 7　已知 n,k 均为正整数，且满足不等式

$$\frac{1}{7}<\frac{n-k}{n+k}<\frac{63}{439}.$$

若对于某一给定的正整数 n，只有唯一的一个正整数 k 使不等式成立. 求所有符合要求的正整数 n 中的最大值和最小值.

解　由已知不等式得 $\frac{188}{251}n<k<\frac{3}{4}n$.　　　　　　　　⊛

因为 k 为正整数，对于给定的 n 来说，k 的值只有一个，所以，$\frac{3}{4}n-\frac{188}{251}n\leqslant 2$，

即 $\frac{n}{1004}\leqslant 2\Rightarrow n\leqslant 2008$.

当 $n=2008$ 时，代入式 ⊛ 得 $1504<k<1506$.

因此，k 的值只能取唯一的值 1505.

故 n 的最大值为 2008.

由式⊛得 $\frac{752}{251}<\frac{4k}{n}<3$,即 $\frac{250}{251}<\frac{4k-2n}{n}<1$,得 $n>251$.

当 $n=252,253,254$ 时,分别代入式⊛,依次有

$188\frac{188}{251}<k<189$,

$189\frac{125}{251}<k<189\frac{3}{4}$,

$190\frac{62}{251}<k<190\frac{1}{2}$,

均不符合要求.

当 $n=255$ 时,$190\frac{250}{251}<k<191\frac{1}{4}$.

故有唯一的正整数 $k=191$.

所以,$n=255$ 是符合条件的最小值.

因此,所有符合要求的正整数 n 中的最大值是 2008,最小值是 191.

【模拟实战】

A 组

1. 若满足不等式 $\frac{8}{15}<\frac{n}{n+k}<\frac{7}{13}$ 的整数 k 只有一个,则正整数 n 的最大值为( ).

    A. 100   B. 112   C. 120   D. 150

2. 若 $\sqrt{m^2+1203}$ 是整数,则所有满足条件的正整数 m 的和为( ).

    A. 401   B. 800   C. 601   D. 1203

3. 若直角三角形的一条直角边长为 12,另两条边长均为整数,则符合这样条件的直角三角形共有( )个.

    A. 1   B. 6   C. 4   D. 无数多

4. 2009 是一个具有如下性质的年号:它的各位数码之和为 11. 那么,自古至今,这种四位数的年号共出现过_____次.

5. (2005 年全国联赛题)不超过 100 的自然数中,将凡是 3 或 5 的倍数的数相加,其和为_____.

B 组

1.(2008 年四川省竞赛题)已知正整数 a,b,c 满足 $a<b<c$,且 $ab+bc+ca=abc$. 求所有符合条件的 a,b,c.

2.(2009 年南昌市竞赛题)已知 n 是大于 1 的整数.求证:n^3 可以写成两个正整数的平方差.

3.(第 4 届中国趣味数学决赛题)有 20 堆石子,每堆都有 2006 粒石子.从任意 19 堆中各取一粒放入另一堆,称为一次操作.经过不足 20 次操作后,某一堆中有 1990 粒石子,另一堆石子数在 2080 到 2100 之间.这一堆石子有_____粒.

4.(1995 年全国联赛(民族卷)题)已知正整数 a,b,c 满足下述条件:$a>b>c$,$(a-b)(b-c)(a-c)=72$,且 $abc<100$,求 a,b,c.

5.(2006 年全国竞赛题)2006 个都不等于 119 的正整数 $a_1,a_2,\cdots,a_{2006}$ 排成一行,其中任意连续若干项之和都不等于 119,求 $a_1+a_2+\cdots+a_{2006}$ 的最小值.

6.(第 13 届日本奥数决赛题)平太给大介出了一道计算题(A,B 各代表两位数中各位上的数字,相同的字母代表相同的数字):$\overline{AB} \times \overline{BA} = \Box$.

大介:"得数是 2872."

平太:"不对."

大介:"个位的数字对吗?"

平太:"对."

大介:"其他数位的数字有对的吗?"

平太:"这是保密的.但你调换一下四位数 2872 中 4 个数字的位置,就能得出正确答案."

请求出正确答案.

第二章　正整数的多项式表示及应用

【基础知识】

给定一个 m 位正整数 N,其各位上的数字分别记为 $a_{m-1},a_{m-2},\cdots,a_1,a_0$. 此数常简记为 $N=\overline{a_{m-1}a_{m-2}\cdots a_1a_0}(a_{m-1}\neq0)$.

由于我们研究的正整数通常是十进位制的,因此,常将正整数 N 表示成关于 10 的 $m-1$ 次多项式,即

$$N=a_{m-1}\cdot10^{m-1}+a_{m-2}\cdot10^{m-2}+\cdots+a_1\cdot10+a_0,$$

其中 $a_i\in\{0,1,2,\cdots,9\}$,$i=0,1,2,\cdots,m-1$,且 $a_{m-1}\neq0$.

简记为 $N=(a_{m-1}a_{m-2}\cdots a_1a_0)_{10}=$ 十进制数 $\overline{a_{m-1}a_{m-2}\cdots a_1a_0}$.

随着计算机的蓬勃发展,表示整数除运用十进位制外,还常运用二进位制、八进位制等计数法. 更一般地,我们可类似于十进位制给出 b 进位制的定义:

给出一个大于 1 的自然数 b(b 进位制的基),可将任一正整数 N 唯一地表示成下列形式:

$$N=a_{k-1}\cdot b^{k-1}+a_{k-2}\cdot b^{k-2}+\cdots+a_1\cdot b+a_0,$$

其中 $a_i\in\{0,1,2,\cdots,b-1\}$,$i=0,1,2,\cdots,k-1$,而 k 为十进位制数,$a_{k-1}\neq0$.并简记为 $N=(a_{k-1}a_{k-2}\cdots a_1a_0)_b$.

【典型例题与基本方法】

例 1　将 $(2010)_{10}$ 化为下列进位制的数:

(1)二进位制的数;(2)八进位制的数.

解　(1)用 2 作除数,除 2010 商为 1005,余数为 0;再用 2 除 1005 商 502,余数为 1,继续下去直到商是 0 时为止. 所得的各次余数排列出的数,就是所化出的二进位制的数.

各次商数											被除数	除数
0	1	3	7	15	31	62	125	251	502	1005	2010	2
	1	1	1	1	1	0	1	1	0	1	0	各次余数

显然, $\overline{11111011010}=1\cdot2^{10}+1\cdot2^9+1\cdot2^8+1\cdot2^7+1\cdot2^6+0\cdot2^5+1\cdot2^4+1\cdot2^3+0\cdot2^2+1\cdot2+0=(2010)_{10}$.

故 $(2010)_{10}=(11111011010)_2$.

(2)由

0	3	31	251	2010	8
	3	3	3	2	

知 $(2010)_{10}=(3732)_8$.

例2 试证:形如 $\overline{abcabc}$ 的六位数总含有 $7,11,13$ 的因数.

证明 将已知的六位数写成十进制表达形式,得

$$\overline{abcabc}=a\times10^5+b\times10^4+c\times10^3+a\times10^2+b\times10+c$$
$$=a\times(10^5+10^2)+b\times(10^4+10)+c\times(10^3+1)$$
$$=a\times100100+b\times10010+c\times1001$$
$$=1001\times(100a+10b+c)$$
$$=7\times11\times13(100a+10b+c).$$

故 $\overline{abcabc}$ 总含有 $7,11,13$ 的因数.

例3 一个三位数 $\overline{xyz}$(其中, x,y,z 互不相等),将其各个数位的数字重新排列,分别得到的最大数和最小数仍是三位数.若所得到的最大三位数与最小三位数之差是原来的三位数,求这个三位数.

解 设三位数 $\overline{xyz}$ 经过重新排列后所得到的最大三位数为 $\overline{abc}(a>b>c)$,则最小的三位数是 $\overline{cba}$.

由于 $1\leqslant a\leqslant9,1\leqslant b\leqslant9,1\leqslant c\leqslant9$,且

$$\overline{abc}-\overline{cba}=(100a+10b+c)-(100c+10b+a)=99(a-c)$$

是 99 的倍数,故所求的三位数 $\overline{xyz}$ 也是 99 的倍数.

而是 99 的倍数的三位数只有 8 个: $198,297,396,495,594,693,792,891$.

经验证知,只有 495 符合题意.

例4 设两个三位数 $\overline{xyz},\overline{zyx}$ 的乘积为一个五位数 $\overline{xzyyx}$(其中 x,y,z 互不相同),求 x,y,z.

解 因为 $\overline{xyz}$ 和 $\overline{zyx}$ 都是三位的正整数,所以 x,y,z 是满足 $0<x\leqslant9,0<y\leqslant9,0<z\leqslant9$ 的整数.而它们的乘积是五位的正整数 $\overline{xzyyx}$,故 $xz=x$(由末位数而得).

因 $x\neq0,z\neq0$,则 $z=1$.

又依题意有 $(10^2x+10y+1)(10^2+10y+x)=10^4x+10^3+10^2y+10y+x$,

将上式左边展开后化简得 $101xy+10x^2+90y+10y^2=90$.

因 $x\neq0$,若 $y\neq0$,则这个方程不成立,故必有 $y=0$.

此时,可求得 $x^2 = 9$,即 $x = 3$.

故 $x = 3$,$y = 0$,$z = 1$ 为所求.

【解题思维策略分析】

1. 善于运用正整数的十进位制的多项式表示解题

例 5 若一个首位数字是 1 的六位数 $\overline{1abcde}$ 乘以 3 所得的积是一个末位数字为 1 的六位数 $\overline{abcde1}$,求原来的六位数.

解 设 $\overline{abcde} = x$,则

$$\overline{1abcde} = 100000 + \overline{abcde} = 100000 + x,$$

$$\overline{abcde1} = \overline{abcde0} + 1 = 10 \times \overline{abcde} + 1 = 10x + 1.$$

由题意,得 $3 \times (100000 + x) = 10x + 1$,

解得 $x = 42857$.

故原来的六位数为 $100000 + 42857 = 142857$.

注:此题的关键是如何表示十进制数 $\overline{1abcde}$ 和 $\overline{abcde1}$. 对于一个十进制整数 $M = \overline{a_n a_{n-1} \cdots a_1 a_0}$,这样的表示方法是常用的:

$$M = 10 \times \overline{a_n a_{n-1} \cdots a_2 a_1} + a_0,$$

$$M = 100 \times \overline{a_n a_{n-1} \cdots a_3 a_2} + \overline{a_1 a_0},$$

$$\cdots\cdots$$

$$M = 10^k \cdot \overline{a_n a_{n-1} \cdots a_k} + \overline{a_{k-1} a_{k-2} \cdots a_1 a_0}.$$

例 6 有一个若干位的正整数,它的前两位数字相同,且它与它的反序数 $(\overline{a_n a_{n-1} \cdots a_1 a_0}$ 与 $\overline{a_0 a_1 a_2 \cdots a_{n-1} a_n}$ 互为反序数,其中 $a_0 \neq 0$,$a_n \neq 0$)之和为 10879,求原数.

分析 首先需要确定原数是几位数,若原数是五位数,则它最小是 $\overline{11 \times \times \times}$,已大于 10879,与已知条件不符;若原数是三位数,则原数与它的反序数之和最大是 $2 \times 999 = 1998$,还小于 10879,亦与已知条件不符,故原数必为四位数.

解 由已知可推得原数为四位数,又根据它的前两位数字相同,可设原数为 $\overline{aabc}$,其中 $a \geq 1$,$c \geq 1$,则它的反序数为 $\overline{cbaa}$.

由题意,得 $\overline{aabc} + \overline{cbaa} = 10879$,

从而 $(10^3 a + 10^2 a + 10b + c) + (10^3 c + 10^2 b + 10a + a) = 10879$,

即 $1001(a+c) + 110(a+b) = 10879$. ①

比较①式两边的末位数,得 $a + c = 9$. ②

将②代入①,得 $a + b = 17$.

因 $a = 17 - b \geq 17 - 9 = 8$,且 $c \geq 1$,

则只有 $a = 8$.

分别代入①,②得 $c=1,b=9$.

故原数为 8891.

2. 会利用非十进位制多项式表示解题

例 7 设在三进位制中,数 N 的表示是 20 位数:

12112211122211112222.

求 N 在九进位制中表示最左边的一位数字.

解 把 N 的三进位制表示的数字一对一地组合,得到

$N=(1 \cdot 3^{19}+2 \cdot 3^{18})+(1 \cdot 3^{17}+1 \cdot 3^{16})+\cdots+(2 \cdot 3+2)$

$=(1 \cdot 3+2) \cdot (3^2)^9+(1 \cdot 3+1) \cdot (3^2)^8+\cdots+(2 \cdot 3+2)$

$=5 \cdot 9^9+4 \cdot 9^8+\cdots+8$.

故所求数字为 5.

例 8 设 1987 可以在 b 进位制中写成三位数 $\overline{xyz}$,且 $x+y+z=1+9+8+7$,试确定出所有可能的 x,y,z 和 b.

解 由题设 $\begin{cases} xb^2+yb+z=1987(x \geqslant 1), & ① \\ x+y+z=25. & ② \end{cases}$

由①－②得 $(b-1) \cdot [(b+1)x+y]=1962$.

所以 $b-1$ 是 $1962=2 \cdot 9 \cdot 109$ 的因数.

又 $b^3>1987,b^2<1987$,所以 $12<b<45$.

从而 $b-1=2 \cdot 9=18$,即 $b=19$.

又 $1987=5 \cdot 19^2+9 \cdot 19+11$,故 $x=5,y=9,z=11$.

【模拟实战】

A 组

1. M 表示一个两位数,N 表示一个三位数,如果把 M 放在 N 的左边,组成一个五位数,那么这个五位数是(　　).

    A. $M+N$ B. MN

    C. $10000M+N$ D. $1000M+N$

2. 一个两位数,它是本身数字和的 k 倍,将个位数字与十位数字交换位置后,组成一个新数,则新数为其数字和的(　　).

    A. $(k-1)$倍   B. $(11-k)$倍

    C. $(10-k)$倍   D. $(9-k)$倍

3. 在大于 10、小于 100 的正整数中,数字变换位置后所得的数比原数增加 9 的数的个数为_____.

4. 一个两位数,它的各位数字和的 3 倍与这个数加起来所得的和恰好是原数的两个数字交换了位置所得的两位数,这样的两位数有_____个.

5. 已知 $\overline{ab}$ 为两位数,且满足 $a \cdot b \cdot \overline{ab} = \overline{bbb}$,求这个两位数.

6. 求一个最小的正整数 n,它的个位数字为 6,将 6 移到首位,所得新数是原数的 4 倍.

B 组

1. 已知一个四位数的各位数字的和与这个四位数相加等于 2010,试求这个四位数.

2. 有一种室内游戏,魔术师要求某参赛者想好一个三位数 $\overline{abc}$,然后,魔术师再要求他记下五个数 $\overline{acb}$、$\overline{bac}$、$\overline{bca}$、$\overline{cab}$、$\overline{cba}$,并把这五个数加起来求出和 N,只要讲出 N 的大小,魔术师就能说出原数 $\overline{abc}$ 是什么. 如果 $N=3194$,请你确定 $\overline{abc}$.

3. 两位数 $\overline{ab}$(个位数字与十位数字不同)的平方等于三位数 $\overline{xyz}$;而两位数 $\overline{ba}$ 的平方恰好等于三位数 $\overline{zyx}$,求上述两位数与三位数.

4.(2008 年全国联赛(江西卷)题)一本书共有 61 页,顺次编号为 $1,2,\cdots,61$. 某人在将这些数相加时,有两个两位数页码都错把个位数与十位数弄反了(形如 $\overline{ab}$ 的两位数被当成了两位数 $\overline{ba}$),结果得到的总和是 2008. 那么,书上这两个两位数页码之和的最大值是多少?

5.(1998 年"中小学数学杯"竞赛题)把 $(0.1101001)_2$ 化为十进制小数.

6.(1998 年长春市竞赛题)证明:$2^{18}-1$ 能被 7 整除.

7.(江西省第 4 届"八一杯"竞赛题)求证:$2^{15}-2^{14}+2^{13}-2^{12}+2^{11}-2^{10}+\cdots+2-1$ 能被 5 整除.

8. (第 5 届沈阳市竞赛题)若 m,n 是两个自然数,且 $n > 2$,那么 $2^m + 1$ 不能被 $2^n - 1$ 整除,试说明理由.

9. (江苏省第 2 届探索与应用能力竞赛题)将十进制数 2002 化成二进制数.

10. (1997 年广州市竞赛题)化 $(53.84375)_{10}$ 为二进制小数.

11. 有一个写成七进制的三位数,如果把各位数码按相反顺序写出,并把它看成是九进制的三位数,且这两数相等,求这个数.

12. 在哪种进位制中,16324 是 125 的平方?

13. N 是整数,它的 b 进制表示是 777. 求最小的正整数 b,使得 N 是十进制整数的 4 次方.

14. 在哪种进位制中,$4 \cdot 13 = 100$?

15. (2007 年"卡西欧杯"武汉市竞赛题)军训基地购买苹果慰问学员. 已知苹果总数用八进位制表示为 $\overline{abc}$,七进位制表示为 $\overline{cba}$. 那么,苹果的总数用十进位制表示为 _____.

16. (1998 年"中小学数学杯"竞赛题)化 $(1325)_8$ 为二进制数.

17. (1995 年"祖冲之杯"邀请赛决赛题)求证:对于任意进位制的数,10201 都是合数.

18.(第 2 届华杯赛决赛题)下面是两个 1989 位整数相乘:

$$\underbrace{11\cdots11}_{1989个1}\times\underbrace{11\cdots11}_{1989个1}.$$

问:乘积的数字和是多少?

19.(第 10 届《中小学生数学报》邀请赛题)计算:

(1)$(11011010)_2+(1011011)_2$;

(2)$(1101101)_2-(1010110)_2$;

(3)$(1000000)_2-(10011)_2-(101101)_2$.

第三章　整除问题

【基础知识】

设有两个整数 $a,b(b\neq 0)$，若有另一整数 q，使得 $a=b\times q$，则称 a 被 b 整除，并记作 $b|a$. 若 a 不能被 b 整除，则记作 $b\nmid a$.

整除有下述基本性质：

(1)若 $b|a$，则 $b|(-a)$，且对任意的非零整数 m，有 $b^m|a^m$.

(2)若 $a|b,b|a$，则 $|a|=|b|$.

(3)若 $a|b,b|c$，则 $a|c$.

(4)若 $a|b,a|c$，则 $a|(b\pm c)$，且对任意整数 m,n，有 $a|(mb\pm nc)$.

(5)若 a,b 互质，且 $a|bc$，则 $a|c$.

(6)若 a,b 互质，且 $a|c,b|c$，则 $ab|c$.

(7) n 个连续整数中，必有一个能被 n 整除.

【典型例题与基本方法】

例 1　(2000 年江苏省竞赛题)能整除任意三个连续整数之和的最大整数是（　　）.

A. 1　　　　　　B. 2　　　　　　C. 3　　　　　　D. 6

解　设三个连续整数为 $n-1,n,n+1$（n 为整数），则 $(n-1)+n+(n+1)=3n$ 能被 3 整除.

虽 $1+2+3=6$ 能被 6 整除，但 $2+3+4=9$ 不能被 6 整除.

故选 C.

例 2　(第 10 届"希望杯"全国邀请赛题)数 $2^{72}-1$ 能被 500 与 600 之间的若干整数整除，请找出三个这样的整数，它们是_____.

分析　可利用平方差公式将 $2^{72}-1$ 进行分解.

解　因为 $2^{72}-1$

$$=(2^{36}+1)(2^{36}-1)$$

$$=(2^{36}+1)(2^{18}+1)(2^{18}-1)$$

○初中数学竞赛中的数论问题

$$=(2^{36}+1)(2^{18}+1)(2^9+1)(2^9-1).$$

由于 $2^9+1=512+1=513$,

$2^9-1=512-1=511$,

所以 $511,513$ 都能被 $2^{72}-1$ 整除.

又 $2^{18}+1=2^{18}+2\times 2^9+1-2\times 2^9$

$$=(2^9+1)^2-(2^5)^2$$

$$=(2^9+1+2^5)(2^9+1-2^5)$$

$$=545\times 481,$$

所以 545 也能整除 $2^{72}-1$.

故应填 $511,513,545$.

例 3 (第 14 届"五羊杯"竞赛题)已知正整数 n 大于 30,且使得 $4n-1$ 整除 $2002n$,则 n 等于 _____.

解 因为对正整数 n,$4n-1$ 整除 $2002n$,

所以 $\dfrac{2002n}{4n-1}$ 是整数.

而 $\dfrac{2002n}{4n-1}=\dfrac{2(n+250)}{4n-1}+500$,

又因为 $4n-1$ 是奇数,

所以 $\dfrac{n+250}{4n-1}$ 是整数.

则 $\dfrac{4(n+250)}{4n-1}=1+\dfrac{1001}{4n-1}$,

可知 1001 能被 $4n-1$ 整除.

因为 $n>30$,$1001=7\times 11\times 13$,

所以可得 $4n-1$ 只能是 143.

所以 $n=36$.

故应填 36.

例 4 (1990 年列宁格勒数学奥林匹克竞赛题)设 a 和 b 为自然数,使得 a^2+ab+1 可被 b^2+ba+1 整除,证明:$a=b$.

证明 因为 $b(a^2+ab+1)-a(b^2+ab+1)=b-a$,

又因为 a^2+ab+1 被 b^2+ba+1 整除,所以 $b-a$ 被 b^2+ba+1 整除.

于是,只有当 $b-a=0$ 时才有可能.

故 $a=b$.

【解题思维策略分析】

1. 灵活运用整除的基本性质求解问题

例 5 若 $N=\overline{2x78}$ 是一个能被 17 整除的四位数,求 x.

解 $N=2078+100x=(122\times17)+17\times6x+4-2x$
$$=17(122+6x)+(4-2x).$$

因 $17|N$,$17|17(122+6x)$,

则 $17|(4-2x)$,故 $x=2$.

例 6 已知 x,y,z 均为整数,若 $11|(7x+2y-5z)$,求证:$11|(3x-7y+12z)$.

证明 由 $4(3x-7y+12z)+3(7x+2y-5z)=11(3x-2y+3z)$,

又因 $11|(7x+2y-5z)$,$11|11(3x-2y+3z)$,

则 $11|4(3x-7y+12z)$.

又因 $11,4$ 互质,

故 $11|(3x-7y+12z)$.

例 7 已知 a,b 为整数,且 $9|(a^2+ab+b^2)$,求证:$3|a,3|b$.

证明 由 $a^2+ab+b^2=(a-b)^2+3ab$,$9|(a^2+ab+b^2)$,

有 $3|[(a-b)^2+3ab]$,

即 $3|(a-b)^2$.

又 3 是质数,

则 $3|(a-b)$.

又因 $9|[(a-b)^2+3ab]$,

故 $9|3ab$,

即 $3|ab$.

因 3 是质数,

则 $3|a$,或 $3|b$.

若 $3|a$,由 $3|(a-b)$,得 $3|b$.

若 $3|b$,同理可得 $3|a$.

故 $3|a,3|b$.

注:$3|ab$ 是显然的,但它不能保证 $3|a$ 与 $3|b$ 同时成立.

2. 善于将问题归结到运用整除的基本性质

例 8 (1992—1993 学年广州等五个城市联赛题)有 10 个数:$1983^3+3\times1983^2+2\times1983$,$1984^3+3\times1984^2+2\times1984$,$\cdots$,$1991^3+3\times1991^2+2\times1991$,$1992^3+3\times1992^2+2\times1992$.下列的整数中,能整除上述 10 个数中的每一个数的最大整数是

（ ）.

A. 2   B. 3   C. 6   D. 12

分析 10 个数都有 $n^3 + 3n^2 + 2n$ 的形式，因此只要研究 $n^3 + 3n^2 + 2n$ 这个数.

解 10 个数都可以写成 $n^3 + 3n^2 + 2n$.

而 $n^3 + 3n^2 + 2n = n(n^2 + 3n + 2) = n(n+1)(n+2)$，

其中 n 为 1983 到 1992 的自然数.

又 $n(n+1)(n+2)$ 是三个连续自然数的和，因此，它一定能被 2 和 3 整除，即被 6 整除.

另一方面，当 $n = 1985$ 时，$1985 \times 1986 \times 1987$ 不能被 12 整除.

故选 C.

例 9 （《中等数学》2007(12)训练题）设 x, y, a, m, n 均为正整数，且 $x + y = a^m$，$x^2 + y^2 = a^n$. 求 a^{300} 是多少位数.

解 由已知得

$$a^{2m} = x^2 + y^2 + 2xy = a^n + 2xy. \tag{①}$$

由题设及式①知 $a^{2m} > a^n$. 于是，$2m > n$.

将式①两边同除以 a^n，得

$$a^{2m-n} = 1 + \frac{2xy}{a^n}. \tag{②}$$

由于式②左边为正整数，所以，a^n 能整除 $2xy$.

从而，$2xy \geq a^n = x^2 + y^2$，即 $(x - y)^2 \leq 0$.

解得 $x = y$.

因此，$2x = a^m$，$2x^2 = a^n$. 所以，$a^{2m-n} = 2$.

考虑到 a 及 $2m - n$ 均为正整数，故 $a = 2$，此时，$2m - n = 1$.

下面求 2^{300} 是多少位整数.

因为 $2^{300} = (2^{10})^{30} = 1024^{30} > (10^3)^{30} = 10^{90}$，所以，$2^{300}$ 是不少于 91 位的整数.

又 $\dfrac{2^{300}}{10^{91}} = \dfrac{1}{10} \times \dfrac{1024^{30}}{1000^{30}} < \dfrac{1}{10} \times \left(\dfrac{1025}{1000}\right)^{30}$

$\qquad = \dfrac{1}{10} \times \left(\dfrac{41}{40}\right)^{30} < \dfrac{1}{10} \times \left(\dfrac{41}{40} \times \dfrac{40}{39} \times \cdots \times \dfrac{12}{11}\right)$

$\qquad = \dfrac{1}{10} \times \dfrac{41}{11} = \dfrac{41}{110} < 1$，

所以，$2^{300} < 10^{91}$.

故 2^{300} 是少于 92 位的整数.

从而，可知 a^{300} 是 91 位数.

例 10 (2008 年"数学周报杯"竞赛题)从 $1,2,\cdots,9$ 中任取 n 个数,其中一定可以找到若干个数(至少一个,也可以是全部),它们的和能被 10 整除.求 n 的最小值.

解 当 $n=4$ 时,数 $1,3,5,8$ 中没有若干个数的和能被 10 整除.

当 $n=5$ 时,设 $a_1,a_2,\cdots,a_5$ 是 $1,2,\cdots,9$ 中的五个不同的数.若其中任意若干个数,它们的和都不能被 10 整除,则 $a_1,a_2,\cdots,a_5$ 中不可能同时出现 1 和 9、2 和 8、3 和 7、4 和 6.于是,$a_1,a_2,\cdots,a_5$ 中必定有一个数是 5.

若 $a_1,a_2,\cdots,a_5$ 中含 1,则不含 9.于是,不含 $4(4+1+5=10)$,故含 6;于是,不含 3 $(3+6+1=10)$,故含 7;于是,不含 $2(2+1+7=10)$,故含 8.但是 $5+7+8=20$ 是 10 的倍数,矛盾.

若 $a_1,a_2,\cdots,a_5$ 中含 9,则不含 1.于是,不含 $6(6+9+5=20)$,故含 4;于是,不含 7 $(7+4+9=20)$,故含 3;于是,不含 $8(8+9+3=10)$,故含 2.但是 $5+3+2=10$ 是 10 的倍数,矛盾.

综上所述,n 的最小值为 5.

【模拟实战】

A 组

1.(第 7 届"五羊杯"竞赛题)能整除任意 5 个连续整数之和的最大整数是(   ).

A. 1   B. 2   C. 3   D. 5

2.(1992 年江苏省竞赛题)已知 $7^{24}-1$ 可被 40 至 50 之间的两个整数整除,这两个整数是(   ).

A. $41,48$ B. $45,47$ C. $43,48$ D. $41,47$

3. 有两个四位数,它们的差是 534,它们平方数的末四位数相同.则较大的四位数有(   )种可能.

A. 1   B. 2   C. 3   D. 4

4. 证明:对任何正整数 n,n^3+3n^2+5n+9 总能被 3 整除.

○初中数学竞赛中的数论问题

5. 已知 x,y 为整数，$5 \mid (x+9y)$，求证：$5 \mid (8x+7y)$.

6. 求证：若 $3 \mid (4x-y)$，则 $9 \mid (4x^2+7xy-2y^2)$.

7. 求证：若 a 为整数，则 $6 \mid [a(a+1)(2a+1)]$.

B 组

1. 求证：若 $57 \mid (7^{82}+8^{161})$，则 $57 \mid (7^{83}+8^{163})$.

2. 求证：若 $n \mid (ma-b)$，$n \mid (mc-d)$，则 $n \mid (ad-bc)$.

`

3. 求证:若$(m-p)|(mn+pq)$,则$(m-p)|(mq+np)$.

4. (第 8 届"祖冲之杯"邀请赛题)已知两个三位数$\overline{abc}$,$\overline{def}$的和$\overline{abc}+\overline{def}$能被 37 整除. 证明:六位数$\overline{abcdef}$也能被 37 整除.

5. (1996 年安徽省竞赛题)已知 1996 个自然数 $a_1,a_2,\cdots,a_{1996}$ 满足条件:其中任意两数的和能被它们的差整除,现设 $n=a_1 \cdot a_2 \cdot a_3 \cdot \cdots \cdot a_{1996}$.

求证:$n,n+a_1,n+a_2,\cdots,n+a_{1996}$ 这 1997 个数仍满足上述条件.

6. 张华写了一个五位数,它能被 9 和 11 整除. 如果去掉第一、三、五位,得到的数是 35;如果去掉前三位,得到的数能被 9 整除;如果去掉后三位,得到的数也能被 9 整除. 那么,这个数是多少?

7.(2008 年天津市竞赛题)已知 m,n 都是正整数,若 $1\leqslant m\leqslant n\leqslant 30$,且 mn 能被 21 整除,求满足条件的数对 (m,n) 的个数.

8.(2006 年广东省竞赛题)三个互不相同的正整数,如果任何两个的乘积与 1 的和都恰被第三个数整除,则称这样的三个正整数为"玲珑三数组".

(1)求证:玲珑三数组中的三个正整数两两互质;

(2)求出所有的玲珑三数组.

9. 如果将自然数 N 放在任一个自然数的右面所得的新数总可被 N 整除,则称 N 为"魔术数".试求出所有的魔术数.

第四章 整数的可整除性特征

【基础知识】

1. 被 2 或 5 整除的数的特征是末位数字能被 2 或 5 整除.

2. 被 4 或 25 整除的数的特征是末两位数字能被 4 或 25 整除.

3. 被 8 或 125 整除的数的特征是末三位数字能被 8 或 125 整除.

4. 被 3 或 9 整除的数的特征是各位数字和能被 3 或 9 整除.

5. 被 11 整除的数的特征是其奇数位数字之和与偶数位数字之和的差能被 11 整除.

【典型例题与基本方法】

例 1 若 $4b+2c+d=32$,试问 $\overline{abcd}$ 能否被 8 整除？请说明理由.

分析 要说明 $\overline{abcd}$ 能被 8 整除,根据被 8 整除的数的特征,只要判断 $\overline{bcd}$ 能否被 8 整除.

解 因 $\overline{bcd}=100b+10c+d$

$$=96b+8c+(4b+2c+d)$$

$$=96b+8c+32$$

$$=8(12b+c+4),$$

则 $8\mid\overline{bcd}$,故 $8\mid\overline{abcd}$.

例 2 求证：$1\underbrace{00\cdots0}_{8个0}1$ 能被 11 整除.

证明 $1\underbrace{00\cdots0}_{8个0}1=10^9+1=(10^3)^3+1$

$$=(10^3+1)(10^6-10^3+1)$$

$$=(10+1)(10^2-10+1)(10^6-10^3+1)$$

$$=11(10^2-10+1)(10^6-10^3+1),$$

故 $1\underbrace{00\cdots0}_{8个0}1$ 能被 11 整除.

例 3 (1992 年全国联赛选拔赛题)一个六位数 $\overline{a1991b}$ 能被 12 整除,这样的六位

数共有( )个.

A. 4   B. 6   C. 8   D. 12

解 选 B. 理由：因为 $\overline{a1991b}$ 被 12 整除，所以它被 3 和 4 整除，则其末两位数 $\overline{1b}$ 被 4 整除，所以 $b=2$ 或 6.

又 $\overline{a1991b}$ 的各位数字之和 $a+1+9+9+1+b=a+b+20$ 能被 3 整除，则 $a+b+2$ 能被 3 整除.

若 $b=2$，则 a 可为 2 或 5 或 8；

若 $b=6$，则 a 可为 1 或 4 或 7.

所以共有 6 种可能.

例 4 (1993 年上海市竞赛题)1,2,3,4,5,6 每一个使用一次组成一个六位数 $\overline{abcdef}$，使得三位数 $\overline{abc}$、$\overline{bcd}$、$\overline{cde}$、$\overline{def}$ 能依次被 4,5,3,11 整除. 求这个六位数.

解 因为 $\overline{bcd}$ 被 5 整除，所以 $d=5$.

又因为 $\overline{def}$ 被 11 整除，所以 $d+f-e$ 是 11 的倍数.

但 $3\le d+f\le 5+6=11$，$1\le e\le 6$，故 $-3\le d+f-e\le 10$.

因此，只能 $d+f-e=0$，即 $5+f=e$.

又因为 $e\le 6$，$f\ge 1$，所以 $e=6$，$f=1$.

又因为 $\overline{cde}$ 被 3 整除，即 $\overline{c56}$ 被 3 整除，所以 $c+5$ 被 3 整除.

而 $\overline{abc}$ 被 4 整除，可知 c 是偶数，只能 $c=4$.

若 $a=2$，$b=3$，则 234 不能被 4 整除. 所以 $a=3$，$b=2$.

所以 $\overline{abcdef}=\overline{324561}$.

例 5 (1994—1995 学年度广州等五个城市联赛题)一个五位数，若前三个数字表示的三位数与后两个数字表示的两位数的和能被 11 整除，判断这个五位数能否被 11 整除，并说明理由.

解 设前三位数为 x，后两位数为 y，那么这个五位数可表示为 $100x+y$. 因为 $x+y$ 被 11 整除，所以可设 $x+y=11n$（n 为正整数），则

$$100x+y=99x+(x+y)$$
$$=99x+11n$$
$$=11(9x+n).$$

所以这个五位数能被 11 整除.

例 6 (1993 年河北省联赛题)判断一个正整数能否被 7 整除，可采用“割尾法”. 如对 2527 割掉末位数字 7 得到 252，再从 252 中减去被割掉的末位数字 7 的 2 倍得到 238，这称为一次“割尾”，对 238 再进行一次“割尾”得到 7. 显然 7 是 7 的倍数，从而 2527 可被 7 整除.

试证明:一个正整数被 7 整除的充分必要条件是对该数进行有限次"割尾"所得到的数能被 7 整除.

证明 设正整数为 $A=\overline{a_{n-1}a_{n-2}\cdots a_0}$,即

$A=10^{n-1}a_{n-1}+10^{n-2}a_{n-2}+\cdots+10a_1+a_0.$

经过一次"割尾"后,A 变为

$A'=(10^{n-2}a_{n-1}+10^{n-3}a_{n-2}+\cdots+10a_2+a_1)-2a_0.$

显然有 $10A'=A-21a_0.$

因为 10 与 7 互质,可知若 A 被 7 整除,则 A' 也被 7 整除. 反之亦然. 所以一个正整数被 7 整除的充分必要条件是对该数进行有限次"割尾"所得到的数能被 7 整除.

【解题思维策略分析】

1. 既注意整数的整除性特征,也注意整除的基本性质

例 7 N 是由 5 个不同的非零数字组成的五位数,且 N 等于这 5 个数字中取 3 个不同的数字构成的所有三位的和,求所有的这种五位数 N.

解 设 $N=\overline{abcde}$,取其中 3 个表示数字的字母构成的所有三位的和,即为

$(100x+10y+z)+(100x+10z+y)+(100y+10x+z)+(100y+10z+x)+(100z+10x+y)+(100z+10y+x)=111\cdot2(x+y+z)$,而 5 个字母有 6 组这样的情形,从而由题意,得

$111\cdot12\cdot(a+b+c+d+e)=\overline{abcde}$,

则 $111\cdot12\mid\overline{abcde}$. 又 $9\mid111\times12$,

即 $9\mid\overline{abcde}$,$9\mid a+b+c+d+e$.

设 $a+b+c+d+e=9k(k$ 是正整数),则 $\overline{abcde}=11988k$.

又 $9k=a+b+c+d+e\leqslant45$,故 $k\leqslant5$.

注意到 N 是由 5 个不同的非零数字组成的五位数,且 $a+b+c+d+e=9k$,知只有 $k=3$ 符合要求,$N=35964$.

例 8 若 a,b,c,d 是互不相等的整数,且整数 x 满足等式 $(x-a)(x-b)(x-c)(x-d)=9$,求证:$4\mid(a+b+c+d)$.

证明 因 a,b,c,d 是互不相等的整数,

则 $x-a,x-b,x-c,x-d$ 也是互不相等的整数.

又 $(x-a)(x-b)(x-c)(x-d)=9$,

从而 $x-a,x-b,x-c,x-d$ 均为 9 的因数.

而 $9=(-1)\times(+1)\times(-3)\times(+3)$,

则 $(x-a)+(x-b)+(x-c)+(x-d)=(-1)+(+1)+(-3)+(+3)=0$,

○初中数学竞赛中的数论问题

即 $a+b+c+d=4x$.

故 $4|(a+b+c+d)$.

例 9 （第 2 届"勤奋杯"邀请赛题）一个四位数乘以 9 以后得到的新四位数的各位数字的顺序恰好与原四位数相反，原来的四位数是_____.

分析 因为新四位数被 9 整除，所以它的数字和被 9 整除，则原四位数的数字和是 9 的倍数.

解 设原来的四位数为 $\overline{abcd}$，则 $9 \cdot \overline{abcd}=\overline{dcba}$.

所以可知 $a=1,d=9,b=0$ 或 1.

因为 $\overline{dcba}$ 被 9 整除，

当 $b=1$ 时，可知 $c=7$，

但 $1179 \times 9=10611$,

它不是四位数，故舍去；

当 $b=0$ 时，可知 $c=8$. 而 $1089 \times 9=9801$,

所以原数为 1089.

故应填 1089.

2. 关注多个数字的整除性特征

例 10 （第 8 届"希望杯"全国邀请赛题）已知一个七位自然数 $\overline{62xy427}$ 是 99 的倍数（其中 x,y 是 0 到 9 的数字），试求 $950x+24y+1$ 之值，并简写出求解过程.

分析 七位数 $\overline{62xy427}$ 被 9 和 11 整除.

解 由题意可知，自然数 $\overline{62xy427}$ 被 9 和 11 整除，则 $6+2+x+y+4+2+7=21+x+y$ 被 9 整除，即 $3+x+y$ 是 9 的倍数，则 $x+y=6$ 或 15.

又 $(7+4+x+6)-(2+y+2)$ 是 11 的倍数，则 $13+x-y$ 是 11 的倍数，所以 $x-y=-2$ 或 9.

解得 $\begin{cases} x=2, \\ y=4. \end{cases}$

故 $950x+24y+1=1900+96+1=1997$.

例 11 （2003 年江苏省竞赛题）已知整数 $\overline{13ab456}$（a,b 各表示一个数字）能被 198 整除，那么 $a=$_____，$b=$_____.

解 设 $n=\overline{13ab456}$.

因为 $198=2 \times 9 \times 11$，所以 n 被 9 整除，

即 $1+3+a+b+4+5+6=a+b+19$ 能被 9 整除，

所以 $a+b=8$ 或 $a+b=17$.

因为 n 能被 11 整除，所以 $(1+a+4+6)-(3+b+5)=a-b+3$ 能被 11 整除.

所以 $a-b=8$ 或 $a-b=-3$.

联立方程组 $\begin{cases} a+b=8, \\ a-b=8; \end{cases} \begin{cases} a+b=8, \\ a-b=-3; \end{cases} \begin{cases} a+b=17, \\ a-b=8; \end{cases} \begin{cases} a+b=17, \\ a-b=-3. \end{cases}$

可得只有第 1 个和第 4 个方程组有整数解 $\begin{cases} a=8, \\ b=0, \end{cases}$ 和 $\begin{cases} a=7, \\ b=10. \end{cases}$

而 $b=10$ 不合题意,所以 $a=8,b=0$.

例 12 (1994 年湖北省黄冈地区竞赛题)试找出由 0,1,2,3,4,5,6 这 7 个数字组成的没有重复数字的七位数中,能被 165 整除的最大数和最小数(要求写出推理过程).

分析 因为 $165=3\times5\times11$,所以所求数被 3,5,11 整除.

解 因为 $165=3\times5\times11$,所以要找的数一定是 3,5 和 11.

又 $0+1+2+3+4+5+6=21$,

故这七位数总是 3 的倍数.

设这样的七位数的奇数位上的四个数字和为 A,偶数位上的三个数字之和为 B,则 $|A-B|=11k$(k 为非负整数).

又因为 $A+B=21$,且 A,B 都是正整数,所以 $|A-B|<21$.

又 $A+B$ 为奇数,则 $A-B\neq0$,即 $k\neq0$,故 $k=1$,从而有 A 和 B 中一个是 16,另一个是 5.

又由于 $0+1+2+3=6$,因此,A 不能为 5,即 $A=16,B=5$.

由 $B=5$,得 B 只有两种情况:

(1) $B=0+1+4,A=2+3+5+6$;

(2) $B=0+2+3,A=1+4+5+6$.

由于 0 总是在三个数那一组中(偶数位),因此,0 不可能是末位数.而所求数是 5 的倍数,所以末位数是 5.

故所求最小数是 1042635,最大数是 6431205.

【模拟实战】

A 组

1. (1990 年北京市"迎春杯"竞赛决赛题)设六位数 $N=\overline{x1527y}$(其中 x,y 分别表示十万位及个位上的数字),又 N 是 4 的倍数,且 N 被 11 除余 5,那么 $x+y$ 等于( ).

A. 8   B. 9   C. 11   D. 8 或 11

2.(第 2 届"希望杯"全国邀请赛题)某班学生人数不超过 50 人,元旦上午全班学生的 $\frac{2}{9}$ 去参加歌咏比赛,全班学生的 $\frac{1}{4}$ 去玩乒乓球,而其余的学生都去看电影,则看电影的学生有_____人.

3.(1992 年北京市"迎春杯"竞赛题)如果在 5,6,7,8,9 五个数字中,选出四个数字组成一个四位数,它能被 3,5,7 整除,那么这些数中最大的是_____.

4.(第 7 届"希望杯"全国邀请赛题)一个四位数能被 9 整除,去掉末位数字后所得的三位数恰是 4 的倍数,则这样的四位数中最大的一个的末位数字是_____.

5.(第 9 届"希望杯"全国邀请赛题)五位数 $\overline{abcde}$ 是 9 的倍数,其中 $\overline{abcd}$ 是 4 的倍数,那么,$\overline{abcde}$ 的最小值是_____.

6.(第 15 届"希望杯"全国邀请赛题)若 $\overline{k45k9}$ 是能被 3 整除的五位数,则 k 的可能取值有_____个;这样的五位数中能被 9 整除的是_____.

7.(第 8 届"五羊杯"竞赛题)一个六位数,如将它的前三位数字与后三位数字整体互换位置,则所得的新六位数恰为原数的 6 倍.此六位数为_____.

8.(第 7 届"五羊杯"竞赛题)如果十位数 $\overline{1995xy5991}$ 能被 99 整除,其中 x,y 是未知数字,则 $x=$_____,$y=$_____.

9.(第 19 届"五羊杯"竞赛题)令 $A=20072009$,n 是 100 个 A 并列写成的 800 位数,那么 n 除以 11 的余数是(   ).

A. 1   B. 2   C. 4   D. 0

B 组

1. 已知九位数 $\overline{32a35717b}$ 能被 72 整除,求 a,b.

2. 已知 $N=\overline{13xy45z}$ 能被 792 整除,试确定数字 x,y,z 及 N.

3. 从 19 到 80 的所有两位数被连续地写成一个数 $x = 19202122\cdots7980$. 求证：这个数能被 1980 整除.

4.(1997 年北京市竞赛初赛题) 已知四位数 $\overline{2x9y}$ 满足 $\overline{2x9y} = 2^x \cdot 9^y$, 试确定 $\overline{2x9y} - x(x^{2y-1} - x^{y-1} - 1)$ 的值.

5. 用 $0,1,2,3,\cdots,9$ 这十个不同的数字组成能被 99 整除的十位数, 求其中最大的一个数和最小的一个数.

6. 把一个四位数的四个数字颠倒顺序, 将所得到的数与原数相加. 如果所得到的和数能被 35 整除, 则称这个四位数为"好数". 那么, 所有的四位数中, 好数有( ) 个.

A. 234   B. 252   C. 270   D. 369

7. $\underbrace{66\cdots6}_{100个}\underbrace{77\cdots7}_{100个}\underbrace{88\cdots8}_{100个}$ 除以 72 的余数为_____.

8.(《中等数学》2008(2)数学奥林匹克训练题) 已知 $\sqrt{1-|x|} + \sqrt{2-2|y|}$ 有意义, $M = \sqrt{x^2+2xy+y^2} + \sqrt{x^2+2x+1} + |2x-y-4|$ 的最大值和最小值分别为 a 和 b. 若五位整数 $\overline{1abcd}$ 能被 99 整除, 求 c,d 的值.

第五章　带余除法

【基础知识】

对于整数 $a,b(b\neq0)$，存在唯一的一对整数 $q,r(0\leqslant r\leqslant|b|-1)$，使 $a=qb+r$，其中，r 称为 a 除以 b 所得的余数.

上述结论称为欧几里德基本定理. 将 $a=qb+r(0\leqslant r\leqslant|b|-1)$ 这种表示法称为 a 关于模 b 的带余除法；而表达式 $a=qb+r(0\leqslant r\leqslant|b|-1)$，则称为 a 关于模 b 的带余表示.

【典型例题与基本方法】

例 1　（1992 年郑州市竞赛题）如果 a,b 均为自然数，a 除以 7 余 2，b 除以 7 余 5，当 $a^2>3b$ 时，a^2-3b 除以 7 的余数是（　　）.

A. 1　　　　　B. 3　　　　　C. 4　　　　　D. 6

解　选 B. 理由：设 $a=7m+2,b=7n+5$，其中 m,n 为非负整数，则

$$a^3-3b=(7m+2)^2-3(7n+5)$$
$$=49m^2+28m-21n-11$$
$$=7(7m^2+4m-3n-2)+3.$$

所以 a^2-3b 除以 7 的余数是 3.

例 2　（1994 年北京市竞赛复赛题）自然数 $n=1234567\cdots99100$，n 的数字从左到右恰为前 100 个自然数顺序，则 n 被 9 除所得的余数是_____.

分析　n 被 9 除的余数等于其数字和被 9 除的余数.

解　因为 $10+20+30+\cdots+100$ 被 9 除的余数等于 $1+2+3+\cdots+10$ 被 9 除的余数，所以 n 被 9 除的余数等于 $1+2+3+4+\cdots+99+100$ 被 9 除的余数.

因为任意连续九个自然数之和被 9 整除，即余数为 0，所以 n 被 9 除的余数是 1，故应填 1.

注：任意九个连续自然数 $a,a+1,a+2,\cdots,a+8$，其和为 $9a+36$，能被 9 整除.

例 3　（1998 年全国联赛题）每一本书都有一个国际书号：$ABCDEFGHIJ$，其中 $ABCDEFGHI$ 由九个数字排列而成，J 是检查号码.

令 $S=10A+9B+8C+7D+6E+5F+4G+3H+2I$,

r 是 S 除以 11 所得的余数.若 r 不等于 0 或 1,则规定 $J=11-r$(若 $r=0$,则规定 $J=0$;若 $r=1$,则规定 J 用 x 表示).现有一本书的书号是 $962y707015$,那么 $y=$ ＿＿＿.

解 $S=9\times10+6\times9+2\times8+y\times7+7\times6+0\times5+7\times4+0\times3+1\times2$

$\qquad =7y+232.$

所以 S 被 11 除所得余数等于 $7y+1$ 被 11 除所得的余数.

由检查号码可知,S 被 11 除所得的余数是 $11-5=6$,

因此,$7y+1$ 被 11 除的余数应为 6,则 $7y$ 被 11 除的余数为 5.

故 $y=7.$

故应填 7.

例 4 求证:用一个正整数除以一个比它小的正整数,被除数一定大于余数的 2 倍.

分析 设 $a>b(a,b\in\mathbf{N})$,令 $a=bq+r(0\leqslant r<b)$.要证明:$a>2r$,从条件到目标,要"消掉"b,q.为了消掉 b,可利用 $b>r$;为了消掉 q,可利用 $q\geqslant1$.

证明 设 $a>b(a,b\in\mathbf{N})$,令 $a=bq+r(0\leqslant r<b)$.

如果 $q=0$,则 $a=bq+r=r<b$,矛盾.

所以,$q\geqslant1.$

于是,$a=bq+r>rq+r=r(q+1)\geqslant2r.$

因此,结论成立.

例 5 设 a,b 都是整数.求证:a,b,a^2+b^2,a^2-b^2 中一定有一个被 5 整除.

证明 (ⅰ)若 a,b 中有一个是 $5k$ 型的数,则结论成立.

(ⅱ)当 a,b 都是 $5k\pm1,5k\pm2$ 型的数时,注意到

$(5k\pm1)^2=25k^2\pm10k+1=5m+1(m\in\mathbf{Z})$,

$(5k\pm2)^2=25k^2\pm20k+4=5m'+4(m'\in\mathbf{Z})$.

于是,a^2,b^2 都是 $5k\pm1$ 型的数.

当 a^2,b^2 都是 $5k+1$ 型的数时,$5|(a^2-b^2)$;

当 a^2,b^2 都是 $5k-1$ 型的数时,$5|(a^2-b^2)$;

当 a^2,b^2 一个是 $5k+1$ 型的数,另一个是 $5k-1$ 型的数时,$5|(a^2+b^2)$.

综上所述,命题获证.

【解题思维策略分析】

1. 灵活运用带余除法求解余数问题

例 6 (1997 年安徽省竞赛题)已知 $s=1^2-2^2+3^2-4^2+\cdots+99^2-100^2+101^2$,

专 题 研 究 系 列

○初中数学竞赛中的数论问题

则 s 被 103 除的余数是_____.

解 填 1. 理由:

因为 $s = 1 + (3^2 - 2^2) + (5^2 - 4^2) + \cdots + (99^2 - 98^2) + (101^2 - 100^2)$

$\qquad = 1 + (2 + 3) + \cdots + (100 + 101)$

$\qquad = 5151$

$\qquad = 103 \times 50 + 1,$

所以 s 被 103 除的余数是 1.

例 7 (第 10 届"希望杯"竞赛题)有 8 个整数,它们都不是 5 的倍数,那么它们的 4 次方的和被 5 除,得到的余数是_____.

解 填 3. 理由:一个整数不是 5 的倍数,它的个位数字可能是 1,2,3,4,6,7,8,9,把它们 4 次方后,研究它们的个位数字,分别是:

$1^4 = 1$; $2^4 = 16$; $3^4 = 81$; $4^4 = 256$;

$6^4 = 1296$; $7^4 = 2401$; $8^4 = 4096$; $9^4 = 6561$.

即它们的个位数字不是 1 就是 6,并且 6 被 5 除也是余 1. 所以一个不是 5 的倍数的整数,它的 4 次方被 5 除一定余 1.

这 8 个整数,它们的 4 次方的和被 5 除所得余数为 3.

例 8 (1990 年安徽芜湖市竞赛题)设 $N = \underbrace{11\cdots1}_{1990个}$,试问 N 被 7 除余几?并证明你的结论.

解 因为 $111111 = 7 \times 15873$,

而 $1990 = 6 \times 331 + 4$,

所以只须考察 1111 被 7 除的余数.

而 $1111 = 158 \times 7 + 5$,

所以 N 被 7 除余 5.

2. 注意运用带余除法求解与余数有关的问题

例 9 (第 18 届"五羊杯"竞赛题)假设一家旅馆共有 30 个房间,分别编以号码 1~30,现在要在每个房间的钥匙上标上数字,为保密起见,要求数字用密码法,使服务员容易识别,而使局外人不易猜到. 现在要求密码用两位数,左边的一个数字是原房号除以 5 所得的余数,右边的一个数字是原房号除以 7 所得的余数. 那么标有 36 的钥匙所对应的原房号是_____号.

解 填 13. 理由:设所求原房号为 x,则 x 除以 5 余数为 3,x 除以 7 余 6. 由第二个条件知 x 只可能为 6,13,20,27,其中只有 13 符合第一个条件. 故 $x = 13$.

例 10 (1992 年北京市"迎春杯"竞赛题)一个两位数被 7 除余 1,把这个两位数的两个数字互换位置,所得到的两位数被 7 除也余 1,那么这样的两位数有_____个,

34

它们是_____.

解 填 4.理由：

设所求的两位数为 $\overline{ab}$，则 $\overline{ab}=10a+b=7n+1$（n 为正整数）；$\overline{ba}=10b+a=7m+1$（m 为正整数）.

两式相减，得 $9(a-b)=7(n-m)$.

所以 $a-b=0$ 或 7 或 -7.

所以可得满足条件的两位数有 4 个，它们是：22,29,92,99.

例 11 （第 17 届"五羊杯"竞赛题）在 $1\sim2005$ 的所有正整数中，共有_____个整数 x，使 3^{3x+1} 和 x^3 被 5 除的余数相同.

解 填 401.理由列表如下：

x	1	2	3	4	5	6	7	8	9	10	11	12	13	14	15	16	17	18	19	20	21
A	1	2	4	3	1	2	4	3	1	2	4	3	1	2	4	3	1	2	4	3	1
B	1	3	2	4	0	1	3	2	4	0	1	3	2	4	0	1	3	2	4	0	1

其中 A，B 分别表示 3^{3x+1} 和 x^3 被 5 除的余数.显然，A 按周期 4 变化，B 按周期 5 变化，两种余数合起来按周期 20 变化，在一个周期中有 4 次余数相同：$x=1,12,18$，19.而 $2005\div20=100\cdots\cdots5$，所以题目答案为 $100\times4+1=401$ 个.

3. 善于运用带余除法求解其他问题

例 12 求出最小的正整数 n，使 n^3 的末三位数是 888.

解 因为 n^3 的个位数是 8，所以 n 的个位数是 2.

令 $n=10k+2$，则

$$n^3=(10k+2)^3=1000k^3+600k^2+120k+8$$
$$=1000k^3+100k(6k+1)+20k+8.$$

依题意，知 $100(6k^2+k)+20k+8$ 的末三位数是 888，故 $20k+8$ 的末两位数是 88.

因此，$20k=100m+80$，即 $k=5m+4$.

故 $100(6k^2+k)+20k+8$

$$=100(5m+4)(30m+25)+20(5m+4)+8$$
$$=15000m^2+24600m+10088.$$

所以，$6m$ 的个位数为 8.于是，m 的最小值是 3.进而，k 的最小值是 19.

故 n 的最小值是 192.

例 13 （1997 年全国联赛题）已知定理："若三个大于 3 的质数 a,b,c 满足关系式 $2a+5b=c$，则 $a+b+c$ 是整数 n 的倍数."试问：上述定理中的整数 n 的最大可能值是多少？证明你的结论.

解 设 $a=3k_1+r_1$，$b=3k_2+r_2$，则

$$a+b+c=3(a+2b)$$
$$=3(3k_1+r_1+6k_2+2r_2)$$
$$=9(k_1+2k_2)+3(r_1+2r_2).$$

因为 a,b 都是大于 3 的质数,所以,$r_1r_2\neq0$.

若 $r_1\neq r_2$,则 $r_1=1,r_2=2$,或者 $r_1=2,r_2=1$. 此时,

$$c=2a+5b=6k_1+2r_1+15k_2+5r_2$$
$$=3(2k_1+5k_2+r_2)+2(r_1+r_2)$$
$$=3(2k_1+5k_2+r_2)+6.$$

这与 c 是质数矛盾. 所以,$r_1=r_2$.

故 $a+b+c=9(k_1+2k_2)+3(r_1+2r_2)=9(k_1+2k_2+r_1)$.

因此,$a+b+c$ 是 9 的倍数,即 $n=9$ 时结论成立.

下证:$n\leqslant9$.

取 $a=11,b=5$,则 $c=2a+5b=47$. 此时,$a+b+c=63$,所以,$n|63$.

取 $a=13,b=7$,则 $c=2a+5b=61$. 此时,$a+b+c=81$,所以,$n|81$.

因此,n 是 $63,81$ 的公约数.

故 $n\leqslant(63,81)=9$.

综上所述,n 的最大值是 9.

例 14 求具有下列性质的最小自然数 n.

(1)它的十进制表示法以 9 结尾;

(2)当删去最末一位 9 并把这个 9 写在余下的数字的第一位将成为 n 的 3 倍.

解 令 n 为所求的自然数,并设其为 $k+1$ 位数,依题意有

$$9\times10^k+\frac{n-9}{10}=3n,\text{即}\ n=\frac{9(10^{k+1}-1)}{29}.$$

因为 n 是自然数且 $29\nmid9$,所以 $29|(10^{k+1}-1)$,即 10^{k+1} 被 29 除余 1.

又因为 10^2 被 29 除余 13,所以 10^4 被 29 除余 -5,$10^6=10^2\cdot10^4$ 被 29 除余 -7,$10^7=10^6\cdot10$ 被 29 除余 -12,$10^{14}=(10^7)^2$ 被 29 除余 -1,所以 $29|(10^{28}-1)$,即 $k+1=28$. 所以 $n=\dfrac{9(10^{28}-1)}{29}=3103448275862068965517241379$.

【模拟实战】

A 组

1.(2005 年全国联赛题)使代数式 $y=\dfrac{x^2+11}{x+1}$ 的值为整数的全体自然数 x 的和是

( ).

    A. 5   B. 6   C. 12   D. 22

2. (2005 年太原市竞赛题)今天是 2005 年 3 月 20 日,星期日,那么,今天以后的第 2005^3 天是( ).

    A. 星期三   B. 星期四

    C. 星期五   D. 星期六

3. (1999 年"五羊杯"竞赛题)若 1059,1417,2312 分别被自然数 x 除时,所得余数都是 y,则 $x-y=$( ).

    A. 15   B. 1   C. 164   D. 179

4. (1997 年太原市竞赛题)1997^{2000} 被 7 除的余数是( ).

    A. 1   B. 2   C. 4   D. 6

5. (第 10 届"缙云杯"竞赛题)$\sqrt[1993]{A-1}=3$,$\sqrt[3]{B+1}=1993$,则 $A+B$ 的末位数字是( ).

    A. 0   B. 2   C. 4   D. 6

6. (第 4 届"祖冲之杯"竞赛题)盒中原有 7 个球,一位魔术师从中任取几个小球,把每一个小球都变成 7 个小球,将其放回盒中;他又从盒中任取一些小球,把每一个小球都变成 7 个小球后放回盒中. 如此进行,到某一时刻,魔术师停止取球变魔术时,盒中球的总数可能是( ).

    A. 1990 个   B. 1991 个

    C. 1992 个   D. 1993 个

7. (第 2 届学习报公开赛试题)若整数 n 不是 5 的倍数,则 n^4+4 被 5 除所得的余数为_____.

8. (第 14 届"五羊杯"竞赛题)2002 年 10 月 1 日是星期二,则 2008 年 10 月 1 日是星期_____.

9. (第 6 届"希望杯"全国邀请赛题)若 a 被 1995 除,所得的余数是 2,则 $-a$ 被 1995 除,所得余数是_____.

10. (第 3 届"达尼丁杯"上海市数学友谊通讯赛题)某个礼堂里有 32 排座位,每排有 40 个座位,900 个人在礼堂就坐后,某一排就座的人比其他任何一排就座的人都少,则在该排就座的人数最大可能是_____人.

<h2 style="text-align:center">B 组</h2>

1. (1992 年太原市竞赛题)a,b 为正整数,a 除以 7 余 2,a^2+b 除以 7 余 5,则 b 除

以 7 余_____.

2.(第 8 届北京市"迎春杯"竞赛题)已知 $a=1^2+3^2+5^2+\cdots+1991^2$,$b=2^2+4^2+6^2+\cdots+1990^2$,那么 $a-b$ 被 1993 除的余数等于_____.

3.(2000 年江苏省竞赛题)今天是星期日,从今天算起,第 $\underbrace{111\cdots1}_{2000个1}$ 天是星期_____.

4.(首届华杯赛试题)观察下列数列,求出第 90 个数除以 3 的余数.
10,13,23,36,59,95,154,…

5.(1992 年天津市竞赛题)已知 a,b 是整数,a 除以 7 余 3,b 除以 7 余 5,当 $a^2>4b$ 时,求 a^2-4b 除以 7 的余数是多少.

6.(1998 年"五羊杯"竞赛题)求除以 8 和 9 都余 1 的所有三位数的和.

7.(第 17 届江苏省竞赛题)有一张纸,第 1 次把它分割成 4 片,第 2 次把其中的 1 片分割成 4 片,以后每一次都把前面所得的其中一片分割成 4 片. 如此进行下去,试问:

(1)经 5 次分割后,共得到多少张纸片?

(2)经 n 次分割后,共得到多少张纸片?

(3)能否经若干次分割后共得到 2003 张纸片? 为什么?

8.(第 17 届"五羊杯"竞赛题)设 $2005 = c_1 \cdot 3^{a_1} + c_2 \cdot 3^{a_2} + \cdots + c_n \cdot 3^{a_n}$,其中 n 为正整数,$a_1, a_2, \cdots, a_n$ 为互不相等的自然数(包括 0,约定 $3^0 = 1$),$c_1, c_2, \cdots, c_n$ 中的每一个都等于 1 或 -1,那么 $a_1 + a_2 + \cdots + a_n = $_____.

第六章　同余及应用

【基础知识】

顾名思义,同余就是余数相同,是指被同一个正整数所除,得到的余数相同.

如果两个整数 a,b 除以 $m(m\in \mathbf{N}_+)$ 的余数相同,则称 a,b 关于模 m 同余,记为 $a\equiv b(\bmod m)$.

同余具有如下性质:

性质 1　$a\equiv b(\bmod m)$ 等价于

(1) $m\mid (a-b)$;

(2) 存在整数 k,使得 $a-b=mk$.

性质 2　若 $a\equiv x(\bmod m),b\equiv y(\bmod m)$,则

$a+b\equiv x+y(\bmod m),ab\equiv xy(\bmod m)$;

若 $a\equiv b(\bmod m)$,则 $a^k\equiv b^k(\bmod m)$;

更一般地,若 $a_i\equiv b_i(\bmod m),x\equiv y(\bmod m)$,则

$a_kx^k+a_{k-1}x^{k-1}+\cdots +a_1x+a_0\equiv b_ky^k+b_{k-1}y^{k-1}+\cdots +b_1y+b_0(\bmod m)$.

性质 3　(1)若 $ac\equiv bc(\bmod m)$,则

$$\frac{ac}{(m,c)}\equiv \frac{bc}{(m,c)}\left(\bmod \frac{m}{(m,c)}\right);$$

(2)若 $ac\equiv bc(\bmod m)$,且 $(m,c)=1$,则 $a\equiv b(\bmod m)$.

特别地,若 $(k,m)=1$,则

$ak\equiv bk(\bmod m)\Longleftrightarrow a\equiv b(\bmod m)$.

性质 4　(1) $a\equiv b(\bmod m)$ 且 $a\equiv b(\bmod n)\Longleftrightarrow a\equiv b(\bmod [m,n])$.

特别地,若 $(m,n)=1$,则

$a\equiv b(\bmod mn)\Longleftrightarrow a\equiv b(\bmod m)$ 且 $a\equiv b(\bmod n)$.

(2)若 $a\equiv b(\bmod m)$,则 $a\equiv b,b+m,b+2m,\cdots ,b+(n-1)m(\bmod mn)$.

【典型例题与基本方法】

例 1　(1980 年北京市竞赛题)证明:$3^{1980}+4^{1981}$ 被 5 整除.

证明 $3^{1980}+4^{1981}=(3^2)^{990}+4^{1981}=9^{990}+4^{1981}\equiv 1^{990}+(-1)^{1981}=1+(-1)=0(\bmod 5)$,

所以 $3^{1980}+4^{1981}$ 被 5 整除.

例 2 (第 4 届"五羊杯"竞赛题)已知 $A=5^{1992}+\dfrac{3}{2}\cdot 5^{1991}+\dfrac{1}{2}\cdot 5^{1990}+5$ 为自然数,则 A 被 3 除的余数为_____.

解 填 2. 理由: $A=5^{1992}+\dfrac{3}{2}\cdot 5\cdot 5^{1990}+\dfrac{1}{2}\cdot 5^{1990}+5=5^{1992}+8\cdot 5^{1990}+5$.

因为 5^4 被 3 除余数为 1,所以

$$
\begin{aligned}
A &\equiv 5^{1992}+2\cdot 5^{1990}+2\\
&\equiv (5^4)^{498}+2\cdot (5^4)^{497}\cdot 5^2+2\\
&\equiv 1^{498}+2^3\cdot 1^{497}\cdot 1+2\\
&\equiv 5\\
&\equiv 2(\bmod 3).
\end{aligned}
$$

所以 A 被 3 除的余数为 2.

例 3 求 $145^{89}+3^{2002}$ 除以 13 的余数.

解 因 $145\equiv 2(\bmod 13)$,

则 $145^6\equiv 2^6\equiv -1(\bmod 13)$.

从而 $(145^6)^{14}\equiv (-1)^{14}\equiv 1(\bmod 13)$,

即 $145^{84}\equiv 1(\bmod 13)$.

又因 $145^5\equiv 2^5\equiv 6(\bmod 13)$,

所以 $145^{89}\equiv 145^{84}\cdot 145^5\equiv 6\cdot 1\equiv 6(\bmod 13)$.

又由 $3^3\equiv 1(\bmod 13)$,

有 $(3^3)^{667}\equiv 3^{2001}\equiv 1(\bmod 13)$,

即 $3^{2002}\equiv 3(\bmod 13)$.

所以,$145^{89}+3^{2002}\equiv 6+3\equiv 9(\bmod 13)$,

即 $145^{89}+3^{2002}$ 除以 13 的余数是 9.

例 4 由下面的哪些同余式可以得到同余式 $a\equiv b(\bmod 5)$?

①$3a\equiv 3b(\bmod 5)$ ②$10a\equiv 10b(\bmod 5)$

③$6a\equiv 6b(\bmod 10)$ ④$10a\equiv 10b(\bmod 20)$

解 ①因 $3a\equiv 3b(\bmod 5)$,所以 $5\mid 3(a-b)$. 而 $5\nmid 3$,因此 $5\mid a-b$,故 $a\equiv b(\bmod 5)$.

②由 $10a\equiv 10b(\bmod 5)$ 可以得到 $5\mid 10(a-b)$. 而 $5\mid 10$,因此 5 不一定整除 $a-b$,故 $a\equiv b(\bmod 5)$ 就不成立.

③由 $6a\equiv 6b(\bmod 10)$ 可得 $10\mid 6(a-b)$. 而 $10=2\times 5,6=2\times 3$,因此 $5\mid a-b$,故

$a \equiv b \pmod 5$ 成立.

④由 $10a \equiv 10b \pmod{20}$ 可得到 $20 \mid 10(a-b)$. 而 $20 = 4 \times 5$, $4 \nmid 10$, 因此 $5 \nmid (a-b)$. 故 $a \equiv b \pmod 5$ 不成立.

综上所述,由 $3a \equiv 3b \pmod 5$ 或 $6a \equiv 6b \pmod{10}$ 都可以得到 $a \equiv b \pmod 5$.

注:在①中,因为 $(3,5)=1$,因此由 $5 \mid 3(a-b)$ 一定可以得到 $5 \mid a-b$,进而得到 $a \equiv b \pmod 5$. 一般地,如果 $(k,m)=1$,$ka \equiv kb \pmod m$,那么 $a \equiv b \pmod m$.

在③中,因 $(6,10)=2$,因此由 $10 \mid 6(a-b)$ 一定可以得到 $5 \mid a-b$,进而得到 $a \equiv b \pmod 5$. 一般地,如果 $(k,m)=d$,$ka \equiv kb \pmod m$,那么 $a \equiv b \pmod{\frac{m}{d}}$.

【解题思维策略分析】

1. 运用同余处理整除性问题

例 5 (2007年"新知杯"上海市竞赛题)已知 k 为不超过 50 的正整数,使得对任意正整数 n,$2 \times 3^{6n} + k \times 2^{3n+1} - 1$ 都能被 7 整除. 则这样的正整数 k 有_____个.

解 填 7. 理由:

$$2 \times 3^{6n} + k \times 2^{3n+1} - 1$$
$$= 2 \times 27^{2n} + 2k \times 8^n - 1$$
$$\equiv 2 \times (-1)^{2n} + 2k - 1$$
$$\equiv 2k+1 \pmod 7.$$

但 $2 \times 3^{6n} + k \times 2^{3n+1} - 1 \equiv 0 \pmod 7$,

则 $2k+1 \equiv 0 \pmod 7$,

即 $2k+1 = 7m$(m 为奇数).

因为 $1 \leqslant k \leqslant 50$,所以 $3 \leqslant 7m \leqslant 101$.

故 $m=1,3,\cdots,13$,相应的 $k=3,10,\cdots,45$,共 7 个.

例 6 (1978年安徽省竞赛题)任给 5 个整数,证明必能从中选出 3 个,使得它们的和被 3 整除.

证明 考虑 mod 3 的同余类. 如果这 5 个数中,有 3 个数在同一类,那么它们的和被 3 整除 $a+a+a=3a \equiv 0 \pmod 3$.

如果没有 3 个数在同一类,那么每一类中至多有 2 个数,两个类中至多 4 个数. 因此,三个剩余类中,每一个都至少含一个所给的数,这样的 3 个数的和 $\equiv 1+0+(-1)=0 \pmod 3$,即被 3 整除.

例 7 从 n 的末位数字起,每三位看作一个数,这些数依次记为 $A_1,A_2,\cdots,A_r$($A_1,A_2,\cdots,A_{r-1}$ 都是三位数,而 A_r 可能不足三位).

令 $S_1 = A_1 + A_3 + A_5 + \cdots$，$S_2 = A_2 + A_4 + A_6 + \cdots$．

求证：n 被 7 整除，当且仅当 $S_1 - S_2$ 被 7 整除．

分析 先将 n 用 $A_1, A_2, \cdots, A_r$ 表示，然后考察模 7．

由于将 n 的"每三位看作一个数"，从而，n 的表达式中含有的以 10 为底的幂，其指数都是 3 的倍数．

而 $10^{3r} \equiv (10^3)^r \equiv (-1)^r \pmod 7$，问题迎刃而解．

证明 设 $n = \overline{a_k a_{k-1} \cdots a_1 a_0}$，则

$$n = \overline{a_2 a_1 a_0} + \overline{a_5 a_4 a_3} \cdot 10^3 + \overline{a_8 a_7 a_6} \cdot 10^6 + \cdots$$
$$= A_1 + A_2 \times 10^3 + A_3 \times 10^6 + \cdots + A_r \times 10^{3r-3}$$
$$\equiv A_1 - A_2 + A_3 - A_4 + \cdots + A_r(-1)^{r-1}$$
$$= S_1 - S_2 \pmod 7.$$

2. 运用同余求解余数问题

例 8 （1997 年河北省竞赛题）一摩天大楼有 n 级台阶，登楼时一步可上一个台阶，也可上两个台阶，所有不同的登楼方式数记为 a_n．

(1) 求 $a_1 m$ 被 7 除的余数；

(2) 求 $a_1 + a_2 + \cdots + a_{1997}$ 被 7 除的余数．

分析 易得 $a_1 = 1, a_2 = 2, a_3 = 3, a_4 = 5, a_5 = 8$．

因此，可以推测 $a_n = a_{n-1} + a_{n-2}$．

解 设登 n 级台阶的所有不同方式数为 a_n，则 $a_1 = 1, a_2 = 2, a_3 = 3$．

登楼方式按第一步上一级台阶和上两级台阶分为两类，第一步上一级台阶，然后任意上 n 级有 a_{n-1} 种方式；第一步上两级台阶，然后任意上到 n 阶有 a_{n-2} 种方式，所以 $a_n = a_{n-1} + a_{n-2}$．

(1) $a_n \equiv a_{n-1} + a_{n-2} \pmod 7$，$a_n$ 被 7 除的余数如下表：

a_n:	a_1	a_2	a_3	a_4	a_5	a_6	a_7	a_8	a_9	a_{10}	a_{11}	a_{12}	a_{13}	a_{14}	a_{15}	a_{16}	a_{17}	a_{18}	$\cdots$
余数：	1	2	3	5	1	6	0	6	6	5	4	2	6	1	0	1	1	2	$\cdots$

可见：余数按 16 周期循环，即 $a_k \equiv a_{k+16} \pmod 7$．

而 $1997 = 124 \times 16 + 13$，所以 $a_{1997} \equiv a_{13} \equiv 6 \pmod 7$．

(2) 因为 $a_{16k+1} + a_{16k+2} + \cdots + a_{16(k+1)} \equiv 49 \pmod 7 \equiv 0 \pmod 7$，

所以 $a_1 + a_2 + \cdots + a_{1997} \equiv a_1 + a_2 + \cdots + a_{13} \equiv 47 \pmod 7 \equiv 5 \pmod 7$．

所以余数为 5．

例 9 （1991 年北京市"迎春杯"竞赛决赛题）有一列数 $1, 3, 4, 7, 11, 18 \cdots\cdots$ 从第三个数开始，每个数恰好是它前面相邻两个数的和．

(1) 第 1991 个数被 6 除余几？

(2)把以上数列按下述方法分组:(1),(3,4),(7,11,18)……(第 n 组含有 n 个数),问第 1991 组的各数之和被 6 除余数是几?

解 (1)设 a_n 表示数列中的第 n 个数,利用 $a_n \equiv a_{n-1} + a_{n-2} \pmod 6$,容易得到下表:

a_n	a_1	a_2	a_3	a_4	a_5	a_6	a_7	a_8	a_9	a_{10}	a_{11}	a_{12}	a_{13}
被 6 除所得余数	1	3	4	1	5	0	5	5	4	3	1	4	5
a_n	a_{14}	a_{15}	a_{16}	a_{17}	a_{18}	a_{19}	a_{20}	a_{21}	a_{22}	a_{23}	a_{24}	a_{25}	a_{26}
被 6 除所得余数	3	2	5	1	0	1	1	2	3	5	2	1	3

观察上表可知,$a_1 \equiv a_{25} \pmod 6$,$a_2 \equiv a_{26} \pmod 6$,则 $a_n \equiv a_{n+24} \pmod 6$.

也就是说,数列中的数被 6 除所得的余数,每隔 24 个数重复出现.

由于 $1991 = 24 \times 82 + 23$,因此 $a_{1991} \equiv a_{23} \pmod 6$.

即数列中第 1991 个数被 6 除余数是 5.

(2)按规定分组后,前 1990 组共有 $1+2+3+\cdots+1990 = 1981045$(个)数,第 1991 组的各数之和为 $S = a_{1981045+1} + a_{1981045+2} + \cdots + a_{1981045+1991}$.

据上表可知,数列中任意相邻的 24 个数之和被 6 除的余数就等于 24 个数分别被 6 除所得余数之和被 6 除所得的余数,即

$$a_{n-1} + a_{n+2} + \cdots + a_{n+24}$$
$$\equiv (1+3+4+1+5+0+5+5+4+3+1+4+5+3+2+5+1+0+1+1+2+3+5+2)$$
$$\equiv 66$$
$$\equiv 0 \pmod 6.$$

由 $1991 = 24 \times 82 + 23$,得

$$a_{1981045} + S \equiv 0 \pmod 6.$$

因为 $1981045 = 24 \times 82543 + 13$,所以 $a_{1981045} \equiv a_{13} \equiv 5 \pmod 6$,即 $a_{1981045}$ 被 6 除所得的余数是 5,故 S 被 6 除所得的余数应该是 1.

3. 运用同余求解其他问题

例 10 已知 n 是任意的正整数,且 $m \mid 7^n + 12n - 1$,求正整数 m 的最大值.

解 设 $a_n = 7^n + 12n - 1$,那么

$a_1 = 7 + 12 - 1 = 18$,$a_2 = 7^2 + 24 - 1 = 72$,

则 $(a_1, a_2) = (18, 72) = 18$.

故 $m \leqslant 18$.

下面证明对任何正整数 n,都有 $18|(7^n+12n-1)$.

因为 $18=2 \times 9$,所以只须证明 $2|(7^n+12n-1)$,$9|(7^n+12n-1)$ 即可.

又 $7 \equiv 1 (\bmod 2)$,

则 $7^n+12n-1 \equiv 1^n+0-1 \equiv 0 (\bmod 2)$.

即 $2|7^n+12n-1$.

对 n 进行分类讨论.

(i)若 $n \equiv 0 (\bmod 3)$,则 $n=3k$(k 为正整数).

$$7^n+12n-1 \equiv 7^{3k}+36k+1 \equiv (-2)^{3k}+0-1$$
$$\equiv (-8)^k-1$$
$$\equiv 1^k-1$$
$$\equiv 0 (\bmod 9).$$

(ii)若 $n \equiv 1 (\bmod 3)$,则 $n=3k+1$(k 为非负整数).

$$7^n+12n-1 \equiv 7^{3k} \cdot 7+36k+12-1$$
$$\equiv 7+12-1 \equiv 0 (\bmod 9).$$

(iii)若 $n \equiv 2 (\bmod 3)$,则 $n=3k+2$(k 为非负整数).

$$7^n+12-1 \equiv 7^{3k} \cdot 7^2+36k+24-1$$
$$\equiv 7^2+24-1 \equiv 0 (\bmod 9).$$

因此,对一切自然数 n,都有 $9|7^n+12n-1$.

综上所述,$18|7^n+12n-1$.

因此 m 的最大值为 18.

例 11 圆周上排列着五个方格,其中一个方格中有 1 枚棋子,棋子依逆时针方向绕圆周移动:第一次移动 1 个格,第二次移动 2 个格,……第 n 次移动 n 个格.试问:棋子在移动过程中能到达哪几个方格?

分析 将方格依次编号为 0,1,2,3,4,且不妨设棋子在编号为 0 的方格中,则第一次移动后到达方格的编号为 1,第二次移动后到达方格的编号为 $1+2=3$,第三次移动后到达方格的编号为 $1 \equiv 6=1+2+3 (\bmod 5)$,……第 n 次移动后到达方格的编号为 $1+2+\cdots+n$ 除以 5 的余数. 于是,只需考虑,当 n 变化时,$1+2+\cdots+n$ 除以 5 的余数有哪些可能的取值.

解 将方格依次编号为 0,1,2,3,4,且不妨设棋子在编号为 0 的方格中. 那么,第 n 次移动后到达方格的编号为 $1+2+\cdots+n$ 除以 5 的余数.

对任何正整数 n,设 $n \equiv r (\bmod 5)$($0 \leqslant r < 5$),则

$$1+2+\cdots+n=\frac{n(n+1)}{2} \equiv \frac{r(r+1)}{2} (\bmod 5).$$

○初中数学竞赛中的数论问题

当 $r＝0,1,2,3,4$ 时,

$$\frac{r(r+1)}{2}\equiv 0,1,3,1,0(\bmod 5).$$

于是,$\dfrac{n(n+1)}{2}\equiv 0,1,3(\bmod 5)$.

这表明,棋子永远不能到达编号为 $2,4$ 的方格.

又第一次移动后到达方格 1 中,第二次移动后到达方格 3 中,第四次移动后到达方格 0 中,则棋子在移动过程中能到达编号为 $0,1,3$ 的三个方格中.

例 12 求证:对于每个整数 x,多项式 $\dfrac{1}{5}x^5+\dfrac{1}{3}x^3+\dfrac{7}{15}x$ 的值都是整数(这样的多项式称为整值多项式).

分析 令 $y=\dfrac{1}{5}x^5+\dfrac{1}{3}x^3+\dfrac{7}{15}x=\dfrac{3x^5+5x^3+7x}{15}$.

于是,问题等价于证明:对每个整数 x,有 $15|(3x^5+5x^3+7x)$.

注意到 $15=3\times 5$,而 $(3,5)=1$,从而,问题又等价于对每个整数 x,有

$3|(3x^5+5x^3+7x)$ 且 $5|(3x^5+5x^3+7x)$,

这等价于 $3|(2x^3+x)$ 且 $5|(3x^5+2x)$.

证明 首先证 $3|(2x^3+x)$.

当 $x=3k$ 时,$3|(2x^3+x)$;

当 $x=3k+1$ 时,$2x^3+x\equiv 2\times 1^3+1=3\equiv 0(\bmod 3)$;

当 $x=3k-1$ 时,$2x^3+x\equiv 2\times(-1)^3-1=-3\equiv 0(\bmod 3)$.

因此,对任何整数 x,都有 $3|(2x^3+x)$.

于是,$3|[(3x^5+3x^3+6x)+(2x^3+x)]$,

即 $3|(3x^5+5x^3+7x)$.

其次证 $5|(3x^5+2x)$.

当 $x=5k$ 时,$5|(3x^5+2x)$;

当 $x=5k+1$ 时,$3x^5+2x\equiv 3\times 1^5+2=5\equiv 0(\bmod 5)$;

当 $x=5k+2$ 时,$3x^5+2x\equiv 3\times 2^5+4=100\equiv 0(\bmod 5)$;

当 $x=5k-2$ 时,$3x^5+2x\equiv 3\times(-2)^5-4=-100\equiv 0(\bmod 5)$;

当 $x=5k-1$ 时,$3x^5+2x\equiv 3\times(-1)^5+8=5\equiv 0(\bmod 5)$.

因此,对任何整数 x,都有 $5|(3x^5+2x)$.

从而,$5|[(5x^3+5x)+(3x^5+2x)]$,

即 $5|(3x^5+5x^3+7x)$.

因为 $(3,5)=1$,所以,$15|(3x^5+5x^3+7x)$.

故对每个整数 x，$y=\dfrac{1}{5}x^5+\dfrac{1}{3}x^3+\dfrac{7}{15}x$ 的值都是整数.

注：为证明 $a\mid f(n)$，可假定 $n=ka+r$，然后对 $r=0,1,\cdots,a-1$ 进行讨论.

【模拟实战】

A 组

1.（1997 年山西太原市竞赛题）1997^{2000} 被 7 除的余数是（　　）.

A. 1　　　　　B. 2　　　　　C. 4　　　　　D. 6

2.（1997 年陕西省竞赛题）1898 年 6 月 9 日英国强迫清政府签约，将香港 975.1 平方公里土地租借给英国 99 年.1997 年 7 月 1 日香港回归祖国，中国人民终于洗刷了百年耻辱.已知 1997 年 7 月 1 日是星期二，那么，1898 年 6 月 9 日是星期（　　）.

A. 二　　　　　B. 三　　　　　C. 四　　　　　D. 五

（注：公历纪年，凡年份为 4 的倍数但不是 100 的倍数的那年为闰年，年份为 400 的倍数的那年也为闰年，闰年的 2 月有 29 天，平年的 2 月有 28 天.）

3.（第 10 届北京市"迎春杯"竞赛决赛题）已知 p,q 均为质数，其中有一个是一位数，$p+q=1994$，如果今天是星期一，且 p^q 天后的那一天不是星期一，那么是星期_____.

4.（2006 年"新知杯"上海市竞赛题）使得 $n+1$ 能整除 $n^{2006}+2006$ 的正整数 n 共有_____个.

5. 已知 $2^n(n\in\mathbf{N}_+)$ 能整除 $2007^{2048}-1$，则 n 的最大值是_____.

B 组

1. 求证：连续三个正整数的立方和为 9 的倍数.

2. 设 a,b 是正整数,且 $24a^2=b^2-1$.求证:a,b 中恰有一个为 5 的倍数.

3. 试求 $47^{37^{23}}$ 除以 7 的余数.

4. 将 $1,2,3$ 从左至右依次循环排列,得到一个 2009 位数:$x=123123\cdots12312$.求 x 被 101 除的余数.

5. (第 6 届国际数学奥林匹克试题)(1)求出所有的正整数 n,使 2^n-1 被 7 整除.
(2)求证:没有正整数 n 能使 2^n+1 被 7 整除.

6. 求 2^{999} 最后两位数字.

7. (第 17 届"五羊杯"竞赛题)在 $1\sim2005$ 的所有正整数中,共有_____个整数 x,使 3^{3x+1} 和 x^3 被 5 除的余数相同.

第七章　末位数问题

【基础知识】

一个整数的末位数只能是 $0,1,2,\cdots,9$ 之一. 这实际是求一个整数被 10 除的余数.

整数的末位数有下列性质(符号 $G\langle a\rangle$ 表示整数 a 的末位数字):

①和的末位数等于各加数末位数之和的末位数;积的末位数等于各因数末位数之积的末位数;$G\langle a\cdot(a+1)\rangle=0,2,6$.

②$G\langle a^2\rangle=0,1,4,5,6,9$;$G\langle a^4\rangle=0,1,5,6$;$G\langle 3^4\rangle=G\langle 7^4\rangle=G\langle 9^4\rangle=1$;$G\langle 2^4\rangle=6$.

③数 $0,1,5,6$ 的任何正整数次方幂,其末位数字仍是它本身;一个幂的末位数字与这个幂底数中的末位数字的同次方幂的末位数字相同,而与其他位上的数字无关.

④若 m,a,k 都是正整数,且 $1\leqslant m\leqslant 4$,那么 $G\langle a^{4k+m}\rangle=G\langle a^m\rangle$.

事实上,

$a^{4k+m}-a^m=a^m(a^{4k}-1)=a^m(a^4-1)[(a^4)^{k-1}+(a^4)^{k-2}+\cdots+1]$

$=a(a-1)(a+1)(a^2+1)\cdot a^{m-1}\cdot(a^{4k-4}+a^{4k-8}+\cdots+1)$

$=a(a-1)(a+1)[(a^2+5a+6)-(5a+5)]\cdot a^{m-1}\cdot(a^{4k-4}+a^{4k-8}+\cdots+1)$

$=[(a-1)\cdot a\cdot(a+1)(a+2)(a+3)-5(a-1)\cdot a\cdot(a+1)^2]\cdot a^{m-1}\cdot(a^{4k-4}+a^{4k-8}+\cdots+1)$,

注意到 r 个连续整数之积总可被 $r!=1\cdot 2\cdots r$ 整除,知 $10\mid(a^{4k+m}-a^m)$,故 $G\langle a^{4k+m}\rangle=G\langle a^m\rangle$.

⑤若 b 为奇数,c 为偶数,则 $G\langle a^{b^c}\rangle=G\langle a\rangle$;

若 b 为偶数,c 为奇数,则 $G\langle a^{b^c}\rangle=G\langle a^4\rangle$;

若 b,c 都是偶数,则 $G\langle a^{b^c}\rangle=G\langle a^4\rangle$;

若 b,c 都是奇数,则 $G\langle a^{b^c}\rangle=G\langle a^b\rangle$.

以上性质均可采用穷举法证明.

【典型例题与基本方法】

例 1　(1992 年全国联赛题)若 $x^2-13x+1=0$,求 x^4+x^{-4} 的个位数字.

解 由题设知 $x \neq 0$，于是有 $x + x^{-1} = 13$.

于是 $x^2 + x^{-2} = (x + x^{-1})^2 - 2 = 13^2 - 2 = 167$，

$x^4 + x^{-4} = (x^2 + x^{-2})^2 - 2 = 167^2 - 2$.

故 $x^4 + x^{-4}$ 的个位数字为 7.

例 2 $3^{1001} \cdot 7^{1007} \cdot 13^{1003}$ 的个位数是(   ).

A. 1   B. 3   C. 5   D. 7   E. 9

解 选 B. 理由：因 $G\langle 3^{1001} \rangle \cdot G\langle 7^{1007} \rangle \cdot G\langle 13^{1003} \rangle = G\langle 3 \rangle \cdot G\langle 7^8 \rangle \cdot G\langle 13^3 \rangle = G\langle 3 \rangle \cdot G\langle 3 \rangle \cdot G\langle 3^3 \rangle = 3 \times 3 \times 7$，故 $G\langle 3^{1001} \cdot 7^{1007} \cdot 13^{1003} \rangle = 3$.

例 3 若 $A = 1983^{1984^{1985}}$，那么 A 的个位数字是几？

解 由 $G\langle 1983^{1984^{1985}} \rangle = G\langle 1983^4 \rangle = G\langle 3^4 \rangle = 1$，故 A 的个位数字是 1.

例 4 设 n 是整数，如果 n^2 的十位数字是 7，那么 n^2 的个位数字是什么？

解 设 $n = 10x + y$，其中 x, y 是整数，$0 \leqslant y \leqslant 9$，那么 $n^2 = 100x^2 + 20xy - y^2 = 20(5x^2 + xy) + y^2$.

又 n^2 的十位数字是奇数 7，故 y^2 的十位数字必是奇数. 所以，y^2 为 16 或 36，因此 n^2 的个位数只能是 6.

【解题思维策略分析】

1. 注意运用穷举

例 5 求 $1^2, 2^2, 3^2, \cdots, 123456789^2$ 的和的个位数的数字.

解 因为 $123456789 = 10 \times 12345678 + 9$，

所以 $1^2 + 2^2 + 3^2 + \cdots + 123456789^2$ 的个位数等于 $(1 + 4 + 9 + 6 + 5 + 6 + 9 + 4 + 1 + 0) \times 12345678 + (1 + 4 + 9 + 6 + 5 + 6 + 9 + 4 + 1)$ 的个位数，等于 $5 \times 8 + 5$ 的个位数，即等于 5. 故所求个位数为 5.

2. 注意与 10 同余

例 6 证明数列 $1 \times 2 \times 3, 2 \times 3 \times 4, 3 \times 4 \times 5, \cdots, n(n+1)(n+2), \cdots$ 的个位数周期性地重复出现.

证明 设 b_k 是 $k(k+1)(k+2)$ 的个位数.

我们现在研究 b_{k+10} 与 b_k 的关系，即 $k(k+1)(k+2)$ 与 $(k+10)(k+11)(k+12)$ 的个位数的关系.

$(k+10)(k+11)(k+12) - k(k+1)(k+2)$

$= 10(k+11)(k+12) + k(k+11)(k+12) - k(k+1)(k+2)$

$= 10(k-11)(k+12) + k[10 + (k+1)] \cdot [10 + (k+2)] - k(k+1)(k+2)$

$= 10(k+11)(k+12) + 100k + 10k(k+1) + 10k(k+2) + k(k+1)(k+2) - k(k+$

$1)(k+2)$

$=10M,$

其中 M 是整数.

从而 $(k+10)(k+11)(k+12)$ 与 $k(k+1)(k+2)$ 的个位数相同,即

$b_{k+10}=b_k.$

于是所给数列中的数的个位数以 10 为周期重复出现.

3. 运用末位数性质

例7 求自然数 $2^{100}+3^{101}+4^{102}$ 的个位数字.

解 易知自然数的个位数字就是这个数除以 10 的余数,从而,可考虑模 10.

又对任何正整数 r,有 $1^r \equiv 1 \pmod{10}$,$6^r \equiv 6 \pmod{10}$,

于是,可将原式中指数的底 2,3,4 都向 1 和 6 转化.

注意到 $2^{100} \equiv 2^{4 \times 25} \equiv (2^4)^{25} \equiv 16^{25} \equiv 6^{25} \equiv 6 \pmod{10}$,

$3^{101} \equiv 3^{4 \times 25+1} \equiv (3^4)^{25} \times 3^1 \equiv 1^{25} \times 3^1 \equiv 3 \pmod{10}$,

$4^{102} \equiv 4^{2 \times 51} \equiv (4^2)^{51} \equiv 16^{51} \equiv 6 \pmod{10}$,

从而 $2^{100}+3^{101}+4^{102} \equiv 6+3+6 \equiv 5 \pmod{10}$.

故自然数 $2^{100}+3^{101}+4^{102}$ 的个位数字是 5.

【模拟实战】

A 组

1.(第 3 届"五羊杯"竞赛题) $3^{1991}+1991^3$ 的值用十进制表示时,末位数字是( ).

A. 8   B. 4   C. 2   D. 0

2.(2008 年四川省竞赛题)已知 $x=2007^{2008}$,则 x 除以 10 的余数是( ).

A. 1   B. 3   C. 7   D. 9

3.(2008 年"新知杯"上海市竞赛题)设 a_n 表示数 n^4 的末位数,则 $a_1+a_2+\cdots+a_{2008}=$ _____.

4.(2009 年天津市竞赛题)若 p 是质数,且 $p+3$ 整除 $5p$,则 p^{2009} 的末位数字是_____.

5.(1991 年北京市"迎春杯"竞赛决赛题) $1^4+2^4+3^4+\cdots+1990^4+1991^4$ 的个位数字是_____.

6. 若 x_1,x_2,x_3,x_4,x_5 为互不相等的正奇数,且满足 $(2005-x_1)(2005-x_2) \cdot$

$(2005-x_3)(2005-x_4)(2005-x_5)=24^2$，则 $x_1^2+x_2^2+x_3^2+x_4^2+x_5^2$ 的末位数字是
（   ）.

A. 1   B. 3   C. 5   D. 7

B 组

1.（2008 年全国联赛（江西卷）题）5^{55} 的末尾三位数字是（   ）.

A. 125   B. 375   C. 625   D. 875

2. 求 2003^{2002} 的末位数字.

3.（1991 年山西太原市竞赛题）证明：$1991^{1992}+1993^{1994}+1995^{1996}+1997^{1998}+1999^{2000}$ 能被 5 整除.

4. 求 1998^{2002} 的十位数字.

5.（2005 年"华罗庚金杯"邀请赛决赛题）a,b 和 c 都是两位数的自然数，a,b 的个位分别是 7 与 $5，c$ 的十位是 1. 如果它们满足等式 $ab+c=2005$，求 $a+b+c$ 的值.

第八章 奇数与偶数

【基础知识】

若一个整数能被 2 整除,则这个整数称为偶数;若一个整数被 2 除余 1,则这个整数称为奇数.

奇数与偶数有下述基本性质:

性质 1 奇数个奇数的和(或差)是奇数;偶数个奇数的和(或差)是偶数;任意多个偶数的和(或差)是偶数.

性质 2 如果若干个整数的积是奇数,则其每一个因数均为奇数;如果若干个整数的积是偶数,则其中至少有一个因数为偶数. 反之结论也成立.

性质 3 两个整数的和与差有相同的奇偶性.

性质 4 一个奇数与一个偶数的和(或差)为奇数;一个奇数与一个偶数的积为偶数.

性质 5 两个连续整数的乘积 $n(n+1)$ 必为偶数,且其中必一个为奇数,另一个为偶数.

【典型例题与基本方法】

例 1 (2008 年"数学周报杯"竞赛题)将 $1,2,3,4,5$ 这五个数字排成一排,最后一个数是奇数,且使得其中任意连续三个数之和都能被这三个数中的第一个数整除. 那么,满足要求的排法有( )种.

A. 2   B. 3   C. 4   D. 5

解 选 D. 理由:设 a_1,a_2,a_3,a_4,a_5 是 $1,2,3,4,5$ 的一个满足要求的排列.

首先,对于 a_1,a_2,a_3,a_4 不能有连续的两个都是偶数,否则,这两个之后都是偶数,与已知条件矛盾.

其次,如果 $a_i (1 \leqslant i \leqslant 3)$ 是偶数,a_{i+1} 是奇数,则 a_{i+2} 是奇数. 这说明一个偶数后面一定要接两个或两个以上的奇数,除非接的这个奇数是最后一个数.

所以,a_1,a_2,a_3,a_4,a_5 只能是偶,奇,奇,偶,奇. 有如下 5 种情形满足条件:
$2,1,3,4,5;2,3,5,4,1;2,5,1,4,3;4,3,1,2,5;4,5,3,2,1.$

例 2 若一个正整数能表示为两个连续偶数的平方差,则称这个正整数为"神秘

数"(如 $4=2^2-0^2$,$12=4^2-2^2$,$20=6^2-4^2$).下列关于神秘数的叙述,正确的个数为( ).

①2008 是神秘数;

②任意两个正奇数的平方差是神秘数;

③任意两个正奇数的平方差不是神秘数;

④在 1~100 这 100 个数中,神秘数有 13 个.

A. 1   B. 2   C. 3   D. 4

解 选 B. 理由:设两个连续偶数为 $2k+2$ 和 $2k$,则 $(2k+2)^2-(2k)^2=4(2k+1)$.

又 $2k+1$ 是奇数,从而,神秘数是 4 的倍数,但不是 8 的倍数.

设任意两个正奇数为 $2m+1$ 和 $2n+1$,则

$(2m+1)^2-(2n+1)^2=4(m+n+1)(m-n)$.

由于 $m+n+1$ 与 $m-n$ 的奇偶性相反,从而,$(2m+1)^2-(2n+1)^2$ 是 8 的倍数. 故 $(2m+1)^2-(2n+1)^2$ 不是神秘数.

又 $2008=8\times251$,故 2008 不是神秘数.

不难验证:1~100 之间的神秘数有 4×1,4×3,$\cdots$,4×25. 共计 13 个.

综上,知③、④正确.

例 3 (2007 年四川省竞赛题)a,b,c 不全为 0,满足 $a+b+c=0$,$a^3+b^3+c^3=0$. 称使得 $a^n+b^n+c^n=0$ 恒成立的正整数 n 为"好数",则不超过 2007 的正整数中好数的个数为( ).

A. 2   B. 1004   C. 2006   D. 2007

解 选 B. 理由:由 $a^3+b^3+c^3-3abc=(a+b+c)(a^2+b^2+c^2-ab-bc-ca)=0$,知 $0=a^3+b^3+c^3=3abc$.

从而,abc 中至少有 1 个为 0.

由条件知,abc 中只有一个为 0,另外两个互为相反数.

不妨设 $a=0$,$b=-c$.

于是,当 n 为正奇数时,$a^n+b^n+c^n=0$,反之也成立.

所以,不超过 2007 的正整数中好数共有 1004 个.

例 4 (2007 年四川省竞赛题)设 p 是正奇数,则 p^2 除以 8 的余数等于_____.

解 填 1. 理由:因为 p 是正奇数,设 $p=2k-1(k\in\mathbf{N})$,

所以,$p^2=(2k-1)^2=4k^2-4k+1=4(k-1)k+1$.

因 $(k-1)k$ 为偶数,所以,p^2 除以 8 余 1.

例 5 从 $1,2,\cdots,2008$ 中,至少取_____个偶数才能保证其中必定存在两个偶数之和为 2012.

解 填 504. 理由：从 $1,2,\cdots,2008$ 中选出两个偶数,和为 2012 的共有 501 组,即 $4+2008,6+2006,\cdots,1004+1008$.

由于 2 或 1006 与其中的任意一个偶数之和均不等于 2012,因此,至少取出 $501+2+1=504$ 个偶数,才能保证其中一定有两个偶数之和为 2012.

例 6 (2007 年"新知杯"上海市竞赛题)不超过 1000 的正整数 x,使得 x 和 $x+1$ 两者的数字和都是奇数.则满足条件的正整数 x 有_____个.

解 填 46. 理由：显然,$x\neq 1000$.

设 $x=\overline{abc}$,其中,$a,b,c\in\{0,1,\cdots,9\}$,且不全为零.

$S(x)=a+b+c$ 是 x 的数字和.

（ⅰ）若 $c\neq 9$,则 $S(x)=a+b+c,S(x+1)=a+b+c+1$;

（ⅱ）若 $c=9,b\neq 9$,则 $S(x)=a+b+9,S(x+1)=a+b+1$;

（ⅲ）若 $b=c=9,a\neq 9$,则 $S(x)=a+18,S(x+1)=a+1$;

（ⅳ）若 $a=b=c=9$,则 $S(x)=27,S(x+1)=1$.

由此可见,$S(x)$ 和 $S(x+1)$ 都是奇数仅有情形（ⅱ）和（ⅳ）.

在情形（ⅱ）中,$a+b$ 为偶数,从而,a,b 同奇偶.这样有 45 个 x 满足题意.

在情形（ⅳ）中,仅有一个 $x=999$ 满足题意.

综上,满足题意的 x 共有 46 个.

例 7 (2007 年山东省竞赛题)若 $a_1,a_2,\cdots,a_n$ 均为正整数,且 $a_1<a_2<\cdots<a_n\leqslant 2007$,为保证这些整数中总存在四个互不相同的数 a_i,a_j,a_k,a_l,使得 $a_i+a_j=a_k+a_l=a_n$,那么,n 的最小值是多少？并说明理由.

解 取 $a_1=1,a_2=3,\cdots,a_{1003}=2005,a_{1004}=2007$,共 1004 个奇数.显然,其中任何两数之和不等于 2007.

若在上述 1004 个数中再加入数 2006,即 $a_1=1,a_2=3,\cdots,a_{1003}=2005,a_{1004}=2006,a_{1005}=2007$,此时,只存在唯一的一对数 $a_1=1,a_{1004}=2006$,其和为

$$a_{1005}=2007.$$

所以,n 的最小值不小于 1006.

接下来证明：当 $n\geqslant 1006$ 时,一定存在满足条件的四个数.

当 $a_n=2007$ 时,因为

$$2007=1+2006=2+2005=\cdots=1003+1004,$$

这表明 2007 只能分解为 1003 个不同的两个正整数的和式,所以,当 $n\geqslant 1006$,即 $n-1\geqslant 1005$ 时,在除了 $a_n=2007$ 之外的不少于 1005 个数 $a_1,a_2,\cdots,a_{n-1}$ 中,至少包含了 2007 的上述 1003 个不同分解和式中的两个和式 a_i+a_j、a_k+a_l 的全部四个加数 a_i、a_j、a_k、a_l,此即题设要求的四个正整数.

当 $a_n<2007$ 时,若 $a_n=2m-1$,则 a_n 可表为 m 个两个不同正整数之和的不同和式;若 $a_n=2m$,则 a_n 可表为 $m-1$ 个两个不同正整数之和的不同和式. $a_n<2007$,所以, $m\leqslant 1003$.除去 a_n 之外,在 $a_1,a_2,\cdots,a_{n-1}$ 这不少于 1005 个数中至少包含了这不超过 1003 个不同和式中的两个的全部四个加数,此即题设要求的四个数.

综上所述, n 的最小值为 1006.

例 8 (《中等数学》2010(3)数学奥林匹克训练题)已知整数 $x_i(i=1,2,\cdots,2009)$ 满足 $x_1=1,|x_{2k}|=|x_{2k-1}+1|,|x_{2k+1}|=|x_{2k}+2|(k=1,2,\cdots,1004)$.

求 $x_1+2x_2+x_3+2x_4+\cdots+x_{2007}+2x_{2008}$ 的最小值与最大值.

解 由已知可得 $\begin{cases} x_1^2=1, \\ x_{2k}^2=x_{2k-1}^2+2x_{2k-1}+1, \\ x_{2k+1}^2=x_{2k}^2+4x_{2k}+4. \end{cases}$

取 $k=1,2,\cdots,1004$,以上各式相加得

$x_{2009}^2=1+2(x_1+2x_2+x_3+2x_4+\cdots+x_{2007}+2x_{2008})+5020\Rightarrow$

$x_1+2x_2+x_3+2x_4+\cdots+x_{2007}+2x_{2008}=\dfrac{1}{2}(x_{2009}^2-5021)$.

由题意知 x_{2009} 为奇数.

则 $x_1+2x_2+x_3+2x_4+\cdots+x_{2007}+2x_{2008}\geqslant\dfrac{1}{2}(1^2-5021)=-2510$.

另一方面,当 $x_1=1,x_2=-2,x_3=0,x_{4k}=x_{4k+1}=-1,x_{4k+2}=0,x_{4k+3}=-2(k=1,2,\cdots,501),x_{2008}=-1,x_{2009}=\pm 1$ 时,

$x_1+2x_2+x_3+2x_4+\cdots+x_{2007}+2x_{2008}$ 取最小值 -2510.

因为 $x_1=1$,所以,当 $x_2,x_3,\cdots,x_{2008}$ 都取最大值,

即 $x_{2k}=3k-1,x_{2k+1}=3k+1(k=1,2,\cdots,1003),x_{2008}=3011,x_{2009}=\pm 3013$ 时,

$x_1+2x_2+x_3+2x_4+\cdots+x_{2007}+2x_{2008}$ 取最大值 $\dfrac{1}{2}(3013^2-5021)=4536574$.

例 9 (《中等数学》2009(11)数学奥林匹克训练题)是否存在这样的三角形:其斜边长为 $\sqrt{2009}$,两条直角边长为整数? 如果存在,求出两条直角边长;如果不存在,请说明理由.

解 假设存在这样的直角三角形.设两条直角边长分别为 x,y,则

$x^2+y^2=2009$.

又 2009 为奇数,故 x,y 必一奇一偶.不妨设 $x=2k,y=2l+1$,则

$4k^2+4l(l+1)=2008\Rightarrow k^2+l(l+1)=502$.

又 $l(l+1)$ 为偶数,故 k 为偶数.设 $k=2n,l(l+1)=2g$,则

$4n^2+2g=502\Rightarrow 2n^2+g=251\Rightarrow 2n^2=251-g>0\Rightarrow 0<n\leqslant 11\Rightarrow n=1,2,\cdots,11$.

由验证知,$n=1,g=249,2g=498$;

$n=2,2g=486$;$n=3,2g=466$;

$n=4,2g=438$;$n=5,2g=402$;

$n=6,2g=358$;$n=7,2g=306$;

$n=8,2g=246$;$n=9,2g=178$;

$n=10,2g=102$;$n=11,2g=18$.

又 $l(l+1)$ 的尾数为 $2,0,6$,则 $l(l+1)$ 可能是 $486,466,402,306,246,102$.

通过计算知,只有 $l(l+1)=306$,l 的值是整数,此时,$l=17$.

故当 $x=2k=4n=28$,$y=2\times17+1=35$ 时,满足条件的直角三角形存在.

此时,三角形的两条直角边长分别为 28 和 35.

【解题思维策略分析】

1. 充分运用奇数、偶数的基本性质处理问题

例 10 从 $1,2,\cdots,2006$ 中,至少要取出 _____ 个奇数,才能保证其中必定存在两个数,它们的和为 2008.

解 填 503.理由:从 $1,2,\cdots,2006$ 中选出两个奇数,和为 2008 的共有如下 501 组:

$3+2005,5+2003,\cdots,1003+1005$.

由于 1 与其中的任意一个奇数的和都不会等于 2008,因此,至少要取出 503 个奇数,才能保证其中一定有两个数,它们的和为 2008.

例 11 (第 7 届《中小学生数学报》竞赛题)从 $1,2,3,\cdots,100$ 中任选两个不同的数可以组成两个加法算式($8+2$ 与 $2+8$ 算两个).在这些算式中,有的和是奇数,有的和是偶数.在所有这些算式中,和为奇数的多还是和为偶数的多?多多少?

解 把这些算式分为 100 类,它们第 1 个加数分别为 $1,2,3,\cdots,100$,每类 99 个算式.

第 1 类	第 2 类	第 3 类	⋯	第 100 类
$1+2$	$2+1$	$3+1$		$100+1$
$1+3$	$2+3$	$3+2$		$100+2$
$1+4$	$2+4$	$3+4$		$100+3$
⋯	⋯	⋯		⋯
$1+99$	$2+99$	$3+99$		$100+98$
$1+100$	$2+100$	$3+100$		$100+99$
缺 $1+1$	缺 $2+2$	缺 $3+3$		缺 $100+100$
偶数少 1	偶数少 1	偶数少 1		偶数少 1

如果每一类都分别添上 $1+1,2+2,3+3,\cdots,100+100$,那么所有这些算式中和是奇数的与和是偶数的各一半(同样多),缺了 $1+1,2+2,3+3,\cdots,100+100$ 这 100 个和是偶数的,就使和是奇数的比和是偶数的多了 100 个.

例 12 (2004 年上海市竞赛题)设 n 是正整数,$d_1<d_2<d_3<d_4$ 是 n 的四个最小的正整数约数,若 $n=d_1^2+d_2^2+d_3^2+d_4^2$,求 n 的值.

解 若 n 为奇数,则 d_1,d_2,d_3,d_4 全为奇数,则 $d_1^2+d_2^2+d_3^2+d_4^2$ 为偶数,与 n 为奇数矛盾,故 n 为偶数,故 $d_1=1,d_2=2$.

若 n 为 4 的倍数,则 d_3,d_4 必有一个为 4,而 n 为偶数,则另一个为奇数,$d_1^2+d_2^2+d_3^2+d_4^2$ 除 4 的余数为 2,与题意不符,故 n 不是 4 的倍数.设 $d_3=a$(a 为奇数),则 d_4 必为偶数,故 $d_4=2a$.

则 $n=1^2+2^2+a^2+(2a)^2=5(a^2+1)$,可见 n 是 5 的倍数,故 $d_3=5,d_4=10,n=130$.

2. 借助于奇偶分析处理问题

例 13 (1990 年陕西西安市竞赛题)证明:当 n 为自然数,$2(2n+1)$ 形式的数不能表示为两个整数的平方差.

证明 设 x,y 为两个整数,且 $2(2n+1)=x^2-y^2$,

即 $2(2n+1)=(x+y)(x-y)$.

因为 $x+y$ 与 $x-y$ 的奇偶性相同,所以 $x+y,x-y$ 均能被 2 整除,则 x^2-y^2 被 4 整除.

而 $2n+1$ 是奇数,$2(2n+1)$ 不能被 4 整除,所以 $2(2n+1)$ 形式的数不能表示为两个整数的平方差.

例 14 (2008 年青少年数学国际城市邀请赛题)已知 $t\in\mathbf{N}_+$,若 2^t 可以表示成 $a^b\pm1$(a,b 是大于 1 的整数),请找出满足上述条件所有可能的 t 值.

解 设正整数 t,使得 $2^t=a^b\pm1$.

显然,a 为奇数.

（ⅰ）若 b 为奇数,则 $2^t=(a\pm1)(a^{b-1}\mp a^{b-2}+a^{b-3}\mp\cdots\mp a+1)$.

由于 a,b 均为奇数,而奇数个奇数相加或相减的结果一定是奇数,因此,$a^{b-1}\mp a^{b-2}+a^{b-3}\mp\cdots\mp a+1$ 也是奇数.

从而只可能 $a^{b-1}\mp a^{b-2}+a^{b-3}\mp\cdots\mp a+1=1$,

得 $2^t=a^b\pm1=a\pm1$.

故 $b=1$,这与 $b\geqslant2$ 矛盾.

（ⅱ）若 b 为偶数,令 $b=2m$,则

$a^b\equiv1\pmod{4}$.

若 $2^t=a^b+1$,则 $2^t=a^b+1\equiv2(\bmod 4)$.

从而,$t=1$.

故 $a^b=2^1-1=1$,矛盾.

若 $2^t=a^b-1=(a^m-1)(a^m+1)$,两个连续偶数的乘积为 2 的方幂,只能是

$a^m-1=2,a^m+1=4$.

从而,$a=3,b=2m=2$.

因此,$2^t=a^b-1=3^2-1=8$.

综上,满足题设的 2 的正整数次幂是 2^3,即 $t=3$.

例 15 (第 7 届"华罗庚金杯"邀请赛题)某个月里有三个星期日的日期为偶数,请你推算出这个月的 15 日是星期几?

解 根据奇偶数的性质:奇数+奇数=偶数,奇数+偶数=奇数.

又根据"某个月里有三个星期日的日期为偶数"得,这个月第一个星期日的日期可能为 1,2,3 日.

经过进一步筛选,可知这三个星期日的日期分别为 2,16,30 日. 故这个月的 15 日是星期六.

例 16 (1997 年太原市竞赛题)有 1997 枚硬币,其中 1000 枚国徽朝上,997 枚国徽朝下. 现要求每一次翻转其中任意 6 枚,使它们的国徽朝向相反,问能否经过有限次翻转之后,使所有硬币的国徽都朝上? 给出你的结论,并给予证明.

解 将国徽朝上赋予"+1",朝下赋予"-1",则 1997 枚硬币的国徽朝向情况可用 1997 个数的乘积表示,若这些数之积为 -1(或 +1),表明有奇数(或偶数)枚国徽朝下,开始时,其乘积为 $(+1)^{1000}\cdot(-1)^{997}=-1$. 每次翻转 6 枚硬币,即每次改变 6 个数的符号,其结果是 1997 个数之积仍为 -1,所以经有限次翻转后,这个结果总保持不变,即国徽朝下的硬币永远有奇数枚,故回答是否定的.

例 17 (第 8 届"祖冲之杯"竞赛题)两个四位数相加,第一个四位数的每一个数码都不小于 5,第二个四位数仅仅是第一个四位数的数码调换了位置(编者注:反序排列). 某同学做出的答案是 16246.试问该同学的答数正确吗? 如果正确,写出这两个四位数;如果不正确,请说明理由.

解 (1)设第一个四位数为 $\overline{ABCD}$,则第二个四位数为 $\overline{DCBA}$,这两个四位数各位数码和是 $(A+B+C+D+D+C+B+A)=2(A+B+C+D)$,则这两个四位数各位数码之和必为偶数.

(2)因所有数码均不小于 5,相加时有四次进位,每一次进位所得的数码之和将减少 9,四次进位共减少 36.因为"偶数-偶数=偶数",所以和的所有数码之和仍为偶数.

而 16246 各位数码的和 1＋6＋2＋4＋6＝19 为奇数,所以答案不正确.

例 18 (第 7 届"华罗庚金杯"邀请赛题)1998 个小朋友围成一圈,从某人开始,逆时针方向报数,从 1 报到 64,再依次从 1 报到 64,一直报下去,直到每人报过 10 次为止.问:

(1)是否有报过 5,又报过 10 的人? 有多少? 说明理由.

(2)是否有报过 5,又报过 11 的人? 有多少? 说明理由.

解 (1)因为 1998 与 64 都是偶数,所以报偶数的总是报偶数,报奇数的总是报奇数,没有既报偶数又报奇数的人.

(2)1998÷64＝31……14. 如果某人在第 n 圈时报 5,那么在第$(n+1)$,$(n+2)$,$(n+3)$,$(n+4)$,$(n+5)$圈时将依次报 19,33,47,61,11,也就是说在前 5 圈中报过 5 的人,在 10 圈内必然能报 11. 由 1998×5÷64＝156……6 知,前 5 圈中有 157 人报过 5,这 157 人是既报过 5 又报过 11 的人.

如果某人在第 n 圈时报 11,经推算,在以后的 10 圈内不会报 5.经上所述,报过 5 又报过 11 的有 157 人.

例 19 (第 7 届《中小学生数学报》竞赛题)25 张卡片上,上面分别写着 1～25 这 25 个自然数.

(1)能不能把这 25 张卡片平均分成 5 组,使每组都有一张卡片上的数恰好等于本组其他 4 张卡片上数的和?

(2)能不能把这 25 张卡片平均分成 5 组,使每组 5 张卡片上的数的和都相等? 如果能,请给出一种分法;如果不能,请说明理由.

解 (1)不能. 理由如下:

如果能的话,每组 5 张卡片上的数相加之和一定是偶数(是 5 张中最大数的 2 倍),5 组数的和(5 个偶数相加之和)仍是偶数.而事实上这 5 组数的和 1＋2＋3＋…＋24＋25＝(1＋25)×25÷2＝325 是个奇数,矛盾.

(2)能.分法很多,下面是其中的四种方法:

分法 1:第一组　1　10　14　18　22
　　　　第二组　2　6　15　19　23
　　　　第三组　3　7　11　20　24
　　　　第四组　4　8　12　16　25
　　　　第五组　5　9　13　17　21
分法 2:第一组　1　7　13　19　25
　　　　第二组　2　8　14　20　21
　　　　第三组　3　9　15　16　22

第四组	4	10	11	17	23
第五组	5	6	12	18	24
分法3:第一组	1	8	15	16	25
第二组	2	10	12	17	24
第三组	3	7	14	18	23
第四组	4	9	11	19	22
第五组	5	6	13	20	21
分法4:第一组	3	20	7	24	11
第二组	16	8	25	12	4
第三组	9	21	13	5	17
第四组	22	14	1	18	10
第五组	15	2	19	6	23

例 20 (1994 年日本算术奥林匹克大赛第三次决赛题)在 6 张纸片的正面各写上整数 1 到 6 中的一个;然后把这些纸片搞乱,把纸片翻过来,在它们的反面,同样各写上整数 1 到 6 中的一个.问:有没有可能,6 张纸片的正面和反面数字的差都不相同?若有可能,请举例说明;若没可能,请说明理由.

解 可以把这道题换一种说法,然后,从最简单的问题开始研究这道题的规律.

在 N 张纸片的正面各写上整数 1 到 N 中的一个;然后把这些纸片搞乱,把纸片翻过来,在它们的反面,同样各写上整数 1 到 N 中的一个.问:有没有可能,N 张纸片正面和反面数字的差都不相同? 若有可能,请举例说明;若没可能,请说明理由.

当 $N=1$ 时,纸片正面是 1,反面也是 1,差是 0.

当 $N=2$ 时,显然没有可能.

当 $N=3$ 时,也没有可能.

当 $N=4$ 时,是能办到的.例如,当纸片正面是 1,2,3,4,在它们的反面分别写上 4,1,3,2 时,正面和反面数字的差分别是 3,1,0,2,符合题目要求.

当 $N=5$ 时,也是能办到的.例如,当纸片正面是 1,2,3,4,5,在它们的反面分别写了 5,2,4,1,3 时,正面和反面数字的差分别是 4,0,1,3,2,符合题目要求.

如果我们定义 $N=1$ 是能办到的,这样就可以猜想出当 $N=6$ 时是办不到的.

可以用奇偶性加以说明.

假设 6 张纸片的正面和反面的数字都不相同,差必然是 0,1,2,3,4,5,差的和是 15,15 是个奇数(当 N 是 1,4,5 时,差的和都是偶数;当 N 是 2,3 时,差的和是奇数).由于 1 到 6 的整数有 6 个,在 6 个减法算式中,每个数字分别出现两次.可以把这些数字分成 3 类:

第 1 类是两次都在被减数中出现;

第 2 类是两次都在减数中出现;

第 3 类是一次在被减数中出现,另一次在减数中出现.

求差的和时,相当于第 1 类数的 2 倍之和,减去第 2 类数的 2 倍之和(第 3 类数恰好互相抵消),其差只能是偶数,与 15 是奇数相矛盾,所以没有可能.

例 21 已知 $n(n>1)$ 个整数(可以相同)$x_1, x_2, \cdots, x_n$ 满足

$$x_1 + x_2 + \cdots + x_n = x_1 x_2 \cdots x_n = 9111.$$

求当 n 取最小值时,$x_1, x_2, \cdots, x_n$ 中的最大值.

注:将 9111 改为 2007 即为 2007 年"新知杯"上海市竞赛题.

解 由 $x_1 x_2 \cdots x_n = 9111$,知 $x_1, x_2, \cdots, x_n$ 都是奇数.

又因为 $x_1 + x_2 + \cdots + x_n = 9111$ 为奇数,所以,$n(n>1)$ 为奇数.

若 $n = 3$,则 $x_1 + x_2 + x_3 = x_1 x_2 x_3 = 9111$.

由条件等式的对称性,不妨设 $x_1 \geqslant x_2 \geqslant x_3$,则

$$x_1 + x_2 + x_3 \leqslant x_1 + x_1 + x_1.$$

于是,$x_1 \geqslant \dfrac{x_1 + x_2 + x_3}{3} = 3037, x_2 x_3 \leqslant 3$.

若 $x_1 = 3037$,则 $x_2 x_3 = 3$.

从而,$x_2 + x_3 \leqslant 4$.

于是,$x_1 + x_2 + x_3 \leqslant 3037 + 4 = 3041 < 9111$,不可能.

若 $x_1 > 3037$,只能 $x_1 = 9111$,此时,$x_2 x_3 = 1$ 且 $x_2 + x_3 = 0$,这也不可能.

由此知 $n \geqslant 5$.

又因为 $9111 + 1 + 1 + (-1) + (-1) = 9111 \times 1 \times 1 \times (-1) \times (-1) = 9111$,

所以,n 的最小值为 5.

当 $n = 5$ 时,$x_1 + x_2 + x_3 + x_4 + x_5 = x_1 x_2 x_3 x_4 x_5 = 9111$,

x_1, x_2, x_3, x_4, x_5 中的最大值为 9111.

下面用反证法证明:x_1, x_2, x_3, x_4, x_5 中的最大值为 9111.

假设 x_1, x_2, x_3, x_4, x_5 中还有比 9111 大的数,不妨设 $x_1 > 9111$,则 $|x_1| > 9111$.

显然,$|x_2 x_3 x_4 x_5| > 0$.

于是,$|x_1| \cdot |x_2 x_3 x_4 x_5| > 9111 |x_2 x_3 x_4 x_5|$.

因此,$9111 > 9111 |x_2 x_3 x_4 x_5|$.

从而,$|x_2 x_3 x_4 x_5| < 1$.

这与 x_2, x_3, x_4, x_5 都是奇数矛盾.

故当 n 取最小值 5 时,x_1, x_2, x_3, x_4, x_5 中的最大值为 9111.

【模拟实战】

A 组

1. (第 16 届江苏省竞赛题)已知 a,b,c 三个数中有两个奇数、一个偶数，n 是整数，如果 $S=(a+n+1)(b+2n+2)(c+3n+3)$，那么（   ）.

　　A. S 是偶数　　　　　　　　　　B. S 是奇数

　　C. S 的奇偶性与 n 的奇偶性相同　　D. S 的奇偶性不能确定

2. (2004 年山东省竞赛题)已知 n 是奇数，m 是偶数，方程组 $\begin{cases} 2004+y=n, \\ 11x+28y=m \end{cases}$ 有整数解 x_0,y_0，则（   ）.

　　A. x_0,y_0 均为偶数　　　　　　　B. x_0,y_0 均为奇数

　　C. x_0 是偶数，y_0 是奇数　　　　D. x_0 是奇数，y_0 是偶数

3. (2004 年全国联赛题)已知 p,q 均为质数，且满足 $5p^2+3q=59$，则以 $p+3,1-p+1,2p+q-4$ 为边长的三角形是（   ）.

　　A. 锐角三角形　　　　　　　　　B. 直角三角形

　　C. 钝角三角形　　　　　　　　　D. 等腰三角形

4. (第 14 届"希望杯"竞赛题)对任意的三个整数，则（   ）.

　　A. 它们的和是偶数的可能性小　　B. 它们的和是奇数的可能性小

　　C. 其中必有两个数的和是奇数　　D. 其中必有两个数的和是偶数

5. (2001 年全国竞赛题)如果 a,b,c 是三个任意整数，那么 $\dfrac{a+b}{2},\dfrac{b+c}{2},\dfrac{c+a}{2}$（   ）.

　　A. 都不是整数　　　　　　　　　B. 至少有两个整数

　　C. 至少有一个整数　　　　　　　D. 都是整数

6. (2003 年全国竞赛题)某校初三两个毕业班的学生和教师共 100 人一起在台阶上拍毕业照留念，摄影师要将其排列成前多后少的梯形队阵(排数≥3)，且要求各行的人数必须是连续的自然数，这样才能使后一排的人均站在前一排两人间的空当处，那么，满足上述要求排法的方案有（   ）.

　　A. 1 种　　　　　B. 2 种　　　　　C. 4 种　　　　　　D. 0 种

7. (2005 年浙江省数学活动课夏令营竞赛题)用数字 0,1,2,3,4,5,6 组成的没有重复数字的三位数中,偶数有_____个.

8. (第 17 届"五羊杯"竞赛题)9 个连续的正奇数中,最多有_____个质数.

9.(2000年吉林省夏令营竞赛题)A,B,C,D,E,F,G 七盏灯各自装有一个拉线开关.开始 B,D,F 亮着,一个小朋友按从 A 到 G,再从 A 到 G,再从 A 到 G 的顺序依次拉开关,一共拉了 2000 次,这时亮着的灯是_____.

10.给定两组数,A 组为:$1,2,\cdots,100$;B 组为:$1^2,2^2,\cdots,100^2$.对于 A 组中的数 x,若有 B 组中的数 y,使 $x+y$ 也是 B 组中的数,则称 x 为"关联数".那么,A 组中这样的关联数有_____个.

11.(2006年"新知杯"上海市竞赛题)把能表示成两个正整数平方差的这种正整数,从小到大排成一列:$a_1,a_2,\cdots,a_n,\cdots$(如 $a_1=2^2-1^2=3$,$a_2=3^2-2^2=5$,$a_3=4^2-3^2=7$,$a_4=3^2-1^2=8,\cdots$).那么,$a_1+a_2+\cdots+a_{100}$ 的值是_____.

12.若一个正整数不能表示为两个正整数的平方差,则称这个正整数为"非智慧数".如把这些非智慧数按从小到大的顺序排列,则第 2009 个非智慧数是_____.

13.(2000年甘肃省冬令营竞赛题)已知 $a\times b+6=x$,其中 a,b 均为小于 1000 的质数,x 是偶数,那么 x 的最大值是_____.

14.(1994年哈尔滨市"未来杯"竞赛题)下面是一个大表的一部分,表中将自然数按照从小到大的顺序排成螺旋形,在 2 处拐第一个弯,在 3 处拐第二个弯,在 5 处拐第三个弯……,那么第 18 个拐弯的地方是_____.

43	44	45	46	47	48	49	50
42	21	22	23	24	25	26	51
41	20	7	8	9	10	27	52
40	19	6	1	2	11	28	53
39	18	5	4	3	12	29	54
38	17	16	15	14	13	30	55
37	36	35	34	33	32	31	56
64	63	62	61	60	59	58	57

15.(2002年吉林省竞赛题)甲、乙、丙三位同学一起去买书,他们买书的本数都是两位数字,且甲买的书最多,丙买的书最少,又知这些书的总和是偶数,它们的积是 3960,那么乙最多买_____本.

16.(2005年全国联赛题)设 n 为自然数,如果 2005 能写成 n 个正的奇合数之和,就称 n 为"好数",则这种好数有_____个.

B 组

1.(2001年"华罗庚金杯"复赛题)能否找到自然数 a 和 b,使 $a^2=2002+b^2$.

2.(第 15 届全俄中学生数学竞赛题)在 $1,2,3,\cdots,1989$ 中的每个数前添上"＋"或"－"号,求使其代数和为最小的非负数.

3.(2006 年国际城市竞赛题)已知正整数 m,n 满足 $\sqrt{m-174}+\sqrt{m+34}=n$,求 n 的最大值.

4.(1998 年香港竞赛题)A,B,C,D 四个数之和为 59,问:$A^2+B^2+C^2+D^2$,$A^3+B^3+C^3+D^3$,$A^4+B^4+C^4+D^4$,$A^5+B^5+C^5+D^5$ 这四个数中共有几个奇数?

5.(第 17 届"希望杯"竞赛题)(1)证明:奇数的平方被 8 除余 1;
(2)请进一步证明:2006 不能表示为 10 个奇数的平方之和.

6.(第 21 届江苏省竞赛题)k,a,b 为正整数,k 被 a^2,b^2 整除所得的商分别为 m,$m+116$.
(1)若 a,b 互质,证明 a^2-b^2 与 a^2,b^2 都互质;
(2)当 a,b 互质时,求 k 的值;
(3)若 a,b 的最大公约数为 5,求 k 的值.

第九章　质数与合数

【基础知识】

一个大于 1 的整数只有 1 和它本身作为它的约数,则称这样的数为质数;如果除了 1 和它本身之外还有其他的约数,这样的正整数称为合数. 1 既不是质数也不是合数.

偶质数只有 2 一个. 除此之外,质数均为奇数. 100 以内的质数共有 25 个:

2　3　5　7　11　13　17　19　23　29　31　37　41　43　47　53　59　61
67　71　73　79　83　89　97

【典型例题与基本方法】

例 1　若 p 为质数,p^3+3 仍为质数,则 $p^{33}+33$ 的末位数字是(　　).

A. 5　　　　　　B. 7　　　　　　C. 9　　　　　　D. 不能确定

解　选 A. 理由:由 p^3+3 为质数可知 p 为偶数. 又 p 为质数,则 $p=2$.

故 $p^{33}+33=2^{33}+33=(2^4)^8\times2+33$.

因为 $(2^4)^8$ 的末位数字为 6,故 $(2^4)^8\times2$ 的末位数字为 2.

因此,$p^{33}+33$ 的末位数字为 5.

例 2　已知 a 为整数,$|4a^2-12a-27|$ 是质数,则 a 的所有可能值的和为(　　).

A. 3　　　　　　B. 4　　　　　　C. 5　　　　　　D. 6

解　选 D. 理由:由题意知 $|4a^2-12a-27|=|(2a+3)(2a-9)|$ 为质数,

故 $2a+3=\pm1$ 或 $2a-9=\pm1$,

即 $a=-1,-2$ 或 $a=5,4$.

因此,a 的所有可能值的和为 6.

例 3　若两个质数 p,q 满足 $3p^2+5q=517$,则 $p+q=$_____.

解　填 15 或 103. 理由:若 p,q 均为奇数,则 $3p^2+5q$ 为偶数,与已知矛盾. 因此,p,q 中至少有一个为偶数.

因 p,q 均为质数,所以,$p=2$ 或 $q=2$.

当 $p=2$ 时,$3\times2^2+5q=517\Rightarrow q=101$(质数).

此时, $p+q=2+101=103$.

当 $q=2$ 时, $3p^2+5\times2=517\Rightarrow p=13$(质数).

此时, $p+q=13+2=15$.

例 4 已知 x,m,n 为正整数, $m+n=5$, x^2+m 与 $|x^2-n|$ 均为质数,则 x 的可能取值的个数是_____.

解 填 2.理由:由题设, m 可取 $1,2,3,4$,相应地, n 可为 $4,3,2,1$,并且 m 与 n 一奇一偶.

故 x^2+m 与 $|x^2-n|$ 一奇一偶.

又 x^2+m 与 $|x^2-n|$ 均为质数,

因此, $x^2+m=2$ 或 $|x^2-n|=2$,

解得 $x=1,m=1$ 或 $x^2-n=\pm2$.

当 $x=1,m=1$ 时, $n=4$.

$|x^2-n|=3$.

所以, $x=1$ 符合条件.

当 $x^2-n=2$ 时, $x^2=n+2\in\{3,4,5,6\}$,

则 $x=2$.

此时, $n=2,m=3,x^2+m=7$.

所以, $x=2$ 符合条件.

当 $x^2-n=-2$ 时, $x^2=n-2\in\{-1,0,1,2\}$,

则 $x=1$.

当 $x=1$ 时, $n=3,m=2,x^2+m=3$ 是质数.

所以, $x=1$ 符合条件.

因此, x 的可能取值有 2 个.

例 5 (1996 年北京市竞赛初赛题) p 是质数,设 $q=4^p+p^4+4$ 也是质数,试确定 q 的值.

解 因为 4 被 3 除余 1,所以 4^p 被 3 除余 1.因此, 4^p+4 被 3 除余 2.

如果 $p\neq3$,则质数 p 不被 3 整除, p^2 被 3 除余 1,推知 p^4 被 3 除余 1.

所以 $q=4^p+p^4+4$ 被 3 整除.而 $q>3$,所以此时 q 为合数,与 q 是质数的条件不符,因此,只能 $p=3$.

当 $p=3$ 时, $q=4^3+3^4+4=149$.经检验,149 确是质数,合乎要求.

例 6 (1997 年湖北荆州市竞赛题)已知正整数 p,q 都是质数,并且 $7p+q$ 与 $pq+11$ 也都是质数,试求 p^q+q^p 的值.

解 因为 $7p+q>2$,且 $7p+q$ 是质数,所以 $7p+q$ 必为正奇数.

○初中数学竞赛中的数论问题

因此,p,q 中必有一个偶质数 2.

（ⅰ）若 $p=2$,此时 $7p+q=14+q$ 及 $2q+11$ 均为质数.

设 $q=3k+1$（k 为非负整数）,则 $q+14=3k+15=3(k+5)$,它不是质数;

设 $q=3k+2$（k 为非负整数）,则 $2q+11=6k+15=3(2k+5)$,它不是质数.

因此,q 应是 $3k$ 型的质数,当然只能 $q=3$.

（ⅱ）若 $q=2$,此时 $7p+q=7p+2$ 与 $2p+11$ 均为质数.

设 $p=3k+1$（k 为非负整数）,则 $7p+2=21k+9=3(7k+3)$,它不是质数.

设 $p=3k+2$（k 为非负整数）,则 $2p+11=6k+15=3(2k+5)$,它不是质数.

因此,p 应为 $3k$ 型的质数,亦只能是 $p=3$.

综合（ⅰ）、（ⅱ）知,$p=2,q=3$ 或 $p=3,q=2$,所以 $p^q+q^p=3^2+2^3=17$.

例 7 （1998 年湖北省武汉市竞赛题）王老师在黑板上写了若干个连续自然数 1,2,3……,然后擦去其中的三个数,已知擦去的三个数中有两个质数.如果剩下数的平均数是 $19\frac{8}{9}$,那么王老师在黑板上共写了_____个数,擦去的两个质数的和最大是_____.

解 填 39;60. 理由:剩下的数的个数应是 9 的倍数.因为 1～39 的平均数是 20,所以剩下的数的个数应不大于 39.

不大于 39 的 9 的倍数的数最大是 36,即剩下 36 个数,推知王老师共写了 $36+3=39$ 个数.

$$19\frac{8}{9}\times 36=716,$$

$$1+2+3+\cdots+39=780,$$

$$780-716=64.$$

擦去的三个数之和是 64,其中和小于 64 的两个质数最大是 29 和 31,或 37 和 23.故共写了 39 个数,擦去两个质数的和最大是 60.

例 8 （1998 年"从小爱数学"邀请赛题）把 20 以内的质数分别填入□中（每个质数只用一次）:

$A=\dfrac{□+□+□+□+□+□+□}{□}$,使 A 是整数,则 A 最大是多少?

解 $A=\dfrac{2+3+5+11+13+17+19}{7}=10$.

例 9 （第 7 届"华罗庚金杯"邀请赛初赛题）将 1999 表示为两个质数之和:1999=□+□,在□中填入质数,共有多少种表示法?

解 根据奇偶数的性质:奇数=奇数+偶数.

而在所有的偶数中只有 2 是质数,所以两个□中必有一个是质数 2,另一个质数是 1997,只有这一种填法.

所以只有一种填法.

例 10 (1997 年山东省竞赛题)有三个连续的自然数,它们的平均数分别能被三个不同的质数整除.要使它们的和最小,这三个自然数分别是多少?

解 这三个数的平均数就是当中一个数,据题意,当中一个数为 $2 \times 3 \times 5 = 30$,即这三个数为 29,30,31.

例 11 (第 16 届"希望杯"邀请赛题)(1)如果 a 是小于 20 的质数,且 $\frac{1}{a}$ 可化为一个循环小数,那么 a 的取值有哪几个?

(2)如果 a 是小于 20 的合数,且 $\frac{1}{a}$ 可化为一个循环小数,那么 a 的取值有哪几个?

解 (1)小于 20 的质数有:2,3,5,7,11,13,17,19.除了 2 和 5 以外,其余各数的倒数均可化为循环小数,故 a 可取 3,7,11,13,17,19.

(2)由(1)知,只要合数 a 的因数中含有 2 或 5 以外的质数,则该数的倒数可化为循环小数,故 a 可取 6,9,12,14,15,18.

例 12 (第 6 届"华罗庚金杯"邀请赛题)哥德巴赫猜想是说:每个大于 2 的偶数都可以表示为两个质数之和.问:168 是哪两个两位数的质数之和,并且其中一个的个位数字是 1?

解 个位数字是 1 的两位质数有 11,31,41,61,71.

其中 $168-11=157,168-31=137,168-41=127,168-61=107$,都不是两位数,只有 $168-71=97$ 是两位数,而且是质数,所以 $168=71+97$ 是唯一的解.

例 13 (2004 年数学奥林匹克决赛题)将两个不同的两位数的质数接起来可以得到一个四位数,比如由 17,19 可得到一个四位数 1719;由 19,17 也可得到一个四位数 1917.已知这样的四位数能被这两个两位数的质数的平均数所整除,试写出所有这样的四位数.

解 设 $\overline{ab},\overline{cd}$ 是符合题意的两个两位数的质数,按题意有

$2\,\overline{abcd} = (\overline{ab}+\overline{cd})k,$

$200\,\overline{ab} + 2\,\overline{cd} = (\overline{ab}+\overline{cd})k,$

$198\,\overline{ab} = (\overline{ab}+\overline{cd})(k-2)$($k$ 为正整数).

因为 $\overline{ab}$ 是质数,且不能整除 $(\overline{ab}+\overline{cd})$,所以 $(k-2)$ 含有约数 $\overline{ab}$,198 含有约数 $(\overline{ab}+\overline{cd})$.

因为 $(\overline{ab}+\overline{cd})$ 是偶数,且在 $(11+13=)24$ 与 $(89+97=)186$ 之间,而 198 在 24 与 186 之间的偶数约数只有 66,所以 $\overline{ab}+\overline{cd}=66$.

○初中数学竞赛中的数论问题

而 $66=13+53=19+47=23+43=29+37$,

故所求数有 8 个,分别是 1353,5313,1947,4719,2343,4323,2937,3729.

例 14 (1998 年"从小爱数学"邀请赛题)4 只同样的瓶子内分别装有一定数量的油,每瓶和其他各瓶分别合称一次,记录千克数如下:8,9,10,11,12,13. 已知 4 只空瓶的重量之和以及油的重量之和均为质数,求最重的两瓶内有多少油.

解 由于每只瓶都称了三次,因此,记录数据之和是 4 瓶油(连瓶)重量之和的 3 倍,即 4 瓶油(连瓶)共重 $(8+9+10+11+12+13)\div3=21$(kg).

而油重之和及瓶重之和均为质数,所以它们必为一奇一偶,由于 2 是唯一的偶质数,所以只有两种可能:

(i)油重之和为 19kg,瓶重之和为 2kg,每只瓶重 $\frac{1}{2}$ kg,最重的两瓶内的油为 $13-\frac{1}{2}\times2=12$(kg).

(ii)油重之和为 2kg,瓶重之和为 19kg,每只瓶重 $\frac{19}{4}$ kg,最重的两瓶内的油为 $13-\frac{19}{4}\times2=\frac{7}{2}$ kg,这与油重之和 2kg 矛盾.

因此,最重的两瓶内共有 12kg 油.

【解题思维策略分析】

1. 仔细分析条件,求解满足条件的质数或合数

例 15 (第 10 届"希望杯"全国邀请赛题)某个质数,当它分别加上 6,8,12,14 之后还是质数,那么这个质数是_____.

解 填 5. 理由:满足条件的最小质数是 5.

下面以整数中被 5 除所得余数分为五类,即 $5k,5k+1,5k+2,5k+3,5k+4$(k 为整数),其中 $5k$ 类型的数中,除 5 外,其余均为合数;

若质数 M 为 $5k+1$ 类型,则 $M+14=5k+1+14=5(k+3)$ 为合数;

若质数 M 为 $5k+2$ 类型,则 $M+8=5k+2+8=5(k+2)$ 为合数;

若质数 M 为 $5k+3$ 类型,则 $M+12=5k+3+12=5(k+3)$ 为合数;

若质数 M 为 $5k+4$ 类型,则 $M+6=5k+4+6=5(k+2)$ 为合数.

综上所述,只有质数 5 分别加上 6,8,12,14 之后为 11,13,17,19,它们均为质数,其他四类数不满足条件.

例 16 (1998 年甘肃省冬令营第一试试题)将 99 分拆成 19 个质数之和,要求最大的质数尽可能大,那么这个最大质数是_____.

解 填61.理由:因为最小的质数是2,所求最大质数应小于$99-2\times18=63$,小于63的最大质数是61,所求最大质数是61.而99可分拆成16个2,2个3和1个61的和.

例17 (2004年"祖冲之杯"竞赛题)大约1500年前,我国伟大的数学家祖冲之,计算出π的值在3.1415926和3.1415927之间,成为世界上第一个把π的值精确到7位小数的人.现代人利用计算机已经将π的值计算到了小数点后515亿位以上.这些数排列既无序又无规律.但是细心的同学发现:由左起的第一位3是质数,31也是质数,但314不是质数,那么在3141,31415,314159,3141592,31415926,31415927中,质数是_____.

解 填314159.理由:3141,31415,3141592,31415926,31415927依次能被3,5,2,2,31整除.所以314159是质数.

例18 (2005年武汉市明心奥数挑战赛题)小晶最近迁居了,小晶惊奇地发现他们新居的门牌号码有四位数字.同时,她感到这个号码很容易记住,因为它的形式为$\overline{abba}$,其中$a\neq b$,而且$\overline{ab}$和$\overline{ba}$都是质数.具有这种形式的数共有_____个.

解 填8.理由:若两位数$\overline{ab}$与$\overline{ba}$均为质数,则a,b均为奇数且不为5,满足题意的数有下面8个:

1331,3113,1771,7117,7337,3773,9779,7997.

例19 (1990年吉林长春市数学奥林匹克培训班竞赛题)在1,0交替出现且以1打头和结尾的所有整数(即101,10101,1010101,…)中有多少个质数?

解 只有一个质数101.

若$n\geqslant2$,则$A=10^{2n}+10^{2n-2}+\cdots+10^2+1=\dfrac{(10^{n+1}+1)(10^{n+1}-1)}{99}$.

当$n=2m+1$时,$\dfrac{10^{2m+2}-1}{99}=10^{2m}+\cdots+10^2+1$,得$A$为合数;

当$n=2m$时,9整除$10^{n+1}-1$,11整除$10^{n+1}+1$,所以A为合数.

因此,只有101是质数.

例20 (1990年北京市竞赛复赛题)设a,b,c,d是自然数,并且$a^2+b^2=c^2+d^2$,证明:$a+b+c+d$一定是合数.

证明 因为a,b,c,d是自然数,

所以a^2-a,b^2-b,c^2-c,d^2-d都是偶数,

即$M=(a^2+b^2+c^2+d^2)-(a+b+c+d)$是偶数.

又因为$a^2+b^2=c^2+d^2$,所以$a^2+b^2+c^2+d^2=2(a^2+b^2)$是偶数,从而有$a+b+c+d=(a^2+b^2+c^2+d^2)-M=2(a^2+b^2)-M$,它一定是偶数.

但$a+b+c+d>2$,于是$a+b+c+d$是个合数.

专题研究系列

○初中数学竞赛中的数论问题

例 21 正整数 a,b,c,d 满足等式 $ab=cd$, 求证: $k=a^{1998}+b^{1998}+c^{1998}+d^{1998}$ 是合数.

证明 由正整数的质因数分解的唯一性, 可求得这样的正整数 p,q,r,s, 使
$a=pq, b=rs, c=pr, d=qs$.

则 $k=(pq)^{1998}+(rs)^{1998}+(pr)^{1998}+(qs)^{1998}$
$=(p^{1998}+s^{1998})(q^{1998}+r^{1998})$

故 k 是合数.

例 22 (1986年武汉等四市联赛题)若 a 为自然数, 则 a^4-3a^2+9 是质数还是合数? 给出你的证明.

解 $a^4-3a^2+9=a^4+6a^2+9-9a^2$
$=(a^2+3)^2-(3a)^2$
$=(a^2+3a+3)(a^2-3a+3)$.

对于自然数 $a, a^2+3a+3>1$, 所以当 $a^2-3a+3\neq1$ 时, a^4-3a^2+9 为合数.

(ⅰ)若 $a^2-3a+3\neq1$, 则 $a^2-3a+2\neq0$, 即 $a\neq1$ 且 $a\neq2$.

又 $a^2-3a+3=(a-\frac{3}{2})^2+\frac{3}{4}>0$.

(ⅱ)若 $a^2-3a+3=1$, 则 $a=1$ 或 $a=2$.

$a=1$ 时, $a^4-3a^2+9=7$; $a=2$ 时, $a^4-3a^2+9=13$.

综合(ⅰ)、(ⅱ)知: 当 $a=1$ 或 2 时, a^4-3a^2+9 是质数; 当 a 是大于 2 的自然数时, a^4-3a^2+9 是合数.

例 23 (1993年北京市竞赛复赛题)请你找出 6 个互异的自然数, 使得它们同时满足:

(1)6 个数中任两个都互质;

(2)6 个数任取 2 个, 3 个, 4 个, 5 个, 6 个数之和都是合数.

并简述你选择的数合乎条件的理由.

解 选择 6 个互异自然数为 $a_i=i\times1\times2\times3\times4\times5\times6+1(i=1,2,\cdots,6)$.
只须证明任两个都互质. 不失一般性, 证 a_2 和 a_5 互质.
设 a_2 与 a_5 有公因数 d, 则 d 整除 (a_5-a_2),
即 d 整除 $(5-2)\times1\times2\times3\times4\times5\times6$.
所以 d 是 $1\times2\times3\times4\times5\times6$ 中的一个因子.
但由 $a_2=2\times1\times2\times3\times4\times5\times6+1$ 知, d 不整除 a_2.
故 d 只能是 1, 即 a_2 与 a_5 互质.
由 $a_i(i=1,2,\cdots,6)$ 的构成结构可知, 其中任两个的和被 2 整除, 任三个的和被 3

整除,任四个的和被 4 整除,任五个的和被 5 整除,任六个的和被 6 整除,即六个数中任取 2 个,3 个,4 个,5 个,6 个数之和为合数.

2. 关注质数、合数条件,求解其他问题

例 24 (2004 年"希望杯"全国邀请赛题)a,b,c 都是质数,并且 $a+b=33,b+c=44,c+d=66$,那么 $d=$_____.

解 填 53. 理由:质数中只有 2 是偶数,由条件易知,$a=2$,所以 $b=33-a=31,c=44-b=13,d=66-c=53$.

例 25 (2004 年数学奥林匹克预赛题)在算式 $A\times(B+C)=110+C$ 中,A,B,C 是三个互不相等的质数,那么 $B=$_____.

解 填 2. 理由:如果 A,B,C 都是奇数,那么 $(B+C)$ 是偶数,从而 $A\times(B+C)$ 是偶数,而 $(110+C)$ 是奇数,矛盾,所以 A,B,C 中有偶数. 质数中只有 2 是偶数,如果 $A=2$ 或 $C=2$,那么等号两边奇偶性不同,矛盾,所以只有 $B=2$.

例 26 (2000 年数学奥林匹克决赛题)试将 20 表示成一些合数的和,这些合数的积最大是_____.

解 填 1024. 理由:把一个数分拆成几个数的和,再把这些加数相乘,当分拆的加数尽可能多地为 3 时,此时的乘积为最大.

此题是把 20 表示成一些合数的和,只能是把 20 分拆成与 3 最接近的数 4.

则 $20=4+4+4+4+4$,而 $4\times4\times4\times4\times4=1024$,此时为最大.

例 27 (2003 年浙江省数学活动课夏令营试题)有一个自然数,它有 4 个不同的质因数,且有 32 个约数,其中一个质因数是两位数,当这个质因数尽可能大时,这个自然数最小是_____.

解 填 11640. 理由:最大的两位质数是 97,而题中这个自然数有 32 个约数,它必形如 $p^3\times q\times r\times97$,其中 p,q,r 为不同的质数.

当 $p=2,q=3,r=5$ 时,这个自然数最小,是 $2^3\times3\times5\times97=11640$.

例 28 (第 9 届《中小学生数学报》竞赛初赛题)有 10 个质数 17,19,31,41,53,71,73,79,101,103,其中任意两个质数都能组成一个真分数. 这些真分数中,最小的是_____,最大的是_____.

解 填 $\dfrac{17}{103};\dfrac{101}{103}$. 理由:要使分数值最小,分子、分母的差应尽可能大;要使分数值最大,分子、分母的差应尽可能小.

但在 $(17,19),(71,73),(101,103)$ 这三组差相同的数组成的分数中,$\dfrac{101}{103}$ 最大,$\dfrac{17}{103}$ 最小.

例 29 (2004 年"希望杯"全国邀请赛题)a,b,c 都是质数,如果 $(a+b)\times(b+c)=342$,

○ 初中数学竞赛中的数论问题

那么 $b=$ _____.

解 填 7. 理由：如果 a,b,c 都是奇数，那么 $a+b$ 与 $b+c$ 都是偶数，它们的乘积应是 4 的倍数，不可能是 342，所以 a,b,c 中必有质数 2. 如果 $b=2$，则 $a+b$ 与 $b+c$ 都是奇数，它们的乘积不可能是 342，所以 a,c 中有一个是 2.

因为 $342 = 2 \times 3 \times 3 \times 19$

$$= (3 \times 3) \times (2 \times 19)$$

$$= 9 \times 38$$

$$= (2+7)(7+31),$$

所以 $b=7$.

例 30 （第 8 届《中小学生数学报》竞赛决赛题）所有分母小于 30 并且分母是质数的真分数相加，和是 _____.

解 填 $59\frac{1}{2}$. 理由：所有这些真分数分别是 $\frac{1}{2}$；$\frac{1}{3}$，$\frac{2}{3}$；$\frac{1}{5}$，$\frac{2}{5}$，$\frac{3}{5}$，$\frac{4}{5}$；$\frac{1}{7}$，$\frac{2}{7}$，$\frac{3}{7}$，$\frac{4}{7}$，$\frac{5}{7}$，$\frac{6}{7}$；$\cdots$；$\frac{1}{29}$，$\cdots$，$\frac{27}{29}$，$\frac{28}{29}$. 它们的和是

$$\frac{2-1}{2}+\frac{3-1}{2}+\frac{5-1}{2}+\frac{7-1}{2}+\frac{11-1}{2}+\frac{13-1}{2}+\frac{17-1}{2}+\frac{19-1}{2}+\frac{23-1}{2}+\frac{29-1}{2}$$

$$=\frac{1}{2}+1+2+3+5+6+8+9+11+14$$

$$=59\frac{1}{2}.$$

例 31 （2004 年"祖冲之杯"竞赛题）有一个正方体木块，如右图，每个面上各写了一个自然数，并且相对的两个面上的两个数之和相等. 现在只能看见三个面上写的数，如果看不见的各面写的都是质数，那么这三个质数的和是 _____.

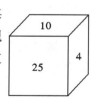

解 填 42. 理由：由奇偶分析得，25 的对面是 2.

由此推知：10 的对面是 $25+2-10=17$；4 的对面是 $25+2-4=23$. 三个质数之和是 $2+17+23=42$.

例 32 （第 7 届"祖冲之杯"邀请赛题）甲、乙两人岁数之和是一个两位数，这个两位数是一个质数，这个质数的数字之和是 13，甲比乙也刚好大 13 岁，那么甲 _____ 岁，乙 _____ 岁.

解 填 40；27. 理由：两位的质数，个位数字只能是 1,3,7,9. 但 1,3 都不合题意，因为 $1+9$ 或 $3+9$ 都达不到 13. 如果个位数字是 9，那么十位数字是 $13-9=4$，但 49 不是质数. 因此，个位数字只能是 7，十位数字是 $13-7=6$，即甲、乙两人岁数之和是

67. 甲是 $\dfrac{67+13}{2}=40$ 岁，乙是 $40-13=27$ 岁.

例 33 已知 p 为大于 3 的质数. 证明: p 的平方被 24 除的余数为 1.

证法 1 只需证 $p^2-1=(p-1)(p+1)$ 能被 24 整除. 因 p 为大于 3 的质数,则 p 为奇数. 所以, $p-1$ 与 $p+1$ 为两个连续的偶数,且其中之一为 4 的倍数. 故 $(p-1)(p+1)$ 能被 8 整除. 又因为在三个连续的整数 $p-1$、p、$p+1$ 中必有一个是 3 的倍数,且 p 为大于 3 的质数,所以,$(p-1)(p+1)$ 为 3 的倍数.

而 $(8,3)=1$,故 $p^2-1=(p-1)(p+1)$ 能被 24 整除.

证法 2 因为大于 3 的质数均可以表示成 $6k\pm1$ 的形式,所以,$p^2-1=(6k\pm1)^2-1=12k(3k\pm1)$.

又因为 k 与 $3k\pm1$ 的奇偶性不同,则它们的积为偶数. 所以,p^2-1 能被 24 整除.

例 34 (2008 年青少年数学国际城市邀请赛题)魔法六角星的每条直线边上的四个数字之和都相等. 右图的魔法六角星中的 12 个数都是质数,其中所给出的 5 个数中包含了其中的最大数和最小数. 请完成此魔法六角星.

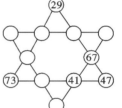

解 注意到 29 到 73 之间的所有质数为 29,31,37,41,43,47,53,59,61,67,71 和 73.

恰好有 12 个质数填入 12 个位置,如下图,而这 12 个质数的总和为 612.

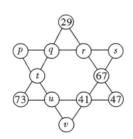

每个数都位于两条直线上,被用两次,故知每条直线上四个数的总和为 $612\times2\div6=204$.

由此得 $r=61,u=43$.

剩下的质数为 31,37,53,59,71,且要求 $s+v=204-(41+67)=96$.

仅当 s,v 取值为 37,59 有可能.

此时,还剩下 31,53 和 71.

若 $s=37,v=59$,则 $p+q=204-(61+37)=106$,不可能.

若 $s=59,v=37$,则 $p+q=204-(61+59)=84$.

当 p,q 取值为 31,53 时满足题意.

○初中数学竞赛中的数论问题

所以,$t=71$.

不难得出 $p=204-(71+43+37)=53$.

综上,每个位置应填的数如下图所示.

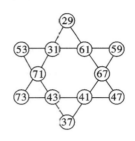

【模拟实战】

A 组

1.(第 17 届"五羊杯"竞赛题)以下关于质数和合数的 4 种说法中,准确的说法共有(   )种.

①两个质数的和必为合数;②两个合数的和必为合数;③一个质数与一个合数的和必为合数;④一个质数与一个合数的和必为非合数.

A．3   B．2   C．1   D．0

2.(2002 年四川省竞赛题)立方体的每一个面都写着一个自然数,并且相对两个面所写两个数之和相等,10,12,15 是相邻三面上的数,若 10 的对面写的是质数 a,12 的对面写的是质数 b,15 的对面写的是质数 c,则 $a^2+b^2+c^2-ab-bc-ca$ 的值等于_____．

3.(第 15 届"希望杯"竞赛题)已知 $p,q,pq+1$ 都是质数,且 $p-q>40$,那么满足上述条件的最小质数 $p=$_____,$q=$_____．

4.("希望杯"竞赛题)若 a,b,c 是 1998 的三个不同的质因数,且 $a<b<c$,则 $(b+c)^a=$_____．

5.(第 16 届江苏省竞赛题)已知 a 是质数,b 是奇数,且 $a^2+b=2001$,则 $a+b=$_____．

6.(上海市竞赛题改编)写出 10 个连续自然数,它们个个都是合数,求这 10 个数.

7.(第 21 届江苏省竞赛题)若 p 和 q 为质数,且 $5p+3q=91$,则 $p=$ _____,$q=$
_____.

8.(1998 年北京市竞赛题)若 y,z 均为质数,$x=yz$,且 x,y,z 满足 $\dfrac{1}{x}+\dfrac{1}{y}=\dfrac{3}{z}$,则 $1998x+5y+3z$ 的值为_____.

9.(第 18 届"五羊杯"竞赛题)如果 A,B,C 是三个质数,而且 $A-B=B-C=14$,那么 A,B,C 组成的数组 (A,B,C) 共有_____组.

10.(第 15 届"希望杯"竞赛题)若正整数 x,y 满足 $2004x=15y$,则 $x+y$ 的最小值是_____.

11.("希望杯"竞赛题)已知三个质数 m,n,p 的乘积等于这三个质数的和的 5 倍,则 $m^2+n^2+p^2$ 的值为_____.

12.(2004 年全国联赛题)设 m 是不能表示为三个互不相等的合数之和的最大整数,则 $m=$_____.

13.(第 15 届俄罗斯竞赛题)万尼亚想了一个三位质数,各位数字都不相同.如果个位数字等于前两个数字的和,那么这个数是_____.

14.(北京市第 14 届"迎春杯"竞赛初赛题)有 1997 个奇数,它们的和等于它们的乘积,其中只有三个数不是 1,而是三个不同的质数.那么,这样的三个质数可以是_____,_____,_____.

15.(第 19 届全俄中学生数学奥林匹克竞赛题)自然数 n 使得数 $2n+1$ 与 $3n+1$ 均为平方数,能否同时使得数 $5n+3$ 是质数?

16.(第 10 届"华罗庚金杯"邀请赛题)有 2,3,4,5,6,7,8,9,10 和 11 共 10 个自然数:

(1)从这 10 个数中选出 7 个数,使这 7 个数中的任何 3 个数都不会两两互质;

(2)从这 10 个数中最多可以选出多少个两两互质的数?

17.(第9届"华罗庚金杯"邀请赛题)在1～100的所有自然数中,与100互质的各数之和是多少?

B 组

1.(1997年"五羊杯"竞赛题)已知 $p,p+2,p+6,p+8,p+14$ 都是质数,则这样的质数 p 共有多少个?

2.(1997年"迎春杯"竞赛题)若 p 和 q 都是质数,并且关于 x 的一元一次方程 $px+5q=97$ 的根是1,求 p^2-q 的值.

3.(首届"华杯赛"竞赛题)已知 p 是质数,且 $2006-p$ 也是质数.若 $2006-p$ 乘 $2006+p$ 的积等于自然数 k.求 k 的最大值.

4.(第5届加拿大竞赛题)求证:如果 p 与 $p+2$ 都是大于3的质数,那么6是 $p+1$ 的因数.

5.(首届"华杯赛"竞赛题)数学老师做了一个密码给同学们破解,密码是 $PQRQQS$,相同字母代表相同的数字,不同字母代表不同的数字.已知这6个数字之和等于31,且 P 是任何整数的约数(因子);Q 是合数;R 被任何一个数去除,答案都会一样;S 是质数.这个密码是什么?

6.(首届"华杯赛"竞赛题)某书店积存了画片若干张,每张按5角出售,无人买,现决定按成本价出售,一下子全部售出,共卖了31元9角3分,问:共积压了多少张画片?

7.(五城市联赛题)在黑板上写出下面的数:2,3,4,…,1994,甲先擦去其中的一个数,然后乙再擦去一个数,如此轮流下去,若最后剩下的两个数互质,则甲胜;若最后剩下的两个数不互质,则乙胜.你觉得是甲胜还是乙胜?请你说明理由.

○初中数学竞赛中的数论问题

8.(安徽省竞赛题)甲、乙、丙 3 人分糖,每人都得整数块,乙比丙多得 13 块,甲所得是乙的 2 倍.已知糖的总块数是一个小于 50 的质数,且它的各位数字之和为 11.试求每人得糖的块数.

9.(首届"华杯赛"竞赛题)已知 x,y,z 是 3 个小于 100 的正整数,且 $x>y>z$,$x-y$,$x-z$ 及 $y-z$ 均是质数,求 $x-z$ 的最大值.

10.(2006 年国际城市竞赛题)小琳用计算器求三个正整数 a,b,c 的表达式 $\dfrac{a+b}{c}$ 的值.她依次按了 $a,+,b,\div,c,=$,得到数值 11.而当她依次按 $b,+,a,\div,c,=$ 时,惊讶地发现得到的数值是 14.这时她才明白计算器是先做除法再做加法的,于是她依次按 $(,a,+,b,),\div,c,=$,得到了正确的结果.这个正确结果是什么?

11.(北京市竞赛题)41 名运动员所穿运动衣号码是 $1,2,3,\cdots,40,41$ 这 41 个自然数,问:

(1)能否使这 41 名运动员站成一排,使得任意两个相邻运动员的号码之和是质数?

(2)能否让这 41 名运动员站成一圈,使得任意两个相邻运动员的号码之和都是质数?若能办到,请举一例;若不能办到,请说明理由.

12.("希望杯"竞赛题)(1)请你写出不超过 30 的自然数中的质数之和.

(2)请回答,千位数是 1 的四位偶自然数共有多少个?

(3)一个四位偶自然数的千位数字是 1,当它分别被四个不同的质数去除时,余数也都是 1,试求出满足这些条件的所有自然数,其中最大的一个是多少?

13.(北京市竞赛题)1 与 0 交替排列,组成下面形式的一串数 101,10101,1010101,101010101,…,请你回答:在这串数中有多少个质数? 并证明你的结论.

专题研究系列

第十章　约数与倍数

【基础知识】

若 a 被 b 整除,也称 a 是 b 的倍数,b 是 a 的约数.

如果 $a_1, a_2, \cdots, a_n$ 和 d 都是正整数,且 $d \mid a_1, d \mid a_2, \cdots, d \mid a_n$,那么 d 叫做 $a_1, a_2, \cdots, a_n$ 的公约数.公约数中最大的叫做 $a_1, a_2, \cdots, a_n$ 的最大公约数,记作 $(a_1, a_2, \cdots, a_n)$.

当 $(a, b) = 1$ 时,我们称 a, b 互质.

$a_1, a_2, a_3, \cdots, a_n$ 的最大公约数 $(a_1, a_2, \cdots, a_n)$ 表示的是一个正数,是一个能够整除 $a_1, a_2, \cdots, a_n$ 并且能被 $a_1, a_2, \cdots, a_n$ 的每一个约数整除的数.

常用的有关最大公约数的性质有:

性质 1　若 $a \mid b$,则 $(a, b) = a$.

性质 2　若 $(a, b) = d$,且 n 是正整数,则 $(na, nb) = nd$.

性质 3　若 $n \mid a, n \mid b$,则 $\left(\dfrac{a}{n}, \dfrac{b}{n}\right) = \dfrac{(a, b)}{n}$.

性质 4　若 $a = bq + r (0 \leqslant r < b)$,则 $(a, b) = (b, r)$.

注:性质 3 表明,若 $(a, b) = d$,则 $\left(\dfrac{a}{d}, \dfrac{b}{d}\right) = 1$.

性质 4 是求最大公约数的一个非常有用的结论.具体地讲,为求 (a, b),可转化为求 (b, r),由于 b 和 r 相对 a 和 b 来说较小,因此求 (b, r) 要比求 (a, b) 容易些.如果 b 和 r 仍然较大,可以重复使用性质 4,即由 $b = rq_1 + r_1$,有 $(b, r) = (r, r_1)$;由 $r = r_1 q_2 + r_2$,有 $(r, r_1) = (r_1, r_2)$,……如此下去,由于 $r_1, r_2, \cdots$ 在逐渐减小,必有 $r_k = r_{k+1} q_{k+2}$.由性质 1 知,r_{k+1} 就是 a 和 b 的最大公约数.这种求最大公约数的方法叫做辗转相除法.

如果 $a_1, a_2, \cdots, a_n$ 和 m 都是正整数,且 $a_1 \mid m, a_2 \mid m, \cdots, a_n \mid m$,那么 m 叫做 $a_1, a_2, \cdots, a_n$ 的公倍数.公倍数中最小的数叫做 $a_1, a_2, \cdots, a_n$ 的最小公倍数,记作 $[a_1, a_2, \cdots, a_n]$.

如果 m 是 $a_1, a_2, \cdots, a_n$ 的公倍数,那么 $km (k$ 是正整数$)$ 也是它们的公倍数,因此不存在最大公倍数.

性质 5　若 $b \mid a$,则 $[a, b] = a$.

性质 6　若 $[a, b] = m$,且 n 为正整数,则 $[na, nb] = nm$.

性质7 若 $n|a,n|b$，则 $\left[\dfrac{a}{n},\dfrac{b}{n}\right]=\dfrac{[a,b]}{n}$.

最大公约数与最小公倍数这两个概念有着密切的联系，下面的性质揭示了它们的关系.

性质8 若 $[a,b]=m$，则 $\left(\dfrac{m}{a},\dfrac{m}{b}\right)=1$.

性质9 $(a,b)=\dfrac{ab}{[a,b]}$.

由性质9知，在已知 a,b 两数的最大公约数和最小公倍数之一时，便很容易求出另一个.

【典型例题与基本方法】

例1 设整数 $a,b,a-b$ 都不是3的倍数. 证明：a^3+b^3 是9的倍数.

分析 从条件看，a,b 都只能是 $3n\pm1$ 的形式. 由于 $a-b$ 不是3的倍数，a,b 又不都同为 $3n+1$ 或 $3n-1$ 的形式，于是，a,b 只能分别为 $3n+1,3n-1$ 的形式.

证明 依题意，不妨设 $a=3m+1,b=3n-1$，则
$a^3+b^3=(a+b)(a^2+b^2-ab)$
$=3(m+n)[(3m+1)^2+(3n-1)^2-(3m+1)(3n-1)]$
$=3(m+n)(9m^2+6m+1+9n^2-6n+1-9mn+3m-3n+1)$
$=3(m+n)(9m^2+9m+3+9n^2-9n-9mn)$
$=9(m+n)(3m^2+3m+1+3n^2-3n-3mn)$.

故 a^3+b^3 是9的倍数.

例2 （第2届美国数学奥林匹克竞赛题）n 是具有下述性质的最小整数：它是15的倍数，而且每一位的数字都是0或8，求 $\dfrac{n}{15}$.

解 n 是5的倍数，所以 n 的个位数字是0或5.

由已知，n 的个位数字是0.

n 又是3的倍数，所以 n 的数字和被3整除，由于 n 的数字都是0或8，

所以 n 的数字中至少有3个8.

具有上述性质的最小的 n 是8880.

从而 $\dfrac{n}{15}=\dfrac{8880}{15}=592$.

例3 （2007年四川省竞赛题）设 n 为某一正整数，代入代数式 n^5-n 计算其值时，四个学生算出了下列四个结果，其中仅有一个是正确的. 则这个正确的结果是（　　）.

A. 7770   B. 7775   C. 7776   D. 7779

解 选 A. 理由:因为 $I=n^5-n=(n-1)n(n+1)(n^2+1)$,显然,$I$ 是 2 的倍数,排除选项 B、D.

当 $n=5k,5k+1,5k-1$ 时,I 是 5 的倍数;

当 $n=5k-2,5k+2$ 时,n^2+1 是 5 的倍数.

从而,I 是 5 的倍数.

因此,无论 n 为任何正整数,I 都是 5 的倍数,排除选项 C.

例 4 求 $(1056,3960)$ 和 $[1056,3960]$.

解法 1 (提取公因数法):

```
2 | 1056   3960
  2 | 528   1980
    2 | 264   990
      3 | 132   495
       11 | 44   165
             4    15
```

则 $(1056,3960)=2^3\times3\times11=264$,

故 $[1056,3960]=2^3\times3\times11\times4\times15=15840$.

注:提取公因数法就是利用短除法的形式,每次提取公约数,直到得到 2 个互质的数. 最大公约数就是所有公约数的乘积,最小公倍数是所有公约数与最后的两个互质整数的乘积.

解法 2 (分解质因数法):

因 $1056=2^3\times3\times11\times4,3960=2^3\times3\times11\times15$,

则 $(1056,3960)=2^3\times3\times11=264$,

$[1056,3960]=2^3\times3\times11\times4\times15=15840$.

解法 3 (辗转相除法):

(ⅰ)先用 1056 除 3960,得到商和余数 $3960=1056\times3+792$.

(ⅱ)再用第一步得到的余数 792 来除 1056,得到商和余数 $1056=792\times1+264$.

(ⅲ)用第二步得到的余数 264 来除第二步中的除数 792,得 $792=264\times3$.

故 264 是 1056 和 3960 的最大公约数.

由最大公约数和最小公倍数的关系可求出最小公倍数 15840.

例 5 两个正整数的最大公约数是 7,最小公倍数是 105,求这两个数.

解 依题意,设这两个数分别为 $7a,7b$(a,b 为正整数,且 a 与 b 互质,$a<b$),则这两个数的最小公倍数是 $7ab$.

即 $7ab=105$,

从而 $ab=15$.

又 $15=1\times15=3\times5$,

则 $a=1,b=15$,或 $a=3,b=5$.

故这两个数分别为 $7,105$ 或 $21,35$.

注:已知 $(x,y)=d$,一般都是令 $x=da,y=db$,且 $(a,b)=1$,从而把求 x,y 的问题转化为求互质的两个数 a,b.这是解这类问题的一种常用方法.

例 6 (1997 年全国联赛题)已知定理:"若三个大于 3 的质数 a,b,c 满足关系 $2a+5b=c$,则 $a+b+c$ 是整数 n 的倍数."试问:上述定理中的整数 n 的最大可能值是多少?并证明你的结论.

解 n 的最大可能值是 9.

下面先证明:$a+b+c$ 被 3 整除.

因为 $a+b+c=a+b+2a+5b=3(a+2b)$,

所以 $a+b+c$ 被 3 整除.

设 a,b 被 3 除后的余数分别为 r_a 和 r_b,则 $r_a\neq0$,$r_b\neq0$.

若 $r_a\neq r_b$,则 $r_a=1,r_b=2$ 或 $r_a=2,r_b=1$.

此时,$2a+5b$ 必为 3 的倍数,即 c 为合数,与 c 是质数矛盾.

故 $r_a=r_b$,则 $r_a=r_b=1$ 或 $r_a=r_b=2$,此时 $a+2b$ 必为 3 的倍数,从而 $a+b+c$ 是 9 的倍数.

再证 9 是 n 的最大可能值.

因为 $2\times11+5\times5=47$ 中,$11+5+47=63$;$2\times13+5\times7=61$ 中,$13+7+61=81$.

而 63 与 81 的最大公约数是 9,因此,9 是最大可能的值.

例 7 (第 10 届"希望杯"全国邀请赛题)从 $0,1,2,3,4,5,6,7,8,9$ 这十个数中选出五个组成五位数,使得这个五位数能被 $3,5,7,13$ 整除.这样的五位数中最大的是 _____.

解 所求五位数能被 $3,5,7,13$ 整除,当然也能被 $3,5,7,13$ 的最小公倍数整除,即这个五位数是 $3\times5\times7\times13=1365$ 的倍数.

又 $100000\div1365=73\cdots\cdots355$,

所以五位数中 1365 的最大公倍数是 $73\times1365=99645$.

但 99645 的五个数码中有两个 9,不合题意,下面可依次算出

$72\times1365=98280$,

$71\times1365=96915$,

$70\times1365=95550$,

$69\times1365=94185$.

显然,所求的五位数最大的是 94185.

故应填 94185.

【解题思维策略分析】

1. 灵活处理倍数、约数问题

例 8 (第 3 届"希望杯"全国邀请赛题)一个自然数 a,若将其数字重新排列可得一个新的自然数 b. 如果 a 恰是 b 的 3 倍,我们称 a 是一个"希望数".

(1)请你举例说明:"希望数"一定存在;

(2)请你证明:如果 a,b 都是"希望数",则 ab 一定是 729 的倍数.

解 (1)由于 $428571 = 3 \times 142857$,

所以 428571 是一个希望数.

另外是"希望数"的还有 37124568,43721586,692307,461538,705213,8579142,594712368,37421568,341172,等等.

(2)由 a 是"希望数",依"希望数"定义知,存在一个由 a 的数字重新排列而成的自然数 $\bar{a}$,使 $a = 3\bar{a}$,并且 a 的数字和等于 $\bar{a}$ 的数字和.

由 $a = 3\bar{a}$,得 a 是 3 的倍数.

但 a 的数字和等于 $\bar{a}$ 的数字和,所以, $\bar{a}$ 也是 3 的倍数,则 $\bar{a} = 3m$(m 为正整数).

因此, $a = 3 \times \bar{a} = 3 \times (3m) = 9m$,即 a 被 9 整除.

由于 a 的数字和等于 $\bar{a}$ 的数字和,因此 $\bar{a}$ 也被 9 整除,即 $\bar{a} = 9k$(k 是整数),得 $a = 3\bar{a} = 27k$.

于是, a 是 27 的倍数.

这就证明了"希望数"一定被 27 整除.

因为 a,b 都是"希望数",所以 a,b 都被 27 整除,即 $a = 27n_1$, $b = 27n_2$(n_1,n_2 是正整数),从而 $ab = (27n_1)(27n_2) = 729n_1n_2$.

故 ab 一定是 729 的倍数.

注:由于 $3105 = 3 \times 1035$,因此,3105 是一个"希望数". 可知 31053105 也是"希望数",只要这样排下去,可以排出无穷多个"希望数",因此,"希望数"有无穷多个.

例 9 (2007 年北京市竞赛题)若对于任意 n 个连续正整数中,总存在一个数的数字之和是 8 的倍数. 试确定 n 的最小值,并说明理由.

解 先证 $n \leqslant 14$ 时,题设的性质不成立.

当 $n = 14$ 时,对于 $9999993, 9999994, \cdots, 10000006$ 这 14 个连续整数,任意一个数的数字之和均不能被 8 整除.

故 $n \leqslant 14$ 时,题设的性质不成立.

因此,要使题设的性质成立,应有 $n \geqslant 15$.

再证 $n = 15$ 时,题设的性质成立.

设 $a_1, a_2, \cdots, a_{15}$ 为任意的连续 15 个正整数,则这 15 个正整数中,个位数字为 0 的整数最多有两个,最少有一个,可分为:

(ⅰ)当 $a_1, a_2, \cdots, a_{15}$ 中个位数字为 0 的整数有两个时,设 $a_i < a_j$,且 a_i, a_j 的个位数字为 0,则满足 $a_i, a_i + 1, \cdots, a_i + 9, a_j$ 为连续的 11 个整数,其中,$a_i, a_i + 1, \cdots, a_i + 9$ 无进位.

设 n_i 表示 a_i 各位数字之和,则前 10 个数各位数字之和分别为 $n_i, n_i + 1, \cdots, n_i + 9$.故这连续的 10 个数中至少有一个被 8 整除.

(ⅱ)当 $a_1, a_2, \cdots, a_{15}$ 中个位数字为 0 的整数只有一个时(记为 a_i):

①若整数 i 满足 $1 \leqslant i \leqslant 8$,则在 a_i 后面至少有 7 个连续整数.于是,$a_i, a_i + 1, \cdots, a_i + 7$ 这 8 个连续整数的各位数字和也为 8 个连续整数.所以,必有一个数能被 8 整除.

②若整数 i 满足 $9 \leqslant i \leqslant 15$,则在 a_i 前面至少有 8 个连续整数,不妨设为 $a_i - 8$, $a_i - 7, \cdots, a_i - 1$,这 8 个连续整数的各位数字和也为 8 个连续整数.所以,必有一个数能被 8 整除.

综上,对于任意 15 个连续整数中,必有一个数,其各位数字之和是 8 的倍数.

而小于 15 个的任意连续整数不成立此性质.

所以,n 的最小值是 15.

例 10 (2007"我爱数学"夏令营竞赛题)在 $1, 2, \cdots, 2007$ 这 2007 个正整数中最多可以取出多少个数,使得所取出的数中的每一个都与 2007 互质,并且所取出的数中的任意三个的和都不是 7 的倍数?

解 将 $1, 2, \cdots, 2007$ 分别用 7 除,余数为 $1, 2, 3, 4, 5$ 的各有 $286 + 1 = 287$ 个;余数为 $6, 0$ 的各有 286 个.

在 $1, 2, \cdots, 2007$ 中,与 2007 不互质的数有 $3, 2 \times 3, 3 \times 3, \cdots, 669 \times 3$ 以及 $223, 2 \times 223, 4 \times 223, 5 \times 223, 7 \times 223, 8 \times 223$.

将这些与 2007 不互质的数分别用 7 除,余数依次为 $3, 6, 2, 5, 1, 4, 0, 3, 6, 2, 5, 1, 4, 0, \cdots, 3, 6, 2, 5$ 以及 $6, 5, 3, 2, 0, 6$.

于是,在这些与 2007 不互质的数中,余数为 $1, 2, 3, 4, 5, 6, 0$ 的依次有 $95, 97, 97, 95, 97, 98, 96$ 个.

在 $1, 2, \cdots, 2007$ 且与 2007 互质的数中,余数为 $1, 2, 3, 4, 5, 6, 0$ 的依次有 $192, 190, 190, 192, 190, 188, 190$ 个.

要使所取出的数中的任意三个的和都不是 7 的倍数,至多取 2 个余数为 0 的数. 由于余数为 $(1,3,3)$、$(3,2,2)$、$(2,6,6)$、$(6,4,4)$、$(4,5,5)$、$(5,1,1)$ 以及 $(1,2,4)$、$(3,6,5)$ 的三数的和都是 7 的倍数,因此,至多取 2 组其余数在右图中不相邻的全部数.

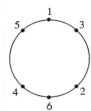

经验证可知,取 2 组余数为 1,4 的全部数,再取 2 个余数为 0 的数,符合题目的要求,且取出的数的个数达到最大值. 故最多可以取出 $192+192+2=386$ 个数,使得所取出的数中的每一个都与 2007 互质,并且所取出的数中的任意三个的和都不是 7 的倍数.

2. 善于借用倍数、约数处理问题

例 11 有四个互不相同的正整数,从中任取两个数组成一组,并在同一组中用较大的数减去较小的数,再将各组所得的差相加,其和恰好等于 18. 若这四个数的乘积是 23100,求这四个数.

解 不妨设四个不同的正整数为 $a_1,a_2,a_3,a_4 (a_1>a_2>a_3>a_4)$.

据题意,从四个数中任取两个数组成一组,共有 6 组,于是
$$(a_1-a_2)+(a_1-a_3)+(a_1-a_4)+(a_2-a_3)+(a_2-a_4)+(a_3-a_4)=18,$$
即 $3(a_1-a_4)+(a_2-a_3)=18.$ ①

由于 $3(a_1-a_4)$,18 均是 3 的倍数,所以,a_2-a_3 也是 3 的倍数.

据假设 $a_1>a_2>a_3>a_4$,有 $a_2-a_3<a_1-a_4$.

由式①可知 $a_2-a_3=3,a_1-a_4=5$.

再由假设 $a_1>a_2>a_3>a_4$,可知

$a_1-a_2=1,a_3-a_4=1.$

又 $a_1a_2a_3a_4=23100=2\times2\times3\times5\times5\times7\times11$,

经试验可得 $a_1=15,a_2=14,a_3=11,a_4=10$.

故这四个数分别为 10,11,14,15.

例 12 已知 $\overline{abcd}$ 是一个四位数,且 $\overline{abcd}-\overline{dcba}=\overline{\square999}$,问"$\square$"代表几?

解 将 $\overline{abcd}$ 及 $\overline{dcba}$ 用十进制表示出来,并求差,得
$$\overline{abcd}-\overline{dcba}=9(111a+10b-10c-111d).$$

可见,两数之差为 9 的倍数,从而 $\overline{\square999}$ 也应是 9 的倍数,故 $\square+9+9+9$ 也是 9 的倍数,得"$\square$"代表 9 或 0,由题意知 0 舍去. 所以"$\square$"代表 9.

例 13 已知 $m,n(m>n)$ 是正整数,且 3^m 与 3^n 的末三位数相同. 求 $m-n$ 的最小值.

解 由已知得 3^m-3^n 是 1000 的倍数,即 $3^m-3^n=3^n(3^{m-n}-1)$ 是 1000 的倍数.

又 $(3^n,1000)=1$,故 $3^{m-n}-1$ 是 1000 的倍数.

令 $s=m-n$,有 3^s-1 是 1000 的倍数.

下面只要求最小的 s,使得 3^s 的末三位数是 001.

由表 1 可知,s 是 4 的倍数.

表 1

s	1	2	3	4	5	6	7	8	⋯
3^s 末一位数字	3	9	7	1	3	9	7	1	⋯

由表 2 可知,s 是 20 的倍数.

表 2

s	4	8	12	16	20	24	28	32	36	40	⋯
3^s 末两位数字	81	61	41	21	01	81	61	41	21	01	⋯

由表 3 可知,$s=m-n$ 的最小值为 100.

表 3

s	20	40	60	80	100	⋯
3^s 末三位数字	401	801	201	601	001	⋯

3. 灵活运用最大公约数、最小公倍数的性质求解问题

例 14 对于任意正整数 n,试证:分数 $\dfrac{21n+4}{14n+3}$ 不能约简.

分析 要证明这个分数不可约,只需要证明 $21n+4$ 和 $14n+3$ 的最大公约数是 1 即可.

证明
$$(21n+4,14n+3)$$
$$=(21n+4-14n-3,14n+3)$$
$$=(7n+1,14n+3)$$
$$=(7n+1,14n+3-14n-2)$$
$$=(7n+1,1)$$
$$=1.$$

故对于任何正整数 n,$\dfrac{21n+4}{14n+3}$ 不可约.

例 15 (1999 年天津市竞赛决赛题)甲、乙、丙三个数分别是 312,270,211,用自然数 A 分别去除这三个数,除甲所得的余数是除乙所得余数的 2 倍,除乙所得余数是除丙所得余数的 2 倍.求这个自然数 A.

分析 由题意,乙的 2 倍与甲的差,丙的 2 倍与乙的差一定被 A 整除.

解 由题意,有 $270\times2-312=228$,$211\times2-270=152$,

则 228 与 152 一定被 A 整除.

而 228 与 152 的最大公约数是 76,且 $76 = 2^2 \times 19$,

故 A 可能是 $2, 4, 19, 38, 76$.

经检验,只有 $A = 19$ 符合题意.

例 16 (第 21 届江苏省竞赛题)设 k, a, b 为正整数,k 被 a^2, b^2 整除所得的商分别为 $m, m+116$.

(1)若 a, b 互质,证明 $a^2 - b^2$ 与 a^2, b^2 都互质;

(2)当 a, b 互质时,求 k 的值;

(3)若 a, b 的最大公约数为 5,求 k 的值.

解 (1)设 s 为 $a^2 - b^2$ 与 a^2 的最大公约数,则

$a^2 - b^2 = su, a^2 = sv(s, v \in \mathbf{N}_+)$.

于是,$a^2 - (a^2 - b^2) = b^2 = s(v - u)$.

可见,s 是 b^2 的约数.

因为 a, b 互质,所以,a^2, b^2 也互质.

可见 $s = 1$,即 $a^2 - b^2$ 与 a^2 互质.

同理,$a^2 - b^2$ 与 b^2 互质.

(2)因为 $k = ma^2 = (m+116)b^2$,

所以,$m(a^2 - b^2) = 116b^2 (a > b)$.

又 a, b, m 都是正整数,所以,$a^2 - b^2$ 整除 $116b^2$.

因 $a^2 - b^2$ 与 b^2 互质,所以,$a^2 - b^2$ 整除 116,即 $(a+b)(a-b)$ 整除 116.

而 $116 = 2^2 \times 29$,$a+b$ 与 $a-b$ 具有相同的奇偶性,且 $a+b > a-b > 0$,

所以,$\begin{cases} a+b = 29, \\ a-b = 1 \end{cases}$ 或 $\begin{cases} a+b = 2 \times 29, \\ a-b = 2, \end{cases}$

解得 $a = 15, b = 14$ 或 $a = 30, b = 28$.

因为 a, b 互质,所以,$a = 15, b = 14$.

故 $m = \dfrac{116b^2}{a^2 - b^2} = 2^4 \times 7^2$.

因此,$k = ma^2 = 2^4 \times 7^2 \times 15^2 = 176400$.

(3)若 a, b 的最大公约数为 5,设 $a = 5a_1, b = 5b_1$,则 a_1, b_1 互质.

同(2)有 $m(a^2 - b^2) = 116b^2$,

即 $m(25a_1^2 - 25b_1^2) = 116(25b_1^2)$.

所以,$m(a_1^2 - b_1^2) = 116b_1^2$,且 a_1, b_1 互质.

根据(2)有 $m = 2^4 \times 7^2, a_1 = 15, b_1 = 14$.

故 $k=ma^2=m(5a_1)^2=25ma_1^2=4410000$.

例 17 已知两个正整数的积与和之差等于它们的最大公约数与最小公倍数之和的 2 倍. 求出所有这样的两个正整数.

解 设所求正整数为 x,y,它们的最大公约数为 $m(m\in \mathbf{N}_+)$,则

$x=ma,y=mb[a,b\in \mathbf{N}_+,(a,b)=1]$.

于是,x,y 的最小公倍数为 mab.

依题意有 $ma\cdot mb-(ma+mb)=2(m+mab)$,

所以,$(m-2)ab=2+a+b$,   ①

故 $0<m-2=\dfrac{2+a+b}{ab}=\dfrac{2}{ab}+\dfrac{1}{a}+\dfrac{1}{b}\leqslant 4$,

解得 $2<m\leqslant 6$.

故 $m=3,4,5,6$.

(1)当 $m=3$ 时,式①化为 $ab=2+a+b$,

所以,$(a-1)(b-1)=3=1\times 3$,

解得 $(a,b)=(2,4)$ 或 $(4,2)$.

两组解都与 a,b 互相矛盾,故舍去.

(2)当 $m=4$ 时,式①化为 $2ab=2+a+b$,

所以,$(2a-1)(2b-1)=5=1\times 5$,

解得 $(a,b)=(1,3)$ 或 $(3,1)$.

此时,所求的两个正整数为 4,12.

(3)当 $m=5$ 时,式①化为 $3ab=2+a+b$,

所以,$(3a-1)(3b-1)=7=1\times 7$,

解得 $(a,b)=\left(\dfrac{2}{3},\dfrac{8}{3}\right)$ 或 $\left(\dfrac{8}{3},\dfrac{2}{3}\right)$.

两组解都与 a,b 是正整数矛盾,故舍去.

(4)当 $m=6$ 时,式①化为 $4ab=2+a+b$,

所以,$(4a-1)(4b-1)=9$.

当 $(4a-1)(4b-1)=9=1\times 9$ 时,解得 $(a,b)=\left(\dfrac{1}{2},\dfrac{5}{2}\right)$ 或 $\left(\dfrac{5}{2},\dfrac{1}{2}\right)$.

两组解都与 a,b 是正整数矛盾,故舍去.

当 $(4a-1)(4b-1)=9=3\times 3$ 时,解得 $(a,b)=(1,1)$.

此时,所求的两个正整数为 6,6.

综上,这样的两个正整数为 4,12 或 6,6.

【模拟实战】

A 组

1. 有 n 个数,从第二个数开始,每一个数都比它前面相邻的数大 3,即 $4,7,\cdots$, $3n+1$,且它们相乘的积的末尾恰有 32 个 0. 则 n 的最小值为(　　).

A. 125 　　　　　 B. 126 　　　　　 C. 127 　　　　　 D. 128

2. 已知 x,y 都是负整数,且满足 $y=\dfrac{10x}{10-x}$,则 y 的最大值为(　　).

A. 90 　　　　　 B. -9 　　　　　 C. -11 　　　　　 D. -5

3. (2008 年"卡西欧杯"武汉市竞赛题)有序正整数对 (a,b) $(a<b)$ 满足 $a+b=2008$,且 a,b 互质,则满足条件的 (a,b) 共有_____对.

4. (第 17 届"五羊杯"竞赛题)已知 20 位数 $\overline{2005xyzxyzxyzxyz2005}$ 既是 27 的倍数,又是 37 的倍数,那么 $x+y+z=$_____.

5. (首届青少年"数学周报杯"竞赛题)城市数学邀请赛共设金、银、铜三种奖牌,组委会把这些奖牌分别装在五个盒中,每个盒中只装一种奖牌,每个盒中装奖牌枚数依次是 3,6,9,14,18. 现在知道其中银牌只有一盒,而且铜牌枚数是金牌枚数的 2 倍. 则有金牌_____枚,银牌_____枚,铜牌_____枚.

6. (1992 年北京市竞赛初赛题)一个自然数 N 被 10 除余 9,被 9 除余 8,被 8 除余 7,被 7 除余 6,被 6 除余 5,被 5 除余 4,被 4 除余 3,被 3 除余 2,被 2 除余 1,则 N 的最小值等于_____.

7. (2008 年"我爱数学"夏令营竞赛题)如果某数可以表示成 91 的某个倍数的数字和,就把这个数叫做"和谐数". 那么,在 $1,2,\cdots,2008$ 中,和谐数的个数是_____.

8. (1993—1994 学年度广州等五个城市联赛题)对于任何自然数 n,多项式 $n^3+\dfrac{3}{2}n^2+\dfrac{1}{2}n-1$ 被 3 除的余数为_____.

9. (第 6 届"五羊杯"竞赛题)羊城中学今年招收两班初一新生. 这批学生在操场排队,站两排对齐恰剩 1 人,站 4 排对齐恰剩 3 人,站 6 排对齐恰剩 5 人,而站 3 排或 5 排或 7 排对齐都恰剩 2 人,则新生总数为_____人.

10. 试证明:当 $\overline{abc}$ 是 37 的倍数时,$\overline{bca}$ 也是 37 的倍数.

92

11. (第 20 届"五羊杯"竞赛题)设 n 是一个正整数,且 $\dfrac{n}{270}=0.1a48a48a48\cdots$,那么 $n=$ _____.

12. (第 20 届"五羊杯"竞赛题)7^5-7,11^5-11,13^5-13,17^5-17,$\cdots$(大于等于 7 的质数的五次幂减去它本身),所有无穷多个这样的数的最大公约数是( ).

A. 60 B. 120 C. 180 D. 240

B 组

1. 已知两个正整数之和为 104055,它们的最大公约数是 6937,求这两个数.

2. 已知两正整数之和为 667,它们的最小公倍数除以最大公约数,商等于 120. 求这两个正整数.

3. 已知两个正整数的和是 45,它们的最小公倍数是 168,求这两个数.

○初中数学竞赛中的数论问题

专题研究系列

4. 某正整数与 24 的最大公约数和最小公倍数分别为 4 和 168,求这个正整数.

5. 设 a 是 x,y 的最小公倍数,A 是 x,y 的一个公倍数.求证:$a|A$.

6. 设 x,y 是非负整数,$x+2y$ 是 5 的倍数,$x+y$ 是 3 的倍数,且 $2x+y \geqslant 99$.试求 $S=7x+5y$ 的最小值.

7.(第 19 届"五羊杯"竞赛题)设 9 位数 $n=\overline{200719xy6}$,n 是 176 的倍数,则 $n=$ _____.

8.(第 19 届"五羊杯"竞赛题)已知正整数 n 的 4 倍加 2 等于 m,m 除以 3 余 2,除以 5 余 3,除以 7 余 5,除以 11 余 10,则 n 的最小值为 _____.

9.(第 19 届"五羊杯"竞赛题)已知 n 是正整数,n 有 18 个正约数,$n \leqslant 500$,设符合条件的 n 恰有 x 个,那么(   ).

A. $3 \leqslant x \leqslant 4$ B. $5 \leqslant x \leqslant 6$

C. $x \geqslant 7$ D. $x \leqslant 2$

10.(第 6 届"华罗庚金杯"邀请赛题)如下图,在 3×3 的方格中,已填入了 9 个素数.如果将表中同一行或同一列的 3 个数加上相同的自然数称为一次操作.问:能否通过若干次操作使得表中 9 个数都变为相同的数?为什么?

2	3	5
13	11	7
17	19	23

11.(第 5 届"华罗庚金杯"邀请赛题)试说明,将和 $1+\dfrac{1}{2}+\dfrac{1}{3}+\dfrac{1}{4}+\cdots+\dfrac{1}{40}$ 写成一个最简分数 $\dfrac{m}{n}$ 时,m 不会是 5 的倍数.

12.(第 1 届"华杯赛"竞赛决赛题)一个数是 5 个 2,3 个 3,2 个 5,1 个 7 的连乘积,这个数有许多约数是两位数,则这些两位的约数中,最大的是几?

13.(首届"华杯赛"竞赛题)一个六位数 $\overline{3434ab}$ 能同时被 8 和 9 整除.已知 $a+b=c$,求 c 的最小值.

14.(第 3 届"华杯赛"竞赛复赛题)能同时被 6,7,8,9 整除的五位数有多少个?

第十一章　算术基本定理及应用

【基础知识】

算术基本定理:任何一个正整数 $N > 1$,都能分解成质因数的连乘积,即

$$N = p_1^{\alpha_1} \cdot p_2^{\alpha_2} \cdot \cdots \cdot p_n^{\alpha_n} \quad (n \geqslant 1). \qquad ①$$

其中 $p_1, p_2, \cdots, p_n$ 为互不相等的质数,$\alpha_1, \alpha_2, \cdots, \alpha_n$ 为正整数;如果不考虑因数的顺序,则这个分解式是唯一的.

由算术基本定理可以得到下列两个性质:

性质 1 (约数个数定理) N 的正约数(因数)的个数为 $(\alpha_1 + 1)(\alpha_2 + 1) \cdots (\alpha_n + 1)$. 其中包括 1 和 N 这两个约数.

性质 2 (约数之和定理)若用 $S(N)$ 表示自然数 N 的全部约数之和,则有

$$S(N) = \frac{p_1^{\alpha_1 + 1} - 1}{p_1 - 1} \cdot \frac{p_2^{\alpha_2 + 1} - 1}{p_2 - 1} \cdot \cdots \cdot \frac{p_n^{\alpha_n} - 1}{p_n - 1}$$

$$= (1 + p_1 + p_1^2 + \cdots + p_1^{\alpha_1})(1 + p_2 + p_2^2 + \cdots + p_2^{\alpha_2}) \cdots (1 + p_n + p_n^2 + \cdots + p_n^{\alpha_n}).$$

【典型例题与基本方法】

例 1 (1982 年上海市竞赛题)已知 $1176a = b^4$,a, b 为自然数,a 的最小值是_____.

解 填 2646. 理由:因 $1176 = 2^3 \cdot 3 \cdot 7^2$,由 $2^3 \cdot 3 \cdot 7^2 \cdot a = b^4$ 知,a 的最小值是 $a = 2 \cdot 3^3 \cdot 7^2 = 2646$.

例 2 (1988 年上海市竞赛题)方程 $x^2 - y^2 = 1988$ 的不同的整数解的组数是_____.

解 填 8. 理由:因 $x^2 - y^2 = 1988$,则 $(x-y)(x+y) = 1 \times 2 \times 2 \times 7 \times 71$ 显然有不同整数解的方程组是:

$$\begin{cases} x+y=2, \\ x-y=994; \end{cases} \begin{cases} x+y=-2, \\ x-y=-994; \end{cases} \begin{cases} x+y=14, \\ x-y=142; \end{cases} \begin{cases} x+y=-14, \\ x-y=-142; \end{cases}$$

$$\begin{cases} x+y=994, \\ x-y=2; \end{cases} \begin{cases} x+y=-994, \\ x-y=-2; \end{cases} \begin{cases} x+y=142, \\ x-y=14; \end{cases} \begin{cases} x+y=-142, \\ x-y=-14. \end{cases}$$

故共有 8 组不同整数解.

例3 (1991年全国联赛题)若$12^n M=1\times2\times3\times\cdots\times99\times100$,其中$M$为自然数,$n$为使得等式成立的最大的自然数,则$M$( ).

 A. 能被2整除,但不能被3整除

 B. 能被3整除,但不能被2整除

 C. 能被4整除,但不能被3整除

 D. 不能被3整除,也不能被2整除

解 选A. 理由:在$1\times2\times3\times\cdots\times100$的质因数分解中,2的因数有$\left[\dfrac{100}{2}\right]+$

$\left[\dfrac{100}{2^2}\right]+\left[\dfrac{100}{2^3}\right]+\cdots+\left[\dfrac{100}{2^6}\right]=50+25+12+6+3+1=97$(个);

3的因子有$\left[\dfrac{100}{3}\right]+\left[\dfrac{100}{3^2}\right]+\left[\dfrac{100}{3^3}\right]+\left[\dfrac{100}{3^4}\right]=33+11+3+1=48$(个).

所以$1\times2\times3\times\cdots\times100=2^{97}\times3^{48}\times p=12^{48}\times2p$,其中2不整除$p$,3不整除$p$,故$M=2p$.

例4 若k是正整数,使得$935\times972\times975\times k$之积最末四个数字都是零,求$k$的最小值.

分析 积的末尾有连续四个零,于是积分解质因数后,至少含有4个2,4个5.

解 因$935=5\times11\times17$,

$972=2^2\times3^5$,

$975=3\times5^2\times13$,

而要使积的末尾有四个零,至少还需要2个质因数2和1个质因数5.

故k的最小值是$2^2\times5=20$.

例5 (第18届"五羊杯"竞赛题)设$n=180180180\cdots18099$(前面共有100个180,最后两位是99),那么n能够被3,7,9,11和13这5个数中的( )个数整除.

 A. 2 B. 3 C. 4 D. 5

解 选A. 理由:因为$180180=180\times1001$,而$1001=7\times11\times13$,所以180180能被7,11,13整除,从而易见$m=n-99$是3,7,9,11,13的倍数.但99是3,9的倍数,不是7,11,13的倍数,从而知$n=m+99$是3,9的倍数,不是7,11,13的倍数.

例6 (1980年芜湖市竞赛题)设$a_1,a_2,\cdots,a_8$是八个互异的整数,$\bar a$是它的算术平均值,若r是方程$(x-a_1)(x-a_2)\cdots(x-a_8)+1980=0$的整数根,试证$r=\bar a+2$或$r=\bar a-2$.

证明 将r代入方程,有$(r-a_1)(r-a_2)\cdots(r-a_8)=-1980$.

又$a_1,a_2,\cdots,a_8$是互异的整数,则$r-a_1,r-a_2,\cdots,r-a_8$也是互异的整数,且它们都是-1980的因数.而$1980=2^2\cdot3^2\cdot5\cdot11$,而从$-1980$的因数中选出8个互异的

因数,且使乘积等于-1980,它们只可能有两种情况:$\pm1,\pm2,\pm3,5,11$ 或 $\pm1,\pm2,$ $\pm3,-5,-11$.

将这 8 个因数相加得

$(r-a_1)+(r-a_2)+\cdots+(r-a_n)=1+(-1)+2+(-2)+3+(-3)+5+11=$ 16,

即 $8r-(a_1+a_2+\cdots+a_8)=16$,或 $8r-(a_1+a_2+\cdots+a_8)=-16$,

则 $r=\dfrac{1}{8}(a_1+a_2+\cdots+a_8)+2$,或 $r=\dfrac{1}{8}(a_1+a_2+\cdots+a_8)-2$,

即 $r=\overline{a}+2$,或 $r=\overline{a}-2$.

【解题思维策略分析】

1. 灵活运用算术基本定理求解问题

例 7 (莫斯科数学奥林匹克试题)求一个最小的正整数,使它的 $\dfrac{1}{2}$ 是平方数,$\dfrac{1}{3}$ 是立方数,$\dfrac{1}{5}$ 是五次方数.

解 因为这个整数的 $\dfrac{1}{2},\dfrac{1}{3},\dfrac{1}{5}$ 均为整数,所以它一定能被 $2,3,5$ 整除,再考虑这个整数最小的要求,它一定具有下面的形式 $N=2^a\cdot3^b\cdot5^c,a\neq0,b\neq0,c\neq0$.

因为 $\dfrac{1}{2}N=2^{a-1}\cdot3^b\cdot5^c$ 是平方数,则 $a-1,b,c$ 均为偶数.

因为 $\dfrac{1}{3}N=2^a\cdot3^{b-1}\cdot5^c$ 是立方数,则 $a,b-1,c$ 均为 3 的倍数.

因为 $\dfrac{1}{5}N=2^a\cdot3^b\cdot5^{c-1}$ 是五次方数,则 $a,b,c-1$ 均为 5 的倍数.

由于 a 是 3 和 5 的倍数且为奇数,则最小的 a 为 15;b 是 2 和 5 的倍数且被 3 除余 1,则最小的 b 为 10;同理,最小的 c 为 6.

于是,所求的最小的 $N=2^{15}\times3^{10}\times5^6$.

例 8 (1983 年瑞士数学奥林匹克试题)如右图所示,在 $\triangle ABC$ 中,$AB=33$,$AC=21$,$BC=m$,m 为整数. 又在 AB 上取一点 D,在 AC 上取一点 E,使 $AD=DE=EC=n$,且 n 为整数,问 m 可取何值?

解 在 $\triangle ABC$ 和 $\triangle ADE$ 中,

$$\cos A=\frac{33^2+21^2-m^2}{2\times33\times21}=\frac{n^2+(21-n)^2-n^2}{2n(21-n)},$$

化简即得 $n(2223-m^2)=3^2\times7^2\times11$.

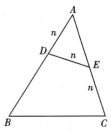

①

因 m,n 均为整数,则 n 为 $3^3 \cdot 7^2 \cdot 11$ 的因数.

又 $EC<AC,AD+DE>AE$,

故 $7<n<21$.

故 n 仅可能取 3^2 或 11.

当 $n=3^2=9$ 时,由①解得 m 非整数,舍去;

当 $n=11$ 时,由①解得 $m=30$.

故所求的 m 的值为 30.

2. 关注正整数的约数的个数问题的求解

例 9 求不大于 200 的且只有 15 个正约数的正整数.

解 因为 $15=1\times15=3\times5$,故所有的正整数 N 只有下面两种形式:

$N=p^{14}$,或 $N=p_1^2 \cdot p_2^4$.

若 $N=p^{14}$,因最小质数是 2,而 $2^{14}>200$,故这种形式不合要求.

因此,$N=p_1^2 \cdot p_2^4$.

（ⅰ）当 $p_1=2$ 时,$p_2\geqslant3$,有 $N\geqslant2^2\times3^4=324>200$,不合题意.

（ⅱ）当 $p_1=3$,则 $N=3^2\times p_2^4$.

①若 $p_2=2$,则 $N=3^2\times2^4=144<200$,所以 $N=144$,符合题意.

②若 $p_2>2$,则 $p_2\geqslant5$,因此 $N\geqslant3^2\times5^4>200$,不合题意.

（ⅲ）当 $p_1\geqslant5$ 时,$p_2\geqslant2$,有 $N\geqslant5^2\times2^4=400>200$,不合题意.

故所求的正整数为 144.

例 10 试求 1998 的所有正约数的倒数之和.

解 因为 $1998=2\times3^3\times37$,所以 1998 所有正约数的个数为 $(1+1)(3+1)(1+1)=16$,这 16 个正约数之和为 $(1+2)(1+3+3^2+3^3)(1+37)=4560$.

设这 16 个正约数分别为 $x_1,x_2,x_3,x_4,\cdots,x_{13},x_{14},x_{15},x_{16}$,可按乘积等于 1998 分为 8 组,不妨设 $x_1x_2=x_3x_4=x_5x_6=x_7x_8=x_9x_{10}=x_{11}x_{12}=x_{13}x_{14}=x_{15}x_{16}=1998$,则

$$\frac{1}{x_1}+\frac{1}{x_2}+\frac{1}{x_3}+\frac{1}{x_4}+\cdots+\frac{1}{x_{13}}+\frac{1}{x_{14}}+\frac{1}{x_{15}}+\frac{1}{x_{16}}$$

$$=\left(\frac{1}{x_1}+\frac{1}{x_2}\right)+\left(\frac{1}{x_3}+\frac{1}{x_4}\right)+\cdots+\left(\frac{1}{x_{13}}+\frac{1}{x_{14}}\right)+\left(\frac{1}{x_{15}}+\frac{1}{x_{16}}\right)$$

$$=\frac{x_1+x_2}{x_1x_2}+\frac{x_3+x_4}{x_3x_4}+\cdots+\frac{x_{13}+x_{14}}{x_{13}x_{14}}+\frac{x_{15}+x_{16}}{x_{15}x_{16}}$$

$$=\frac{x_1+x_2+x_3+x_4+\cdots+x_{13}+x_{14}+x_{15}+x_{16}}{1998}$$

$$=\frac{4560}{1998}=\frac{760}{333}.$$

○初中数学竞赛中的数论问题

例 11 若正整数 a 的正约数(除 a 本身)之和等于另外一正整数 b,b 的正约数之和(除 b 自身)等于 a,则称 a,b 互为亲和数.证明:284 与 220 是亲和数.

证明 $284=2^2\times71$,其正约数(除自身)之和为

$(1+2+2^2)(1+71)-284=220.$

$220=2^2\times5\times11$,其正约数(除自身)之和为

$(1+2+2^2)(1+5)(1+11)-220=284.$

由题设知,284 与 220 为亲和数.

例 12 求正整数 N,使它能被 5 和 49 整除,并且包括 1 和 N 在内,它共有 10 个正约数.

解 把正整数 N 写成质因数分解标准形式:

$N=2^{a_1}\cdot3^{a_2}\cdot5^{a_3}\cdot7^{a_4}\cdot\cdots\cdot P_n^{a_n}(a_k\geqslant0).$

由于 N 能被 5 和 $7^2=49$ 整除,故 $\alpha_3\geqslant1$,$\alpha_4\geqslant2$,其余的指数 α_k 为正整数或零.

由题意,有 $(\alpha_1+1)(\alpha_2+1)\cdots(\alpha_n+1)=10.$

因 $\alpha_1+1\geqslant2$,$\alpha_4+1\geqslant3$,且 $10=2\times5$,

则 $\alpha_1+1=\alpha_2+1=\alpha_5+1=\cdots=\alpha_n+1=1$,

即 $\alpha_1=\alpha_2=\alpha_5=\cdots=\alpha_n=0.$

故 N 只有两个不同的质因数 5 和 7.

因为 $\alpha_4+1\geqslant3>2$,故由 $(\alpha_3+1)(\alpha_4+1)=10$ 知 $\alpha_3+1=5$,$\alpha_4+1=2$ 是不可能的,因而 $\alpha_3+1=2$,$\alpha_4+1=5$,得

$N=5^{2-1}\cdot7^{5-1}=5\times7^4=12005.$

例 13 (《中学数学》2009(1)数学奥林匹克训练题)一个正整数 M 有 8 个正约数,小佩在计算 M 的 8 个正约数之和时,因漏加了一个约数,所得结果为 2776.求正整数 M 的所有可能值.

解 假若 M 至少有四个不同的质因数,则 M 的正约数的个数至少为 $(1+1)^4=16$,与题意矛盾.

所以,M 的不同质因数至多有三个.

如果 M 的质因数均为奇数,那么,M 的正约数均为奇数.这样,M 的七个正约数之和为奇数,这与和 2776 是偶数矛盾.

所以,M 的质因数中有一个是 2.

(1)当 M 的质因数只有一个时,这个质因数是 2,M 此时为 2^7.令漏加的一个正约数为 $2^n(n\in\mathbf{N},n\leqslant7)$.

由题意得 $1+2+2^2+\cdots+2^7-2^n=2776,$

化简得 $2^n=-2521$(舍去).

因此,$M\neq 2^7$.

故 M 不可能只有一个质因数.

(2)当 M 只有两个不同质因数时,记这两个不同质因数为 p 和 q,则 M 可设为 p^3q.漏加的一个正约数为 $p^mq^n(m,n\in\mathbf{N},0\leqslant m\leqslant 3,0\leqslant n\leqslant 1)$.

由题意得 $(1+p+p^2+p^3)(1+q)-p^mq^n=2776$.   ①

（ⅰ）若 $p=2$,则式①变为 $15q-2^m\times q^n=2761$.

经计算,只有当 $(m,n)=(2,1)$ 时,$q=251$(质数)符合题意.

此时,$M=2^3\times 251=2008$.

（ⅱ）若 $q=2$,则式①变为 $3(p+p^2+p^3)-2^n\times p^m=2773=47\times 59$.   ②

当 $m\geqslant 1$ 时,式②左边能被 p 整除,则 $p|47\times 59$.

由于 p 为 M 的质因数,故 $p=47$ 或 59.

因此,式①左边 $\geqslant p^3\geqslant 47^3>2776$.

所以,$m\geqslant 1$ 不成立.

当 $m=0$ 时,式②化为 $3p(1+p+p^2)=2773+2^n=2775$ 或 2774.

因为 $3|2775,3\nmid 2774$,所以,$3p(1+p+p^2)=2775$,

$p(1+p+p^2)=925=5^2\times 37$.   ③

因此,$p|5^2\times 37$,故 $p=5$ 或 37.

当 $p=5$ 或 37 时,式③不成立.

所以,$q\neq 2$.

(3)当 M 只有三个不同质因数时,一个为 2,另两个记为 p 和 $q(p\neq q)$.

由题意知 $M=2pq$.

设漏加的正约数为 $2^mp^nq^t(m,n,t$ 是不超过 1 的自然数).

由题意得 $(1+2)(1+p)(1+q)-2^mp^nq^t=2776$,

即 $3(1+p)(1+q)-2^mp^nq^t=2776$.   ④

因为 p,q 为奇质数,所以,$4|3(1+p)(1+q)$.

又 $4|2776$,由式④知 $4|2^mp^nq^t$.

故 $4|2^m$.   ⑤

又 $m\leqslant 1$,则 $4\nmid 2^m$.

因此,式⑤不成立.

至此,M 不可能有三个不同质因数.

综上所述,M 的值为 2008.

奥赛经典　专题研究系列

【模拟实战】

A 组

1.(1989 年合肥市竞赛题)30^4 的相异正约数的个数为_____个.

2.(第 37 届美国中学生数学竞赛题)设 $N=69^5+5 \cdot 69^4+10 \cdot 69^3+10 \cdot 69^2+5 \cdot 69+1$,则有多少个正整数是 N 的因子?

3. 互为反序的两个正整数的积是 92565,求这两个互为反序的正整数(例如,102 和 201,35 和 53,11 和 11,…称为互为反序的数.但是 120 和 21 不是互为反序的数).

4. 已知 $1176a=b^4$,a,b 为正整数,求 a 的最小值.

5. 求 600 的正约数的个数,并求 600 的所有正约数的和.

6. 将 8 个数 14,30,33,75,143,169,4445,4953 分成两组,每组 4 个数,使一组中 4 个数的乘积与另一组中 4 个数的乘积相等,应该怎样分组?

B 组

1. (第 22 届全苏数学竞赛题)在黑板上写出数 1 和 2,可以用下列方式补写上一些新数:如果在黑板上有数 a 和 b,那么可以补写上数 $ab+a+b$. 能不能用这种方法得到数 13121 和 12131?

2. (第 5 届美国数学邀请赛题)设 $[r,s]$ 表示正整数 r 和 s 最小公倍数. 求使得 $[a,b]=1000, [b,c]=2000, [c,a]=2000$ 的正整数的有序三数组 (a,b,c) 的个数.

3. (第 8 届美国数学邀请赛题)设 n 是满足下列条件的最小正整数:它们是 75 的倍数且恰有 75 个正整数因子(包括 1 和本身),求 $\dfrac{n}{75}$.

4.（第 26 届 IMO 备选题）求出最小正整数 n，使其恰有 144 个正因数，并且其中有 10 个是连续整数.

5.（第 16 届"五羊杯"竞赛题）设 p,q 是任意两个大于 100 的质数，那么 p^2-1 和 q^2-1 的最大公约数的最小值是_____.

6.（2008 年"新知杯"上海市竞赛题）对于正整数 n，规定 $n! = 1 \times 2 \times \cdots \times n$，则乘积 $1! \times 2! \times \cdots \times 9!$ 的所有约数中，是完全平方数的共有_____个.

7.（2006 年青少年数学国际城市邀请赛题）设 n 为任意奇正整数. 证明：$1596^n + 1000^n - 270^n - 320^n$ 能被 2006 整除.

8.（2007 年青少年数学国际城市邀请赛题）玛丽发现将某个三位数自乘后，所得乘积的末三位数与原三位数相同. 请问：满足上述性质的所有不同的三位数的和是多少？

9.（第 2 届"五羊杯"竞赛题）设 a,b,c 是互不相同的自然数，$ab^2c^3 = 1350$，则 $a+b+c$ 的最大值是_____.

10.（2007 年青少年数学国际城市邀请赛题）使得 n^2-n+11 有四个质因子（不必互异）的正整数 n 的最小值是_____.

第十二章　平方数的特征及应用

【基础知识】

若 a 是整数,则 a^2 叫做 a 的平方数(许多人习惯称完全平方数).

1. 平方数的因数特征:

(1) n^2 的标准分解式中,每个质因数的指数都是偶数.

(2) 若 $n^2 = a^2 b$(a,b 是整数)为平方数,则 b 为平方数.

(3) 若 $n^2 = ab$(a,b 是互质的整数)为平方数,则 a,b 都为平方数.

2. 平方数的数字特征:

(1) n^2 的个位数字为 $0,1,4,5,6,9$.

(2) n^2 的十位数字为奇数,当且仅当 n^2 的个位数字为 6.

(3) n^2 的个位数字为 5,则 n^2 的十位数字为 2.

上述特征可概括为:平方数的末两位只能是偶 $\overline{0}$、偶 $\overline{1}$、偶 $\overline{4}$、偶 $\overline{9}$、$\overline{25}$、奇 $\overline{6}$ 之一.

3. 平方数在特定模下的余数特征:

(1) $n^2 \equiv 0,1 \pmod{3,4}$.

(2) $n^2 \equiv 0,1,4 \pmod{5,8}$.

(3) $n^2 \equiv 0,1,4,7 \pmod 9$.

(4) $n^2 \equiv 0,1,4,5,6,9 \pmod{10}$.

4. 平方数序列的间距特征:

(1) $m^2 - n^2 \geqslant 3$($0 < n < m, m,n \in \mathbf{N}$);

(2) m^2 与 $(m+1)^2$ 之间不存在平方数,即:若 $m^2 < p < (m+1)^2$,则 p 不是平方数.

【典型例题与基本方法】

例1 (2009 年全国联赛题)(1) 设 n 是大于1909的正整数,则使得 $\dfrac{n-1909}{2009-n}$ 为完全平方数的 n 有(　　)个.

A. 3　　　　B. 4　　　　C. 5　　　　D. 6

(2) 设 $N = 23x + 92y$ 为完全平方数,且 N 不超过2392,则满足上述条件的一切正整数对 (x,y) 共有_____对.

初中数学竞赛中的数论问题

解 (1)选 B. 理由：设 $2009-n=a$，则 $\dfrac{n-1909}{2009-n}=\dfrac{100-a}{a}=\dfrac{100}{a}-1$ 为完全平方数，

设为 $m^2(m\in \mathbf{N}_+)$.

故 $\dfrac{100}{a}=m^2+1$.

验证易知，只有当 $m=1,2,3,7$ 时，上式才可能成立.

对应的 a 值分别为 $50,20,10,2$.

因此，使得 $\dfrac{n-1909}{2009-n}$ 为完全平方数的 n 共有 4 个：$1959,1989,1999,2007$.

(2)填 27. 理由：注意到 $23\mid 92$，从而，$23x+92y$ 含有质因数 23. 由此可构造出方程，进而利用不等式控制（N 不超过 2392）求解.

因为 $N=23(x+4y)$，而 23 为质数，所以，存在正整数 k，使 $x+4y=23k^2$.

又因为 $23(x+4y)=N\leqslant 2392$,

所以，$x+4y\leqslant 104$.

故 $23k^2=x+4y\leqslant 104$，即 $k^2\leqslant 4$.

于是，$k^2=1,4$.

当 $k^2=1$ 时，$x+4y=23$，此时，$y\leqslant 5$，可得到 5 个解；

当 $k^2=4$ 时，$x+4y=92$，此时，$y\leqslant 22$，可得到 22 个解.

综上所述，满足条件的一切正整数对 (x,y) 共有 $5+22=27$ 对.

例 2 (2008 年我爱数学夏令营竞赛题)(1)写出四个连续的正整数，使得它们中的每一个都是某个不为 1 的完全平方数的倍数，并指出它们分别是哪一个完全平方数的倍数；

(2)写出六个连续的正整数，使得它们中的每一个都是某个不为 1 的完全平方数的倍数，并指出它们分别是哪一个完全平方数的倍数，说明你的计算方法.

解 (1)$242,243,244,245$ 是四个连续的正整数，242 是 11^2 的倍数、243 是 3^2 的倍数、244 是 2^2 的倍数、245 是 7^2 的倍数.

(2)$2348124,2348125,2348126,2348127,2348128,2348129$ 是六个连续的正整数，其中，2348124 是 2^2 的倍数、2348125 是 5^2 的倍数、2348126 是 11^2 的倍数、2348127 是 3^2 的倍数、2348128 是 2^2 的倍数、2348129 是 7^2 的倍数.

计算方法如下：

记 $A=4\times 9\times 121\times 49k(k\in \mathbf{N}_+)$.

由(1)可知，$A+240$ 是 2^2 的倍数，

$A+242$ 是 11^2 的倍数，

$A+243$ 是 3^2 的倍数，

$A+244$ 是 2^2 的倍数,

$A+245$ 是 7^2 的倍数.

设 $A+241$ 是 5^2 的倍数.

则当 $k=11$ 时,上式成立.

此时,$A=2347884$.

$A+240=2348124$ 是 2^2 的倍数,

$A+241=2348125$ 是 5^2 的倍数,

$A+242=2348126$ 是 11^2 的倍数,

$A+243=2348127$ 是 3^2 的倍数,

$A+244=2348128$ 是 2^2 的倍数,

$A+245=2348129$ 是 7^2 的倍数.

例 3 (2008 年全国联赛题)设 a 为质数,b 为正整数,且 $9(2a+b)^2=509(4a+511b)$. 求 a,b 的值.

分析 由条件"a 为质数"可发现题中含有另一质数 509,而等式左边为平方数,可利用完全平方数的因数特征求解.

解 因为 $9(2a+b)^2=3^2(2a+b)^2$ 为完全平方数,所以,$509(4a+511b)$ 为完全平方数. 而 509 为质数,可令

$$4a+511b=509\times3^2k^2. \qquad ①$$

于是,原等式变为 $9(2a+b)^2=509^2\times3^2k^2$,

即 $2a+b=509k$,

从而,$b=509k-2a$.

代入式①得 $4a+511(509k-2a)=509\times3^2k^2$,

解得 $a=\dfrac{k(511-9k)}{2}$.

因为 a 为质数,即 $\dfrac{k(511-9k)}{2}$ 为质数,所以,有以下几种情况:

(1)当 $k=1$ 时,$a=\dfrac{k(511-9k)}{2}=\dfrac{511-9}{2}=251$ 为质数,符合条件,此时,

$b=509k-2a=509-502=7$.

(2)当 $k=2$ 时,$a=\dfrac{k(511-9k)}{2}=511-18=493=17\times29$ 不为质数,舍去.

(3)当 $k>2$ 时,且 k 为奇数时,因为 $a=\dfrac{k(511-9k)}{2}=k\cdot\dfrac{511-9k}{2}$ 为质数,而 $k>$

1,所以,$\dfrac{511-9k}{2}=1$. 但 $\dfrac{511-9k}{2}=1$ 无整数解,舍去.

(4)当 $k>2$，且 k 为偶数时，因为 $a=\dfrac{k(511-9k)}{2}=\dfrac{k}{2}(511-9k)$ 为质数，而 $\dfrac{k}{2}>1$，所以，$511-9k=1$. 但 $511-9k=1$ 无整数解，舍去.

综上所述，$a=251,b=7$.

例 4 (1981 年北京市竞赛题)如果正整数 $N(N>1)$ 的正约数的个数是奇数，求证：N 是完全平方数.

证明 将 N 分解质因数，设 N 的标准分解式为 $N=p_1^{\alpha_1}\cdot p_2^{\alpha_2}\cdot\cdots\cdot p_n^{\alpha_n}$，

其所有正约数的个数为 $(\alpha_1+1)(\alpha_2+1)\cdots(\alpha_n+1)$.

由题意，$(\alpha_1+1)(\alpha_2+1)\cdots(\alpha_n+1)$ 是奇数，

则 $\alpha_1+1,\alpha_2+1,\cdots,\alpha_n+1$ 都是奇数，$\alpha_1,\alpha_2,\cdots,\alpha_n$ 都是偶数.

令 $\alpha_i=2\beta_i(\beta_i$ 均为整数$)(i=1,2,\cdots,n)$，

从而 $N=p_1^{2\beta_1}\cdot p_2^{2\beta_2}\cdot\cdots\cdot p_n^{2\beta_n}=(p_1^{\beta_1}\cdot p_2^{\beta_2}\cdot\cdots\cdot p_n^{\beta_n})^2$，

故 N 是完全平方数.

例 5 (1990 年美国中学生数学竞赛题)在小于 50 的正整数中，含有奇数个正整数因子的个数有多少个?

解 由例 4，含有奇数个因数的正整数必是完全平方数，50 以内的完全平方数有 1,4,9,16,25,36,49 共 7 个.

例 6 证明 $\underbrace{11\cdots1}_{1999个1}$ 不可能有 365 个不同的正约数.

证明 假设 $A=\underbrace{11\cdots1}_{1991个1}$ 有 365 个不同的正约数，由例 4 知，A 是一个完全平方数.

又 $\underbrace{11\cdots1}_{1999个1}=4P+3$ 不是一个完全平方数，矛盾.

所以 A 不可能有 365 个不同的正约数.

【解题思维策略分析】

1. 关注平方数的各种特征求解问题

例 7 (2006 年青少年数学国际城市邀请赛题)把 $1,2,\cdots,30$ 这 30 个数分成 k 个组(每个数只能在一个组中出现)，使得每一个组中任意两个不同的数的和都不是完全平方数. 求 k 的最小值.

解 先考虑数 6,19,30.

因为 $6+19=5^2,6+30=6^2,19+30=7^2$，

所以，这 3 个数必须属于 3 个不同组.

于是，$k\geqslant3$.

再把 $1,2,\cdots,30$ 这 30 个数分成如下 3 组：

$A_1 = \{3,7,11,15,19,23,27,4,8,16,24\}$,

$A_2 = \{1,5,9,13,17,21,25,29,6,14,18,26\}$,

$A_3 = \{2,10,12,20,22,28,30\}$,

使得它们满足题设条件.

由于完全平方数除以 4 的余数只能是 0 或 1,所以,容易验证 A_1,A_2,A_3 满足题设条件.

例 8 (2006 年青少年数学国际城市邀请赛题)求所有四位数 m,满足 $m < 2006$,且存在正整数 n,使得 $m-n$ 为质数,mn 是一个完全平方数.

解 由题设条件知 $m-n=p$(p 是质数),则 $m=n+p$.

设 $mn=n(n+p)=x^2$,其中,x 是正整数,

那么,$4n^2+4pn=4x^2$,即 $(2n+p)^2-p^2=(2x)^2$,

于是,$(2n-2x+p)(2n+2x+p)=p^2$.

注意到 p 为质数,所以,$\begin{cases} 2n-2x+p=1, \\ 2n+2x+p=p^2. \end{cases}$

把两式相加得 $n=\left(\dfrac{p-1}{2}\right)^2$.

进而,$m=\left(\dfrac{p+1}{2}\right)^2$.

结合 $1000 \leqslant m < 2006$,可得 $64 \leqslant p+1 \leqslant 89$.

于是,质数 p 只能是 67,71,73,79,83.

从而,满足条件的 m 为 1156,1296,1369,1600,1764.

例 9 (2007 年青少年数学国际城市邀请赛题)把 $1 \sim n(n>1)$ 这 n 个正整数排成一行,使得任何相邻两数之和为完全平方数.问:n 的最小值是多少?

解 最小的正整数 n 是 15.

因为 $n>1$,所以,包含 2.而与 2 之和为完全平方数的最小正整数为 7,用 $2+7=9$ 表示(下同),因此,$n \geqslant 7$.

若 $n=7$ 时,可得三个不相邻的数段 $(1,3,6),(2,7),(4,5)$.

增加 8 只能使第一段变为 $(8,1,3,6)$,增加 9 使第二段变为 $(2,7,9)$.故 $n \geqslant 10$.

因为 $8+1=9,9+7=16,10+6=16$,所以,8,9,10 都必须在数组的结尾.

又 $8+17=25,9+16=25,10+15=25$,故 $n \geqslant 15$.

当 $n=15$ 时,可以把这 15 个数排列成 8,1,15,10,6,3,13,12,4,5,11,14,2,7,9.

所以,最小的正整数 n 是 15.

2. 善于将问题转化为运用平方数的特征处理

例 10 (2007 年天津市竞赛题)设 n 是正整数,且 n^2+1085 是 3 的正整数次幂,则

n 的值为_____.

解 填 74. 理由：一般地，n^2（n 是正整数）的个位数字只能是 $0,1,4,5,6,9$，则 n^2+1085 的个位数字只能是 $5,6,9,0,1,4$.

而 3^m（m 为正整数）的个位数字只能是 $1,3,7,9$.

由已知，设 $n^2+1085=3^m$（n,m 均为正整数），可得 3^m 的个位数字只能是 1 或 9，m 是偶数.

设 $m=2k$（k 为正整数），则有 $n^2+1085=3^{2k}$，

变形得 $(3^k-n)(3^k+n)=1\times 5\times 7\times 31$，

可得 $\begin{cases} 3^k-n=1, \\ 3^k+n=1085; \end{cases} \begin{cases} 3^k-n=5, \\ 3^k+n=217; \end{cases} \begin{cases} 3^k-n=7, \\ 3^k+n=155; \end{cases} \begin{cases} 3^k-n=31, \\ 3^k+n=35. \end{cases}$

但是，只有方程组 $\begin{cases} 3^k-n=7, \\ 3^k+n=155 \end{cases}$ 有满足条件的解为 $\begin{cases} k=4, \\ n=74. \end{cases}$

例 11 （首届青少年"数学周报杯"竞赛题）若一个整数能够表示成 $x^2+2xy+2y^2$（x,y 是整数）的形式，则称该数为"好数".

(1)判断 29 是否为好数；

(2)写出 $80,81,\cdots,100$ 中的好数；

(3)如果 m,n 都是好数，证明：mn 也是好数.

解 (1)因 $x^2+2xy+2y^2=(x+y)^2+y^2$，所以，一个好数可表示成两个完全平方数的和. 由 $29=5^2+2^2$，知 29 是好数.

(2)100 以内的完全平方数如下：$0,1,4,9,16,25,36,49,64,81,100$.

所求范围内的好数可由它们的和求出（共九个）：$80,81,82,85,89,90,97,98,100$.

(3)设 $m=a^2+b^2,n=c^2+d^2$，a,b,c,d 都是整数，则

$$mn=(a^2+b^2)(c^2+d^2)$$
$$=a^2c^2+a^2d^2+b^2c^2+b^2d^2$$
$$=(ac+bd)^2+(ad-bc)^2.$$

可见，mn 是两个完全平方数的和.

故 mn 为好数.

例 12 （2007 年山东省竞赛题）某校一间宿舍里有若干名学生，其中一人担任舍长. 元旦时，该宿舍里的每名学生互赠一张贺卡，并且每人又赠给宿舍楼的每位管理员一张贺卡，每位宿舍管理员也回赠舍长一张贺卡，这样共用去了 51 张贺卡. 问这间宿舍里住有多少名学生？

解 设这间宿舍里有 x 名学生，宿舍楼有 y 名管理员（$x,y\in \mathbf{N}_+$）.

根据题意有 $x(x-1)+xy+y=51$，

化简得 $x^2+(y-1)x+y-51=0$.

故 $\Delta=(y-1)^2-4(y-51)=y^2-6y+205=(y-3)^2+196$.

因为 $x\in\mathbf{N}_+$,所以,Δ 必为完全平方数.

设 $(y-3)^2+196=k^2(k\in\mathbf{N})$,则

$(y-3+k)(y-3-k)=-196$,

其中,$y-3+k$ 和 $y-3-k$ 具有相同的奇偶性,且 $y-3+k\geqslant y-3-k$.

所以,$\begin{cases}y-3+k=2,\\ y-3-k=-98,\end{cases}$ ①

或 $\begin{cases}y-3+k=98,\\ y-3-k=-2,\end{cases}$ ②

或 $\begin{cases}y-3+k=14,\\ y-3-k=-14.\end{cases}$ ③

由方程组①得 $y=-45$,不合题意,舍去;

由方程组②得 $y=51$,此时,原方程为 $x^2+50x=0$,解得 $x_1=-50$,$x_2=0$ 均不合题意,舍去;

由方程组③得 $y=3$,此时,原方程为 $x^2+2x-48=0$,解得 $x_1=-8$(不合题意,舍去),$x_2=6$.

故这间宿舍里住有 6 名学生.

例 13 (《中学数学》2007(11)数学奥林匹克训练题)已知三个自然数 a,b,c 中至少 a 为质数,且满足 $\begin{cases}(4a+2b-4c)^2=443(2a-442b+884c), & ①\\ \sqrt{4a+2b-4c+886}-\sqrt{442b-2a+2c-443}=\sqrt{443}. & ②\end{cases}$

试求 abc 的值.

解 设 $x=\dfrac{4a+2b-4c}{443}$,$y=\dfrac{2a-442b+884c}{443}$,则

$4a+2b-4c=443x$, ③

$2a-442b+884c=443y$. ④

故 $x^2=y$. ⑤

由式①知 $(4a+2b-4c)^2$ 能被 443 整除.

又 443 为质数,于是,$443\mid(4a+2b-4c)$.故 x 为整数.

由式⑤知 y 为整数.

③×221+④得 $4\times 221a+2a=443\times 221x+443y$,

即 $2a=221x+y$. ⑥

⑤-⑥得 $x^2+221x-2a=0$.

则 $\Delta = 221^2 - 4 \times 1 \times (-2a) = 221^2 + 8a$.

由于 x 为整数,则 Δ 为完全平方数.

不妨设 $\Delta = t^2 (t \in \mathbf{N})$,则

$t^2 = 221^2 + 8a$,即 $(t+221)(t-221) = 8a$.

又 $t+221, t-221$ 奇偶性相同,$t+221 > 221$,则

$$\begin{cases} t+221 = 4a, \\ t-221 = 2, \end{cases} \text{或} \begin{cases} t+221 = 2a, \\ t-221 = 4. \end{cases}$$

解得 $\begin{cases} t = 223, \\ a = 111, \end{cases}$(舍去)或 $\begin{cases} t = 225, \\ a = 223. \end{cases}$

因此,$x^2 + 221x - 2 \times 223 = 0$.

故 $x = 2$ 或 $x = -223$.

由式①知 x 为偶数,则 $x = 2$.

由式③知 $b = 2c - 3$.

把 $a = 223, b = 2c - 3$ 代入式②计算得

$c = 3, b = 3$.

因此,$abc = 223 \times 3 \times 3 = 2007$.

3. 关注 k 次方数中末三位数

例 14 (《中等数学》2009(7)数学奥林匹克训练题)如果一个自然数的 k 次方末三位数都是 a^k(a, k 为大于 1 的自然数),则称其为"新兴数".问:在 $1, 2, \cdots, 2009$ 中有几个新兴数? 并证明你的结论.

解 首先 $a^k < 10$,结合 a, k 为大于 1 的正整数,于是,a^k 只可为 $3^2, 2^2, 2^3$.

因为完全平方数末两位为偶 4、奇 6 或偶奇形式,所以,$k = 2$ 时,末三位数只能是 444;$k = 3$ 时,末三位数只能是 888.

(1)若末三位数为 888,令 $n^3 = 1000a + 888$.

易知 n 为偶数,则令 $n = 2m$,得

$m^3 = 125a + 111 = 5(25a + 22) + 1$.

因此,m^3 除以 5 余 1.

又当 m 除以 5 分别余 $0, 1, 2, 3, 4$ 时,m^3 除以 5 分别余 $0, 1, 3, 2, 4$.

所以,m 除以 5 余 1.令 $m = 5k + 1$,则

$m^3 = 125k^3 + 75k^2 + 15k + 1 = 125a + 111$,

整理得 $3(5k^2 + k + 1) = 25(a + 1 - k^3)$.

因 $(3, 25) = 1$,所以,$5k^2 + k + 1$ 为 25 的倍数,即 $k + 1$ 为 5 的倍数.

令 $k + 1 = 5l$,则

$5k^2+k+1=5(5l-1)^2+5l=125l^2-50l+5(l+1)$.

故 $l+1$ 为 5 的倍数,令 $l+1=5r(r\in \mathbf{N}_+)$.

所以,$n=2m=10k+2=10(5l-1)+2=50l-8=50(5r-1)-8=250r-58$.

又 $0<n\leqslant 2009$,则 r 取 $1\sim 8$ 时,共 8 个新兴数.

(2)若末三位数为 444,则此数末位为 2 或 8.

因任一正整数均可表示为 $50k+m$ 形(k、m 为自然数,$m<50$),

且 $(50k+m)^2=2500k^2+100km+m^2$,

所以,其平方末两位数与 m^2 末两位相同.

于是,m 仅可取 $2,12,22,32,42,8,18,28,38,48$.

依次检验知,当 $m=12$ 或 38 时,平方末两位数为 44.

因此,一切这样数为 $50k+12$ 或 $50k+38$ 形(k 为自然数).

又任一正整数可表示为 $500k+m$ 形(k、m 为自然数,$m<500$),

且 $(500k+m)^2=250000k^2+1000km+m^2$,

所以,其末三位数与 m^2 末三位数相同.

若为 444,则 m 为 $500k+12$ 或 $500k+38$ 形.

若 $m=50k+t(t=12$ 或 $38,0\leqslant k\leqslant 9)$,

则 $500-m=50(9-k)+(50-t)$ 也为上述形式的数.

而 $(500k+m)^2=[500(k+1)+(m-500)]^2$,

从而,m 与 $500-m$ 末三位数相同.

于是,只需检验 $m=12,62,112,162,212,38,88,138,188,238$ 中哪些数平方后末三位数为 444(否则,若数大于 250,则 500 减去它后末三位数与上述数中某一个一致).

易知仅 $m=38$ 时,末三位数为 $444(38^2=1444)$.

因此,m 为 38 或 $500-38=462$ 时成立.

此时,一切新兴数为 $500k+38$ 或 $500k+462$(k 为自然数).

又 $1\leqslant 500k+38\leqslant 2009$,有 $0\leqslant k\leqslant 3$,

$1\leqslant 500k+462\leqslant 2009$,也有 $0\leqslant k\leqslant 3$,

所以,k 取 $0\sim 3$ 时,得 $1\sim 2009$ 中 8 个新兴数.

综上,共有 $8+8=16$ 个新兴数.

例 15 (第 20 届"五羊杯"竞赛题)一个六位数,它是一个完全平方数,且末三位数字都是 4,这样的六位数有( )个.

A. 2　　　　　B. 3　　　　　C. 4　　　　　D. 5

解 选 B. 理由:由于末三位都是 4 且是完全平方数的最小为 $38^2=1444$,所以这

样的六位数与 1444 的差的末三位都为 0. 设 k^2 为满足条件的六位数,那么 $k^2-38^2=1000m$(m 为自然数),即 $(k-38)(k+38)=1000m$,则 $1000=125\times8$ 能整除 $(k-38)\cdot(k+38)$. 由于 $(k-38)$ 与 $(k+38)$ 不能同时被 5 整除,所以其中一个能被 125 整除;由于 $(k-38)$ 与 $(k+38)$ 除以 4 余数相同,如果它们都不能被 4 整除,那么最多只是 2 的倍数,这时它们的积不是 8 的倍数,不合题意,所以 $(k-38)$、$(k+38)$ 都是 4 的倍数,这样其中之一是 $125\times4=500$ 的倍数,也就是说形如 $(500n\pm38)^2$(n 为自然数)的数满足题意. 这样的数有 462^2,538^2,962^2,1038^2,…… 其中是六位数的有 $462^2=213444$,$538^2=289444$,$962^2=925444$,共 3 个.

【模拟实战】

A 组

1. 使 m^4-m^2+4 为完全平方数的自然数 m 有（　　）个.

A. 2 　　　　　 B. 3 　　　　　 C. 4 　　　　　 D. 无数

2. 使 m^2+m+7 是完全平方数的所有整数 m 的积是（　　）.

A. 84 　　　　　 B. 86 　　　　　 C. 88 　　　　　 D. 90

3. 将 2008 表示为 $k(k\in\mathbf{N}_+)$ 个互异的平方数之和,则 k 的最小值是（　　）.

A. 2 　　　　　 B. 3 　　　　　 C. 4 　　　　　 D. 5

4. 某人将 2008 看成了一个填数游戏式:$2\square\square8$. 于是,他在每个框中各填写了一个两位数 $\overline{ab}$ 与 $\overline{cd}$,结果发现,所得到的六位数 $\overline{2abcd8}$ 恰是一个完全立方数. 则 $\overline{ab}+\overline{cd}=$（　　）.

A. 40 　　　　　 B. 50 　　　　　 C. 60 　　　　　 D. 70

5. (首届青少年"数学周报杯"竞赛题)已知 p 为质数,且方程 $x^2+px-444p=0$ 的两个根都是整数,则 $p=$_____.

6. (2007 年四川省竞赛题)使 m^2+m+7 为完全平方数的正整数 m 的个数为_____.

7. (2007 年全国联赛题)若 $100a+64$ 和 $201a+64$ 均为四位数,且均为完全平方数,则整数 a 的值为_____.

8. (2007 年青少年数学国际城市邀请赛题)已知 M 是一个四位的完全平方数. 若将 M 的千位数减少 3 而个位数增加 3 可以得到另一个四位的完全平方数,则 M 的值是_____.

9. (2007 年"新知杯"上海市竞赛题)使得 $\dfrac{p(p+1)+2}{2}$ 是完全平方数的所有质数 p

为_____.

10. 一个正整数 M 分别加上 36,300 和 596 后是三个不同正整数的平方,且这三个不同正整数中的最小数与最大数的和是中间数的两倍. 则这个正整数 $M=$ _____.

11. 设 a,b,c 都是奇数,证明方程 $ax^2+bx+c=0$ 没有有理根.

12. (第 19 届"五羊杯"竞赛题)已知 n 为正整数,$n=72A=2700B=1125C$,A,B,C 也是正整数,且 A 是完全 5 次方数,B 是完全立方数,C 是完全平方数,那么 n 的最小值是_____(用幂积形式表示).

B 组

1. (第 6 届全俄数学竞赛题)求所有这样的自然数 n,使得 $2^8+2^{11}+2^n$ 是完全平方数.

2. (第 3 届"祖冲之杯"邀请赛题)试求出所有这样的正整数 a,使二次方程 $ax^2+2(2a-1)x+4(a-3)=0$ 至少有一个整根.

3. 若 $24a^2+1=b^2$,求证:a,b 中有且仅有一个为 5 的倍数.

4. 求出所有不超过 10^3 的这样正整数,它的平方的末两位数字相同,但不是零.

5. 已知 m,n 均为正整数,且 $m>n$,$2006m^2+m=2007n^2+n$. 问 $m-n$ 是否为完全平方数? 并证明你的结论.

6. (第 1 届"希望杯"竞赛题)已知 $x = \underbrace{100\cdots0}_{n\text{个}0}1\underbrace{00\cdots0}_{n+1\text{个}0}50$,则(   ).

A. x 是完全平方数   B. $(x-50)$ 是完全平方数

C. $(x-25)$ 是完全平方数   D. $(x+50)$ 是完全平方数

7. (1990 年绍兴市竞赛题)已知 m,n 都是自然数,且 $m \neq n$.

(1)求证:自然数 m^4+4n^4 一定可以表示为 4 个自然数的平方和;

(2)把 689 表示成 4 个不同的自然数的平方和.

8. 是否存在两个自然数 a,b,使得 a^2+2b^2 和 b^2+2a 同时为完全平方数.

9. 设正整数 d 不等于 $2,5,13$,证明在集合 $\{2,5,13,d\}$ 中可以找到两个不同的元素 a 和 b,使得 $ab-1$ 不是完全平方数.

10. 设 a,b,c 为正整数,且满足 $a^2+b^2+c^2-ab-bc-ca=19$,求 $a+b+c$ 的最小值.

11.(《中等数学》2008(11)数学奥林匹克训练题)已知 $x_1^3+x_2^3+\cdots+x_8^3-x_9^3$ 的个位数字是 1,其中,$x_1,x_2,\cdots,x_9$ 是 2001,2002,$\cdots$,2009 中的九个不同的数,且 $8x_9>x_1+x_2+\cdots+x_8$. 求 x_9 的值.

12.(《中等数学》2007(1)数学奥林匹克训练题)设四位数 $\overline{abcd}$ 为完全平方数,它的算术平方根可表示为 $\sqrt{\overline{abcd}}=\overline{ab}+\sqrt{\overline{cd}}$. 问这样的四位数有多少个?

13.(2006 年"我爱数学"夏令营竞赛题)给定一列正整数 $a_1,a_2,\cdots,a_n,\cdots$,其中,$a_1=2^{2006}$,并且对于每一个正整数 i,a_{i+1} 等于 a_i 的各位数字之和的平方. 求 a_{2006} 的值.

14. 证明数列 49,4489,444889,44448889,$\cdots$的每一项都是一个完全平方数.

○初中数学竞赛中的数论问题

专题研究系列

奥赛经典

第十三章 一元二次方程的整数解问题

【基础知识】

对于一元二次方程 $ax^2+bx+c=0(a\neq0)$，求其整数根的问题，一般是在系数 a，b，c 均为整数，且其判别式 $\Delta=b^2-4ac$ 为平方数的条件下讨论的.

【典型例题与基本方法】

例1 （2004年全国竞赛天津赛区初赛题）若 $1\leqslant p\leqslant20,1\leqslant q\leqslant10$，且方程 $4x^2-px+q=0$ 的两根均为奇数，则此方程的根为_____.

解 填 $x_1=x_2=1$. 理由：设 x_1，x_2 是方程的两个根，则

$$x_1+x_2=\frac{p}{4}, x_1x_2=\frac{q}{4}.$$

因为 x_1，x_2 均为奇数，故 x_1+x_2 为偶数，$x_1\cdot x_2$ 为奇数.

又 $1\leqslant p\leqslant20,1\leqslant q\leqslant10$，

则 $\frac{1}{4}\leqslant\frac{p}{4}\leqslant5,\frac{1}{4}\leqslant\frac{q}{4}\leqslant\frac{5}{2}$.

故 $\frac{q}{4}=1,q=4$.

由 $\Delta=p^2-16q\geqslant0$，解得 $p\geqslant8$.

从而，$\frac{p}{4}\geqslant2$.

所以，$\frac{p}{4}=2$ 或 4，即 $p=8$ 或 $p=16$.

当 $p=8$ 时，$x_1=x_2=1$，符合题意；

当 $p=16$ 时，x_1 与 x_2 均为无理数，不合题意，舍去.

故原方程的根为 $x_1=x_2=1$.

例2 （2007年"数学周报杯"竞赛题）已知 a，b 都是正整数. 试问：关于 x 的方程 $x^2-abx+\frac{1}{2}(a+b)=0$ 是否有两个整数解？如果有，请把它们求出来；如果没有，请给出证明.

解 不妨设 $a \leqslant b$,且方程的两个整数根为 $x_1, x_2 (x_1 \leqslant x_2)$,则有

$$x_1 + x_2 = ab, x_1 x_2 = \frac{1}{2}(a+b).$$

所以,$x_1 x_2 - x_1 - x_2 = \frac{1}{2}a + \frac{1}{2}b - ab.$

故 $4(x_1 - 1)(x_2 - 1) + (2a-1)(2b-1) = 5.$

因为 a, b 都是正整数,所以,x_1, x_2 均是正整数.

于是,$x_1 - 1 \geqslant 0, x_2 - 1 \geqslant 0, 2a - 1 \geqslant 1, 2b - 1 \geqslant 1.$

故 $\begin{cases} (x_1 - 1)(x_2 - 1) = 0, \\ (2a-1)(2b-1) = 5, \end{cases}$ ①

或 $\begin{cases} (x_1 - 1)(x_2 - 1) = 1, \\ (2a-1)(2b-1) = 1. \end{cases}$ ②

(1)对于方程组①,由于 a, b 都是正整数,且 $a \leqslant b$,可得 $a = 1, b = 3$. 此时,一元二次方程为 $x^2 - 3x + 2 = 0$,它的两个根为 $x_1 = 1, x_2 = 2$.

(2)对于方程组②,可得 $a = 1, b = 1$. 此时,一元二次方程为 $x^2 - x + 1 = 0$,它无整数解.

综上所述,当且仅当 $a = 1, b = 3$ 时,题设方程有整数解,且它的两个整数解为 $x_1 = 1, x_2 = 2$.

例 3 (2007 年江西省竞赛题)试求所有的整数 a,使得关于 x 的一元二次方程

$$x^2 - x\sqrt{5a^2 - 26a - 8} - (a^2 - 4a + 9) = 0 \qquad ①$$

的两根皆为整数.

解 设方程的两根为 x_1, x_2,于是,$\sqrt{5a^2 - 26a - 8} = x_1 + x_2 = $ 整数,

即方程①为整系数一元二次方程,其根为整数,则其判别式 $\triangle$ 必为完全平方数.

设 $(5a^2 - 26a - 8) + 4(a^2 - 4a + 9) = b^2, b \in \mathbf{N},$

即 $(3a - 7)^2 - b^2 = 21,$

故 $(3a - 7 - b)(3a - 7 + b) = 21.$

又 $21 = 3 \times 7 = 1 \times 21 = (-7) \times (-3) = (-21) \times (-1),$

则 $\begin{cases} 3a - 7 - b = 3 \\ 3a - 7 + b = 7 \end{cases}$ 或 $\begin{cases} 3a - 7 - b = 1, \\ 3a - 7 + b = 21 \end{cases}$ 或 $\begin{cases} 3a - 7 - b = -7, \\ 3a - 7 + b = -3 \end{cases}$ 或 $\begin{cases} 3a - 7 - b = -21, \\ 3a - 7 + b = -1. \end{cases}$

分别解得 $a = 4, 6, \frac{2}{3}, -\frac{4}{3}.$

因 a 为整数,且当 $a = 4$ 时,$\sqrt{5a^2 - 26a - 8}$ 无意义,所以,只有 $a = 6$,此时,方程①变为 $x^2 - 4x - 21 = 0$,它有两个整数根 7 和 -3.

因此,所求的整数为 $a=6$.

例4 (2000年湖北省选拔赛题)已知关于 x 的方程 $4x^2-8nx-3n=2$ 和 $x^2-(n+3)x-2n^2+2=0$.问是否存在这样的 n 的值,使第一个方程的两个实数根的差的平方等于第二个方程的一整数根? 若存在,求出这样的 n 值;若不存在,请说明理由.

解 由 $\Delta_1=(-8n)^2-4\times4(-3n-2)=(8n+3)^2+23>0$,知 n 为任意实数时,方程(1)都有实数根.

设第一个方程的两根为 α,β,则由韦达定理,得

$$\alpha+\beta=2n,\alpha\beta=\frac{-3n-2}{4}.$$

于是,$(\alpha-\beta)^2=(\alpha+\beta)^2-4\alpha\beta=4n^2+3n+2$.

由第二个方程得 $[x-(2n+2)][x+(n-1)]=0$,

解得两根为 $x_1=2n+2,x_2=-n+1$.

若 x_1 为整数,则 $4n^2+3n+2=2n+2$,

于是 $n_1=0,n_2=-\dfrac{1}{4}$.

当 $n=0$ 时,$x_1=2$ 是整数;

当 $n=-\dfrac{1}{4}$ 时,$x=\dfrac{3}{2}$ 不是整数,舍去.

若 x_2 为整数,则 $4n^2+3n+2=1-n$,

有 $n_3=n_4=-\dfrac{1}{2}$. 此时 $x_2=\dfrac{3}{2}$ 不是整数,舍去.

综合上述知,当 $n=0$ 时,第一个方程的两个实数根的差的平方等于第二个方程的一个整数根.

【解题思维策略分析】

1. 关注根与系数的关系

例5 (2009年天津市竞赛题)已知 m,n 为正整数,关于 x 的方程 $x^2-mnx+(m+n)=0$ 有正整数解.求 m,n 的值.

解 设方程 $x^2-mnx+(m+n)=0$ 的两个根为 α,β,则

$$\begin{cases} \alpha+\beta=mn, \\ \alpha\beta=m+n. \end{cases}$$

由 m,n,α,β 均为正整数,不妨设 $\alpha\geqslant\beta\geqslant1,m\geqslant n\geqslant1$.

于是,$\alpha+\beta-\alpha\beta=mn-(m+n)$,

即 $(\alpha-1)(\beta-1)+(m-1)(n-1)=2$.

○初中数学竞赛中的数论问题

则 $\begin{cases} (\alpha-1)(\beta-1)=2, \\ (m-1)(n-1)=0, \end{cases}$ 或 $\begin{cases} (\alpha-1)(\beta-1)=1, \\ (m-1)(n-1)=1 \end{cases}$ 或 $\begin{cases} (\alpha-1)(\beta-1)=0, \\ (m-1)(n-1)=2, \end{cases}$

解得 $\begin{cases} \alpha=3, \\ \beta=2, \\ m=5, \\ n=1 \end{cases}$ 或 $\begin{cases} \alpha=2, \\ \beta=2, \\ m=2, \\ n=2 \end{cases}$ 或 $\begin{cases} \alpha=5, \\ \beta=1, \\ m=3, \\ n=2. \end{cases}$

所以 $(m,n)=(5,1),(2,2),(3,2)$.

2. 将方程式变形为因式分解的形式

例 6 (1994 年黑龙江哈尔滨市竞赛题) a 和 b 都是大于 1 的整数,a,b 为何值时,方程 $abx^2-(4a^2+a+2b^2+b)x+(4a+1)(2b+1)=0$ 有两个整数根.

解 $[ax-(2b+1)][bx-(4a+1)]=0$,所以方程的两根是 $\dfrac{2b+1}{a},\dfrac{4a+1}{b}$.

(ⅰ) 若 $\dfrac{2b+1}{a}=1$,则 $4a+1=8b+5$.

所以 $8b+5$ 被 b 整除,得 b 整除 5.

故 $\begin{cases} a=11, \\ b=5. \end{cases}$

(ⅱ) 若 $\dfrac{2b+1}{a}>1$,因 $2b+1$ 是奇数,

所以 $\dfrac{2b+1}{a}$ 是奇数,$\dfrac{2b+1}{a} \geqslant 3$,

即 $3a \leqslant 2b+1 < 3b$,则 $a < b$.

可知 $\dfrac{4a+1}{b} < \dfrac{4a+a}{b} = \dfrac{5a}{b} < 5$.

又因为 $4a+1$ 是奇数,所以 $\dfrac{4a+1}{b}$ 是奇数.

下面分两种情况讨论:

① 如果 $\dfrac{4a+1}{b}=1$,则 $2b+1=8a+3$.

所以 a 整除 $8a+3$,可得 a 整除 3.

所以 $a=3,b=13$.

② 如果 $\dfrac{4a+1}{b}=3$,则 $2b+1=2a+\dfrac{2a+5}{3}$.

因为 a 整除 $2b+1$,所以 $3a$ 整除 $2a+5$.

当 $a=3$ 时,$3a$ 不能整除 $2a+5$;

当 $a=5$ 时,$3a$ 整除 $2a+5$;

当 $a \geqslant 7$ 时,$3a > 2a+5$,则 $3a$ 不能整除 $2a+5$.

综上,当 $\begin{cases} a=11, \\ b=5; \end{cases} \begin{cases} a=3, \\ b=13; \end{cases} \begin{cases} a=5, \\ b=7 \end{cases}$ 时,方程有两个整数根.

例7 (1998 年上海市竞赛题)设 a 为整数,若存在整数 b 和 c 使 $(x+a)(x-15)-25=(x+b)(x+c)$,求整数 a 的值.

解 依题意知方程 $(x+a)(x-15)=25$ 有两整数根 $-b,-c$.

而 $25=(\pm 5) \times (\pm 5)=(\pm 1) \times (\pm 25)$,

则有 $\begin{cases} x+a=15, \\ x-15=5, \end{cases} \begin{cases} x+a=-5, \\ x-15=-5, \end{cases} \begin{cases} x+a=25, \\ x-15=1, \end{cases}$

$\begin{cases} x+a=-25, \\ x-15=-1, \end{cases} \begin{cases} x+a=1, \\ x-15=25, \end{cases} \begin{cases} x+a=-1, \\ x-15=-25. \end{cases}$

解得 $\begin{cases} a=-15, \\ x=20, \end{cases} \begin{cases} a=-15, \\ x=10, \end{cases} \begin{cases} a=9, \\ x=16, \end{cases} \begin{cases} a=9, \\ x=-10, \end{cases} \begin{cases} a=-39, \\ x=14, \end{cases} \begin{cases} a=-39, \\ x=40. \end{cases}$

由此可以看出每一个 a 对应两个整数,因此所求的整数 a 的值为 $9,-15,-39$.

3. 关注判别式的值为平方数

例8 (1998 年全国竞赛题)已知方程 $a^2x^2-(3a^2-8a)x+2a^2-13a+15=0$(其中 a 为非负整数)至少有一个整数根.那么,$a=$ _____.

解 填 1,3 或 5.理由:显然 $a \neq 0$,故原方程为关于 x 的二次方程.

所以,$\Delta=[-(3a^2-8a)]^2-4a^2(2a^2-13a+15)=[a(a+2)]^2$ 是完全平方式.

故 $x=\dfrac{(3a^2-8a) \pm a(a+2)}{2a^2}$,

即 $x_1=\dfrac{2a-3}{a}=2-\dfrac{3}{a}$,$x_2=\dfrac{a-5}{a}=1-\dfrac{5}{a}$.

从而,由倍数约数分析法知 $a=1,3$ 或 5.

例9 (1993 年天津市竞赛题)设 $m \in \mathbf{Z}$,且 $4 < m < 40$,方程 $x^2-2(2m-3)x+4m^2-14m+8=0$ 有两个整数根.求 m 的值及方程的根.

解 因方程有整数根,则 $\Delta=[-2(2m-3)]^2-4(4m^2-14m+8)=4(2m+1)$ 为完全平方数.

从而,$2m+1$ 为完全平方数.

又因 $m \in \mathbf{Z}$ 且 $4 < m < 40$,

故当 $m=12$ 或 24 时,$2m+1$ 才为完全平方数.

因为 $x=(2m-3) \pm \sqrt{2m+1}$,

所以,当 $m=12$ 时,$x_1=16,x_2=26$;

当 $m=24$ 时,$x_3=38,x_4=52$.

○初中数学竞赛中的数论问题

例 10 (2003 年重庆市竞赛题)已知 m,n 为整数,且满足 $2m^2+n^2+3m+n-1=0$,求 m,n 的值.

解 以 m 为主元,得关于 m 的一元二次方程 $2m^2+3m+n^2+n-1=0$.

因为 m 有整数解,所以 $\Delta=9-8(n^2+n-1)=-8n^2-8n+17\geqslant0$,

解得 $\dfrac{-2-\sqrt{38}}{4}\leqslant n\leqslant\dfrac{-2+\sqrt{38}}{4}$.

又 n 为整数,所以 $-2\leqslant n\leqslant1$.

又方程有整数解,则 $\Delta=-8n^2-8n+17$ 必为完全平方数,从而 $n=-2,1$.

当 $n=-2$ 或 $n=1$ 时,代入原方程均有 $2m^2+3m+1=0$,

解得 $m_1=-1,m_2=-\dfrac{1}{2}$(舍去).

故 $m=-1,n=1$ 或 $m=-1,n=-2$.

4. 将问题转化为一元二次方程问题

例 11 (2003 年全国联赛题)试求出这样的四位数,它的前四位数字与后两位数字分别组成的二位数之和的平方,恰好等于这个四位数.

解 设这个四位数前后两个两位数,分别是 x,y,则 $10\leqslant x,y\leqslant99$,且

$(x+y)^2=100x+y$,

展开得关于 x 的二次方程:$x^2+2(y-50)x+(y^2-y)=0$.

当 $\Delta=4(y-50)^2-4(y^2-y)=4(2500-99y)\geqslant0$ 时,方程有实数解.

即当 $y\leqslant25$ 时,方程有解 $x=50-y\pm\sqrt{2500-99y}$.

因为 x 为整数,故 $2500-99y$ 必为完全平方数,而完全平方数的末位数字仅可能为 $0,1,4,5,6,9$.

故仅当 $y=25$ 时,$2500-99\times25=5^2$,此时 $x=30$ 或 20.

故此四位数为 2025 或 3025.

例 12 (1994—1995 学年度广州等五个城市联赛题)已知 n 为正整数,且 n^2-71 能被 $7n+55$ 整除,试求 n 的值.

分析 设 $n^2-71=k(7n+55)$(k 为整数),则关于 n 的一元二次方程的判别式一定是完全平方数.

解 设 $n^2-71=k(7n+55)$(k 是整数),则

$n^2-7kn-(55k+71)=0$,

且 $\Delta=49k^2+4(55k+71)=49k^2+220k+284$ 应为完全平方数.

因为 $(7k+15)^2=49k^2+210k+225$

$<49k^2+220k+284$

$$< 49k^2 + 238k + 289$$
$$= (7k + 17)^2,$$

所以 $\Delta = (7k + 16)^2$，从而 $(7k + 16)^2 = 49k^2 + 220k + 284$.

于是，$k = 7$，有 $n^2 - 71 = 7(7n + 55)$，

解得 $n = -8$（不合题意）或 57.

所以 $n = 57$.

【模拟实战】

A 组

1.（上海市竞赛题）已知 p 为质数，使二次方程 $x^2 - 2px + p^2 - 5p - 1 = 0$ 的两根都是整数，求出 p 的所有可能值.

2.（2004 年全国竞赛题）已知 $a < 0, b \leqslant 0, c > 0$，且 $\sqrt{b^2 - 4ac} = b - 2ac$，求 $b^2 - 4ac$ 的最小值.

3.（2000 年全国联赛题）设关于 x 的二次方程 $(k^2 - 6k + 8)x^2 + (2k^2 - 6k - 4)x + k^2 = 4$ 的两根都是整数，试求满足条件的所有实数 k 的值.

4.（2004 年全国联赛题）已知方程 $x^2 - 6x - 4n^2 - 32n = 0$ 的根都是整数，求整数 n 的值.

5. (1993 年浙江省联赛题)试求两个不同的自然数,它们的算术平均数 A 和几何平均数 G 都是两位数,其中 A,G 中一个可由另一个交换个位和十位数字得到.

6. (1999 年全国联赛题)a 是大于零的实数,已知存在唯一的实数 k,使得关于 x 的二次方程 $x^2+(k^2+ak)x+1999+k^2+ak=0$ 的两个根均为质数,求 a 的值.

7. (2000 年全国联赛题)已知关于 x 的方程 $(a-1)x^2+2x-a-1=0$ 的根都是整数,那么符合条件的整数 a 有_____个.

B 组

1. (1990 年全国联赛题)已知 b,c 为整数,方程 $5x^2+bx+c=0$ 的两根都大于 -1 且小于 0. 求 b 和 c 的值.

2. (2007 年全国联赛题)已知 a 是正整数. 如果关于 x 的方程 $x^3+(a+17)x^2+(38-a)x-56=0$ 的根都是整数,求 a 的值及方程的整数根.

3. (2008 年"数学周报杯"竞赛题)是否存在质数 p,q,使得关于 x 的一元二次方程 $px^2-qx+p=0$ 有有理数根?

4. (第 20 届全俄中学生数学奥林匹克竞赛题)求出所有这样 a 的整数值,使得方程 $x^2+ax+a=0$ 有整数根.

5. (1994 年"祖冲之杯"邀请赛题)已知方程 $x^2+px+q=0$ 的两根均为正整数,且 $p+q=28$,求两根.

6. (1994 年湖北省黄冈地区竞赛题)关于 x 的方程 $x^2+kx+4-k=0$ 有两个整数根,试求 k 的值.

7. (1998 年山东省竞赛题)当 x 为何有理数时,代数式 $9x^2+23x-2$ 的值恰为两个连续正偶数的积?

8. (1996 年四川省联赛题)已知方程 $x^2+mx-m+1=0$(m 是整数)有两个不等的正整数根,求 m 的值.

9. (1994 年湖北省荆州地区竞赛题)设有关于 x 的一元二次方程 $\frac{1}{2}x^2-(m+1)x+m+48=0$,这里 m 是整数,其两根之差的绝对值是一个不超过 20 的偶数,求 m 的值.

○ 初中数学竞赛中的数论问题

专 题 研 究 系 列

第十四章 一次不定方程的整数解

【基础知识】

不定方程是指未知数的个数多于方程的个数,且它们的解受到某种限制的方程.通常研究的是不定方程的正整数解、整数解.

定理 1 不定方程 $ax+by=c$ 有整数解的充分必要条件是 $(a,b)\mid c$.

定理 2 设 x_0,y_0 是方程 $ax+by=c$ 的一组整数解,则此方程的一切整数解可表示为 $\begin{cases} x=x_0+\dfrac{b}{(a,b)}t, \\ y=y_0-\dfrac{a}{(a,b)}t, \end{cases} \quad t\in \mathbf{Z}.$

【典型例题与基本方法】

例 1 (第 19 届"五羊杯"竞赛题)设 n 是这样的正整数:不存在正整数 x,y,使得 $9x+11y=n$,但是对于每个大于 n 的正整数 m,都存在正整数 x,y,使得 $9x+11y=m$,那么 $n=(\quad)$.

A. 79   B. 99   C. 100   D. 119

解 选 B. 理由:令 $9x+11y=99$,x,y 是正整数,则 $9x=11(9-y)$,11 整除 $9x$,$x\geqslant 11$,$y\leqslant 0$,引出矛盾.

所以不存在正整数 x,y,使得 $9x+11y=99$.

但对于正整数 $m>99$,可令 $m=9k+r,k,r$ 为正整数,$k\geqslant 11,1\leqslant r\leqslant 9$.

易见 $9k+1=9(k-6)+11\times 5$,$9k+2=9(k-1)+11\times 1$,

$9k+3=9(k-7)+11\times 6$,$9k+4=9(k-2)+11\times 2$,

$9k+5=9(k-8)+11\times 7$,$9k+6=9(k-3)+11\times 3$,

$9k+7=9(k-9)+11\times 8$,$9k+8=9(k-4)+11\times 4$,$9k+9=9(k-10)+11\times 9$.

所以每个大于 99 的正整数 m,都可以表示为 $9x+11y(x,y$ 是正整数)的形式.

例 2 (第 11 届"希望杯"全国邀请赛题)设 m 和 n 为大于 0 的整数,且 $3m+2n=225$.

(1)如果 m 和 n 的最大公约数为 15,则 $m+n=$ _____.

(2)如果 m 和 n 的最小公倍数为 45,则 $m+n=$＿＿＿＿＿＿.

解 填(1)105;(2)90.理由:

(1)因为 m 和 n 的最大公约数为 15,所以可设 $m=15a$, $n=15b$,其中 a, b 为正整数,则 $3a+2b=15$.

由方程可知 a 只能是小于 5 的正奇数.

当 $a=1$ 时, $b=6$;

当 $a=3$ 时, $b=4$.

所以, $m+n=15(a+b)=105$.

(2)因为 m 和 n 的最小公倍数是 45,所以 45 能被 m 和 n 整除.

则 m, n 只能取 1 或 3 或 5 或 9 或 15 或 45.

经试验,只有 $m=45$, $n=45$ 时满足条件.

此时 $m+n=45+45=90$.

例 3 现有质量分别为 11g 和 17g 的砝码若干个.在天平上要称出质量为 3g 的物体,则至少要用＿＿＿＿＿＿个这样的砝码.

解 填 13.理由:设 11g、17g 的砝码分别用了 x 个、y 个,则有

$11x-17y=3$ 或 $17y-11x=3$,

解得 $\begin{cases} x=8+17t \\ y=5+11t \end{cases}$ 或 $\begin{cases} x=9+17t \\ y=6+11t \end{cases}$,其中,$t$ 为整数.

因为 x, y 为正整数,所以,x, y 的最小值可为 $\begin{cases} x=8, \\ y=5 \end{cases}$ 或 $\begin{cases} x=9, \\ y=6 \end{cases}$.

因此,$x+y$ 的最小值为 13.

例 4 (第 10 届"希望杯"全国邀请赛题)若长方形的长、宽都是整数,且周长与面积的数值相等,则长方形的面积等于＿＿＿＿＿＿.

解 填 18 或 16.理由:设长方形的长和宽分别为 x, y,由题意,得

$xy=2x+2y$(其中 x, y 为正整数),

所以 $y=\dfrac{2x}{x-2}=\dfrac{2(x-2)+4}{x-2}=2+\dfrac{4}{x-2}$.

由此知 $x-2$ 是 4 的正约数,即 $x-2=1$ 或 2 或 4,得 $x=3$ 或 4 或 6.

相应地 $y=6$ 或 4 或 3.

因此,长方形面积为 18 或 16.

例 5 (1999 年重庆市竞赛初赛题)一个自然数与 13 的和是 5 的倍数,与 13 的差是 6 的倍数,则满足条件的最小自然数是＿＿＿＿＿＿.

解 填 37.理由:由题意可知 $A+13=5m$, $A-13=6n$,其中 m, n 为正整数,则

$5m-13=6n+13$,

○初中数学竞赛中的数论问题

专 题 研 究 系 列

所以 $m=\dfrac{6n+26}{5}=n+5+\dfrac{n+1}{5}$.

因此 n 最小可取 4,则 $A=6\times4+13=37$.

注:倍数无负倍数的概念,自然数 7 不是答案.

例 6 (2001 年"TI 杯"全国竞赛题)对非负整数 n,满足方程 $x+y+2z=n$ 的非负整数 (x,y,z) 的组数记为 a_n.

(1)求 a_3 的值;

(2)求 a_{2001} 的值.

解 当 $n=3$ 时,有 $x+y+2z=3$.

由 $x\geq0,y\geq0,z\geq0$,可得 $0\leq z\leq1$.

当 $z=1$ 时,$x+y=1$,于是 $(x,y)=(0,1),(1,0)$.

当 $z=0$ 时,$x+y=3$,于是 $(x,y)=(0,3),(1,2),(2,1),(3,0)$.

综上可得,$a_3=6$.

(2)当 $n=2001$ 时,有 $x+y+2z=2001$.

由 $x\geq0,y\geq0,z\geq0$,可得 $0\leq z\leq1000$.

当 $z=1000$ 时,$x+y=1$,于是 $(x,y)=(0,1)(1,0)$,有 2 组;

当 $z=999$ 时,$x+y=3$,于是 $(x,y)=(0,3),(1,2),(2,1),(3,0)$,有 4 组;

当 $z=998$ 时,$x+y=5$,于是 $(x,y)=(0,5),(1,4),(2,3),(3,2),(4,1),(5,0)$,有 6 组;

······

当 $z=0$ 时,$x+y=2001$,于是 $(x,y)=(0,2001),(1,2000),\cdots,(2001,0)$,有 2002 组.

综上,数组 (x,y,z) 共有

$2+4+6+\cdots+2002=2(1+2+3+\cdots+1001)=1003002$(组).

所以 $a_{2001}=1003002$.

例 7 (出自中国数学家张丘建的著作《算经》)中国百鸡问题:鸡翁一,值钱五;鸡母一,值钱三;鸡雏三,值钱一.百钱买百鸡.问鸡翁、鸡母、鸡雏各几何?

分析 设鸡翁、鸡母、鸡雏分别为 x,y,z,则有 $\begin{cases}x+y+z=100,\\5x+3y+\dfrac{z}{3}=100,\end{cases}$ 通过消元,将问题转化为求二元一次不定方程的非负整数解.

解 消去方程组中的 z,得 $7x+4y=100$,显然,$(0,25)$ 是方程的一个特解,所以方程的通解为 $\begin{cases}x=-4t,\\y=25+7t\end{cases}$ (t 为整数),于是有 $z=100-x-y=100+4t-(25+7t)=75-3t$.

由 $x,y,z \geqslant 0$ 且 t 为整数,得

$$\begin{cases} -4t \geqslant 0, \\ 25+7t \geqslant 0, \quad t=0,-1,-2,-3. \\ 75-3t \geqslant 0, \end{cases}$$

将 t 的值代入通解,得四组解 $(x,y,z)=(0,25,75),(4,18,78),(8,11,81),(12,4,84)$.

例 8 (1995 年天津市竞赛初赛题)已知方程组 $\begin{cases} x-y=2, \\ mx+y=6. \end{cases}$ 若方程组有非负整数解,求正整数 m 的值,并求出方程组的解.

分析 将方程组中两个方程相加,便可转化为解关于 m,x 的不定方程.

解 将方程组中两方程相加,得 $(m+1)x=8$.

因为原方程有非负整数解,且 m 为正整数,所以 m 的可能值为 $1,3,7$.

当 $m=1$ 时,$x=4$,解得 $y=2$;

当 $m=3$ 时,$x=2$,解得 $y=0$;

当 $m=7$ 时,$x=1$,解得 $y=-1$(舍去).

故所求原方程组的解为 $\begin{cases} x=4, \\ y=2 \end{cases}$ 或 $\begin{cases} x=2, \\ y=0. \end{cases}$

【解题思维策略分析】

1. 运用转化求解

例 9 (1994—1995 年广州、武汉、重庆、福州、洛阳联赛题)使得关于 x 的方程 $kx-12=3k$ 有整数解的正整数 k 可能的值为_____.

解 填 $1,2,3,4,6,12$. 理由:原方程可化为 $x=\dfrac{12}{k}+3$.

因为方程有整数解,正整数 k 可以取的值是 $1,2,3,4,6,12$.

例 10 (1994—1995 年广州、武汉、重庆、福州、洛阳联赛题)设 a,b,c 皆为质数,且 $a+b+c=94$,$ab+bc+ca=2075$,那么乘积 $abc=$_____.

分析 由 $a+b+c=94$,可知 a,b,c 中必有一个是 2.

解 填 3782. 理由:因为 a,b,c 都是质数,且 $a+b+c=94$,所以其中必有一个是 2. 不妨设 $a=2$,则 $b+c=92$.

所以 $a(b+c)=184$,从而 $bc=2075-a(b+c)=1891$.

故 $abc=3782$.

例 11 (第 4 届"希望杯"全国邀请赛题)设 $\triangle ABC$ 的三边 a,b,c 的长度均为自然数,且 $a \leqslant b \leqslant c$,$a+b+c=13$,则以 a,b,c 为三边的三角形共有_____个.

分析 由 $a \leqslant b \leqslant c$ 及 $a+b>c$,可求出 c 的取值范围.

解 填5.理由:由 $a+b+c=13$,得 $a+b=13-c$.

因为 $a+b>c$,所以 $c<13-c$,即 $c<\dfrac{13}{2}$.

另一方面,由 $a \leqslant b \leqslant c$,得 $3c>13$,即 $c>\dfrac{13}{3}$.

所以 c 只能取5或6,从而

a	3	4	1	2	3
b	5	4	6	5	4
c	5	5	6	6	6

所以共可组成5个三角形.

例12 (第20届全苏联数学奥林匹克竞赛题)求下列方程组的整数解:
$$\begin{cases} xz-2yt=3, \\ xt+yz=1. \end{cases}$$

解 由原方程可得 $(xz-2yt)^2+2(xt+yz)^2=3^2+2 \cdot 1^2$,

则 $(x^2+2y^2)(z^2+2t^2)=11$,

所以 $x^2+2y^2=1$,或 $z^2+2t^2=1$.

(i)当 $x^2+2y^2=1$ 时,$z^2+2t^2=11$.

所以 $y=0$,且 $x=\pm1$;$t=\pm1$,且 $z=\pm3$.

(ii)当 $z^2+2t^2=1$ 时,$x^2+2y^2=11$.

所以 $t=0$,且 $z=\pm1$;$y=\pm1$,且 $x=\pm3$.

经直接验证可知,所求得的四组解都可以满足原方程组,它们是 $(x,y,z,t)=(1,0,3,1),(-1,0,-3,-1),(3,1,1,0),(-3,-1,-1,0)$.

2. 运用一次不定方程求解问题

例13 (1992年山西太原市竞赛题)某鸡场用鸡笼装小鸡,若每个鸡笼装36只小鸡,则余11只小鸡;若减少两个鸡笼,则所有小鸡正好平均装完.已知一个鸡笼最多能装小鸡45只,问原有鸡笼多少个?小鸡多少只?

解 设原有鸡笼 x 个,当减少两个笼子后,每个笼子装小鸡 n 只,则 $x \geqslant 3, n \leqslant 45$,
且 $36x+11=n(x-2)$,

所以 $n=\dfrac{83}{x-2}+36$.

因为 n 为整数,知83被 $x-2$ 整除.又83为质数,故 $x-2=1$ 或 $x-2=83$,
得 $x=3$ 或 $x=85$.

当 $x=3$ 时,$n=119>45$,不合题意,舍去;

当 $x=85$ 时,$n=37$,则 $36x+11=3071$.

所以,原有鸡笼 85 个,小鸡 3071 只.

例 14 (1991 年上海市竞赛题)求一切这样的三位数之和,如果三位数本身增加 3,那么所得的数的各位数字和就等于原来这三位数的各位数字和的 $\frac{1}{3}$.

解 设三位数 $\overline{abc}$ 满足题设条件,则

(ⅰ)$c\geqslant7$. 事实上,若 $c\leqslant6$,则 $\overline{abc}+3$ 的各位数字之和将增加 3,不合条件.

(ⅱ)$b\neq9$. 这是因为若 $c\geqslant7$,$b=9$,$a=9$,则 $\overline{abc}+3=1000+(c+3-10)$ 的数字和为 $1+(c+3-10)=c-6\neq\frac{1}{3}(9+9+c)$;

若 $c\geqslant7$,$b=9$,$a<9$,则 $\overline{abc}+3=(a+1)\cdot100+(c+3-10)$ 的数字和为 $(a+1)+(c+3-10)=a+c-6$,

而由 $a+c-6=\frac{1}{3}(a+9+c)$ 可得

$2a+2c=27$.

此方程无整数解.

由上述(ⅰ)、(ⅱ)可知 $\overline{abc}+3=a\cdot100+(b+1)\cdot10+(c+3-10)$.

它的各位数字的和为 $a+(b+1)+(c+3-10)=a+b+c-6$.

由题设,可得 $a+b+c-6=\frac{1}{3}(a+b+c)$,

所以 $a+b+c=9$.

因为 $a\geqslant1$,$c\geqslant7$,故满足条件的三位数只有 117,108,207 三个,它们的和为

$117+108+207=432$.

例 15 (第 2 届"勤奋杯"邀请赛题)如果一个大于 9 的自然数各位数字之和与各位数字之积的和恰好等于这个自然数,我们则称它为"巧数"[如 $19=(1+9)+1\times9$,19 就是一个巧数].

(1)你还能找到哪些"巧数"?

(2)是否存在最大的"巧数"? 证明你的判断. 如果存在最大的"巧数",它是多少?

分析 可以判断"巧数"不可能是四位或四位以上的数. 因为四位数的数字和与积小于 $40+729<800$.

解 设 n 位自然数为 N,则 $N=a_1\times10^{n-1}+a_2\times10^{n-2}+\cdots+a_{n-1}\times10+a_n$,其中 $a_1,a_2,\cdots,a_n$ 是 N 从左到右各位上的数字,且 $a_1\neq0$.

若 N 是"巧数",则有

$a_1\times10^{n-1}+a_2\times10^{n-2}+\cdots+a_{n-1}\times10+a_n=(a_1+a_2+\cdots+a_n)+a_1a_2\cdots a_n$.

整理,得 $a_1(10^{n-1}-1)+a_2(10^{n-2}-1)+\cdots+a_{n-1}(10-1)=a_1a_2\cdots a_n$,

即 $a_1(\underbrace{99\cdots9}_{n-1\text{个}}-a_2a_3\cdots a_n)+A=0$,　　　①

其中 $A=a_2(10^{n-2}-1)+\cdots+a_{n-1}(10-1)$.

由于 $n\geqslant2$,故 $A\geqslant0$.

若 $n\geqslant3$,$\underbrace{99\cdots9}_{n-1\text{个}}>9^{n-1}\geqslant a_1a_2\cdots a_n$,则

$(\underbrace{99\cdots9}_{n-1\text{个}}-a_2a_3\cdots a_n)>0$,与①式矛盾.

故没有 3 位或 3 位以上的"巧数".

当 $n=2$ 时,$A=0$.由①式,得 $a_1(9-a_2)=0$.

由 $a_1\neq0$,得 $a_2=9$.

因此,"巧数"一定是个位数字是 9 的两位数.经验算,个位数字是 9 的两位数都是"巧数".

综上所述,"巧数"共有九个:

$19,29,39,49,59,69,79,89,99$.

其中最大的"巧数"是 99.

例 16 (1999 年天津市竞赛决赛题)某同学买某种铅笔,当他买了 x 支,付了 y 元(x,y 都是整数),营业员说:"你要再多买 10 支,我就总共收你 2 元钱.这样相当于每买 30 支,你可省 2 元钱."求 x,y.

解 根据营业员的话,y 只能是 1 或 2.

(i)当 $y=1$ 时,由题意可知,原来每支价格为 $\dfrac{1}{x}$ 元,多买 10 支每支可省钱 $\dfrac{1}{15}$ 元,

因此,现在每支价钱是 $\dfrac{1}{x}-\dfrac{1}{15}$ 元.

设多买 10 支后共 m 支,则有 $\left(\dfrac{1}{x}-\dfrac{1}{15}\right)\times m=2$,

可得 $x=\dfrac{15m}{m+30}=\dfrac{15(m+30)-450}{m+30}=15-\dfrac{450}{m+30}$.

因为 x,m 均为正整数,所以 $m+30$ 只能取 $45,50,75,90,150,225,450$,则 m 只能取 $15,20,45,60,120,195,420$.

经讨论,只有当 $m=15,x=5$ 时,才符合题意.

(ii)当 $y=2$ 时,可得 $\left(\dfrac{2}{x}-\dfrac{2}{15}\right)\times m=2$,

可化为 $x=15-\dfrac{225}{m+15}$.

易得 m 只能取 $30,60,210$.

经讨论,可知都不合题意.

故此题结果是 $x=5,y=1$.

例 17 (1996 年山东省竞赛题)某市为鼓励节约用水,对自来水的收费标准作如下规定:每月每户用水量不超过 10 吨部分按 0.45 元/吨收费;超过 10 吨而不超过 20 吨部分按 0.80 元/吨收费;超过 20 吨部分按 1.50 元/吨收费.某月甲户比乙户多缴水费 7.10 元,乙户比丙户多缴水费 3.75 元,问甲、乙、丙该月各缴水费是多少?(自来水按整吨收费)

分析 首先可以判断出该月三户所用自来水的范围.然后可列不定方程求解.

解 若两户用水属于同一收费段,则其所缴水费之差应为该段每吨水费的整倍数.现在甲、乙,乙、丙,甲、丙该月所缴水费之差分别为 7.10 元、7.35 元及 7.10 元 + 3.75 元 = 10.85 元,均非 0.45 元,0.80 元,1.50 元的整倍数,所以甲、乙、丙三户该月用水分别处于三个不同的收费段,即丙户用水不超过 10 吨,乙户用水超过 10 吨而不超过 20 吨,甲户用水超过 20 吨.

设丙户用水 x 吨(x 为整数,且 $0 \leqslant x \leqslant 10$),乙户用水 $(10+y)$ 吨(y 为整数,且 $0 < y \leqslant 10$).

因乙户比丙户多缴 3.75 元,得 $0.45x + 3.75 = 0.80y + 0.45 \times 10$,

即 $9x - 16y = 15$.

因为 3 整除 9 和 15,所以 3 整除 y.

又因为 $0 < y \leqslant 10$,那么 y 只能取 $3,6,9$.

经验证,$y=3$ 是唯一能使 x 为整数的值,这时 $x=7$.

同理,设甲户用水 $(20+z)$ 吨(z 为整数,且 $z>0$).

因甲户比乙户多缴 7.10 元,得

$0.80y + 0.45 \times 10 + 7.10 = 1.50z + 0.45 \times 10 + 0.80 \times 10$,

即 $8y - 15z = 9$.

因为 $y=3$,所以可解得 $z=1$.

所以甲户缴水费 $1.50 + 0.45 \times 10 + 0.80 \times 10 = 14$(元);

乙户缴水费 $0.80 \times 3 + 0.45 \times 10 = 6.9$(元);

丙户缴水费 $0.45 \times 7 = 3.15$(元).

例 18 (1999 年山东省竞赛题)现有质量分别为 9 克和 13 克的砝码若干只,在天平上要称出质量为 3 克的物体.问至少要用多少只这样的砝码才能称出?并证明你的结论.

分析 根据题意知,相同质量的砝码不会同时出现在天平的两个称盘之中.所以可以转化为求解不定方程的问题.

解　假定当天平平衡时,用 9 克的砝码 $|x|$ 只,当该砝码出现在被称物体所在的称盘中时,x 取负整数.同理,假定 13 克的砝码用了 $|y|$ 只.所以当天平平衡称出了 3 克的物体时,应有 $9x+13y=3$.

问题转变为求 $|x|+|y|$ 的最小值.

易得 $x=9,y=-6$ 是该方程的一组解,则

$$\begin{cases} 9\times 9-13\times 6=3, \\ 9x+13y=3. \end{cases}$$

两式相减,得 $9(x-9)=-13(y+6)$.

因为 9 和 13 互质,$x-9$ 必被 13 整除.

故设 $x-9=13k$,这里 k 是整数,这时有 $9\times 13k=-13(y+6)$,

所以 $y=-6-9k$.

总之,有 $\begin{cases} x=9+13k, \\ y=-6-9k, \end{cases} k=0,\pm 1,\pm 2,\cdots.$

（ⅰ）当 $k=0$ 时,$x=9,y=-6,|x|+|y|=15$.

（ⅱ）当 $k\geqslant 1$ 时,$|x|\geqslant 22,|y|>0$,从而 $|x|+|y|>22$.

（ⅲ）当 $k\leqslant -1$ 时,若 $k=-1$,则 $x=-4,y=3,|x|+|y|=7$;

若 $k<-1$,则 $|y|\geqslant 12,|x|>0$,从而 $|x|+|y|>12$.

由上述可知,至少要用 7 只这样的砝码,其中 9 克的 4 只,13 克的 3 只.

例 19　(2000 年"弘晟杯"上海市竞赛题)求所有满足下列条件的四位数:能被 111 整除,且除得的商等于该四位数的各位数之和.

解　设四位数 $\overline{abcd}=a\times 10^3+b\times 10^2+c\times 10+d$ 满足条件,则

$$\frac{a\times 10^3+b\times 10^2+c\times 10+d}{111}=9a+b+\frac{a-11b+10c+d}{111}.$$

因为 $-98\leqslant a-11b+10c+d\leqslant 108$,且 $\overline{abcd}$ 能被 111 整除,所以

$a-11b+10c+d=0$,

即 $11b=a+10c+d$.　　　　　　　　　　　　　　　　　　　　　　①

又依题意 $9a+b=a+b+c+d$,　　　　　　　　　　　　　　　　②

即 $8a=c+d$.

代入①,得 $11b=9(a+c)$.

且由 $c+d\leqslant 18$,知 $a=1$ 或 2.

于是,由式②,得 $b=9,a=2,c=9$.

进而由 $8a=c+d$,得 $d=7$.

故所求的四位数是 2997.

○初中数学竞赛中的数论问题

【模拟实战】

A 组

1.（1993 年湖北省黄冈地区竞赛题）满足方程组 $\begin{cases} xy+xz=255, \\ xy+yz=31 \end{cases}$ 的正整数组 (x,y,z) 的组数是（　　）.

    A. 3　　　　　　B. 2　　　　　　C. 1　　　　　　D. 0

2.（四川省竞赛题）一支科学考察队前往某条河流上的上游去考察一个生态区,他们出发后以每天 17km 的速度前进,沿河岸向上游行进若干天后到达目的地,然后在生态区考察了若干天,完成任务后以每天 25km 的速度返回,在出发后的第 60 天,考察队行进了 24km 后回到出发点. 试问:科学考察队在生态区考察了多少天?

3.（第 9 届"希望杯"全国邀请赛题）在方程组 $\begin{cases} x+y+z=0, \\ x^3+y^3+z^3=-36 \end{cases}$ 中,x,y,z 是互不相等的整数,那么此方程组的解的组数为（　　）.

    A. 6　　　　　　B. 3　　　　　　C. 多于 6　　　　　　D. 少于 3

4.（1995 年河北省竞赛题）若质数 m,n 满足 $5m+7n=129$,则 $m+n$ 的值为_____.

5.（2000 年江苏省竞赛题）已知三角形的三个角的度数都是小于 120 的质数,则这个三角形三个角的度数分别是_____.

6.（第 13 届"五羊杯"竞赛题）方程 $\dfrac{x}{3}+\dfrac{14}{y}=3$ 有_____组正整数解.

7.（第 5 届"希望杯"全国邀请赛题）若 p,q 都是质数,以 x 为未知数的方程 $px+5q=97$ 的根是 1,则 $p^2-q=$_____.

8.（1993—1994 年广州、武汉、重庆、福州、洛阳联赛题）方程 $3x+2y=11$ 在正整数范围内的解是_____.

136

9.(第 9 届北京市"迎春杯"竞赛决赛题)n 是一个非立方的四位数,且它仅有 4 个正约数,除了它本身之外,其他三个约数的和等于 1000,那么这个四位数 n 是_____.

10.(1991 年江西南昌市竞赛题)一个四位数与它的四个数字之和等于 1991,这个四位数是_____.

11.(1993 年上海市竞赛题)一个三位数,它等于它的各位数码之和的 12 倍.试写出所有这样的三位数_____.

12.(1998 年全国联赛题)设平方数 y^2 是 11 个相继整数的平方和,则 y 的最小值是_____.

B 组

1.(1991 年港澳竞赛题)小孩将玻璃弹子装进两种盒子,每个大盒子装 12 颗,每个小盒子装 5 颗,若弹子共有 99 颗,所用大、小盒子多于 10 个,则大盒子数为_____,小盒子数为_____.

2.(1994—1995 年广州、武汉、重庆、福州、洛阳联赛题)某个两位自然数,它能被其各位数字之和整除,且除得的商恰好是 7 的倍数,写出符合条件的所有两位数是_____.

3.(1991 年北京市竞赛初赛题)一个两位数除以它的反序数所得的商数恰等于余数,则这个两位数是_____.

4.(第 6 届"五羊杯"竞赛题)边长为整数,周长为 12 的三角形的面积的最大值是_____.

5.(第 8 届"五羊杯"竞赛题)李林在银行兑换了一张面额为 100 元以内的人民币支票,兑换员不小心将支票上的元与角、分数字看倒置了(例如,把 12.34 元看成 34.12 元),并按着错的数字支付.李林将其款花去 3.50 元之后,发现其余款恰为支票面额的两倍,于是急忙到银行将多领的款额退回.那么,李林应退回的款额是_____元.

6.(第 7 届"五羊杯"竞赛题)某自然数恰好等于它的各位数字和的 11 倍,则这个自然数是_____.

7.(第 10 届江苏省竞赛题)有一个四位数,把它从中间分成两半,得到前、后两个二位数.将前面的二位数末尾添一个 0,然后加上前、后两个二位数的乘积,恰好等于原来的四位数.又知道原数的个位数字是 5,那么这个四位数是_____.

8.(1997 年天津市竞赛题)两个正整数的和比积小 1997,并且其中一个是完全平方数,则较大数与较小数的差是_____.

○初中数学竞赛中的数论问题

9. (1997年重庆市决赛题)一个四位数,用16除余13,用125除余122.则满足条件的最小的四位数是_____.

10. (1997年湖北荆州市竞赛题)某一次考试共需做20个小题,做对一个得8分,做错一个扣5分,不做的得0分. 某学生共得13分,那么这个学生没做的题有_____个.

11. (第9届"希望杯"全国邀请赛题)1998年某人的年龄恰等于他出生的公元年数的数字之和,那么他的年龄是_____岁.

12. (第9届"希望杯"全国邀请赛题)篮、排、足球放在一堆共25个,其中篮球个数是足球个数的7倍,那么其中排球的个数是_____.

13. (第9届"希望杯"全国邀请赛题)一个布袋中装有红、黄、蓝三种颜色的大小相同的木球,红球上标有数字1,黄球上标有数字2,蓝球上标有数字3,小明从布袋中摸出10个球.它们上面所标数字的和等于21,则小明摸出的球中红球的个数最多不超过_____.

14. (第9届"希望杯"全国邀请赛题)已知一个矩形的长、宽分别为正整数 a,b,其面积的数值等于它的周长的数值的2倍,则 $a+b=$_____或_____.

15. (1990年北京市"迎春杯"竞赛决赛题)如果一个自然数正好等于其各个数位上的数字之和的13倍,试求出这样的自然数,并说明理由.

16. (1991年北京市"迎春杯"竞赛决赛题)两位数 $\overline{ab}$ 能整除十位数字为零的三位数 $\overline{a0b}$,求 $\overline{ab}$.

17.(1996 年河南省竞赛题)有一个四位数,它的个位上的数字比十位上的数字少3,并且它的数字倒排所成的新四位数与原四位数之和为 8987.求这个四位数,并写出推理过程.

18.(1999 年重庆市竞赛初赛题)一个四位数,这个四位数与它的各位数字之和是1999,求这个四位数,并说明理由.

19.(第 18 届全俄十年级第三阶段数学奥林匹克竞赛题)某自然数乘以 874 得到末两位数为 92 的五位数 x,求 x.

○初中数学竞赛中的数论问题

第十五章　高次不定方程的整数解

【基础知识】

求解高次不定方程的整数解,需要讲究思想、方法与技巧,常需代数恒等变形,还须注意不等式估计、同余处理、构造某些特解等方法与技巧.

【典型例题与基本方法】

例1　(2007 年四川省竞赛题)方程 $2x^2+5xy+2y^2=2007$ 的所有不同的整数解共有_____组.

解　填 4.理由:不妨先设 $x \geqslant y$,原方程变形为 $(2x+y)(x+2y)=2007$.

因 $2007 = 2007 \times 1 = 669 \times 3 = 223 \times 9$

$$= (-1) \times (-2007) = (-3) \times (-669)$$

$$= (-9) \times (-223),$$

所以 $\begin{cases} 2x+y=2007, \\ x+2y=1, \end{cases}$

解得 $3(x+y)=2008$,无整数解.

同理,$\begin{cases} 2x+y=223, \\ x+2y=9, \end{cases} \begin{cases} 2x+y=-1, \\ x+2y=-2007, \end{cases} \begin{cases} 2x+y=-9, \\ x+2y=-223 \end{cases}$ 均无整数解.

而 $\begin{cases} 2x+y=669, \\ x+2y=3 \end{cases}$ 有整数解 $\begin{cases} x=445, \\ y=-221; \end{cases}$

$\begin{cases} 2x+y=-3, \\ x+2y=-669 \end{cases}$ 有整数解 $\begin{cases} x=221, \\ y=-445. \end{cases}$

若 $y \geqslant x$,还有两组整数解 $\begin{cases} x=-221, \\ y=445, \end{cases} \begin{cases} x=-445, \\ y=221. \end{cases}$

所以,共有 4 组整数解.

例2　(2001 年全国联赛题)一个正整数,若分别加上 100 与 168,则可得到两个完全平方数,这个正整数为_____.

解　填 156.理由:设这个正整数为 a,根据题意,得 $\begin{cases} a+100=m^2, \\ a+168=n^2 \end{cases}$ (其中 m,n 是正

整数,且 $n>m$).

所以 $n^2-m^2=68$.

即 $(n-m)(n+m)=68$.

因为 $68=1\times68=2\times34=4\times17$,

所以 $\begin{cases}n-m=1,\\n+m=68,\end{cases}\begin{cases}n-m=2,\\n+m=34,\end{cases}\begin{cases}n-m=4,\\n+m=17.\end{cases}$

解得符合条件的 n,m 的值为 $n=18,m=16$. 所以 $a=156$.

例 3 (2007 年太原市竞赛题)当 $x\leqslant y\leqslant z$ 时,求方程 $\dfrac{1}{x}+\dfrac{1}{y}+\dfrac{1}{z}=\dfrac{7}{8}$ 的正整数解.

解 首先,有 $x>1$,且 $\dfrac{1}{x}\geqslant\dfrac{1}{y}\geqslant\dfrac{1}{z}>0$.

故 $\dfrac{1}{x}<\dfrac{1}{x}+\dfrac{1}{y}+\dfrac{1}{z}\leqslant\dfrac{3}{x}\Rightarrow\dfrac{1}{x}<\dfrac{7}{8}\leqslant\dfrac{3}{x}\Rightarrow\dfrac{8}{7}<x\leqslant\dfrac{24}{7}$.

从而,$x=2$ 或 3.

若 $x=2$,则 $\dfrac{1}{y}+\dfrac{1}{z}=\dfrac{3}{8}$.

故 $\dfrac{1}{y}<\dfrac{1}{y}+\dfrac{1}{z}\leqslant\dfrac{2}{y}\Rightarrow\dfrac{1}{y}<\dfrac{3}{8}\leqslant\dfrac{2}{y}\Rightarrow\dfrac{8}{3}<y\leqslant\dfrac{16}{3}$.

从而,$y=3,4,5$.

由 $\dfrac{1}{y}+\dfrac{1}{z}=\dfrac{3}{8}$,相应得 $z=24,8,\dfrac{40}{7}$(舍去).

若 $x=3$,则 $\dfrac{1}{y}+\dfrac{1}{z}=\dfrac{13}{24}$.

故 $\dfrac{1}{y}<\dfrac{1}{y}+\dfrac{1}{z}\leqslant\dfrac{2}{y}\Rightarrow\dfrac{1}{y}<\dfrac{13}{24}\leqslant\dfrac{2}{y}\Rightarrow\dfrac{24}{13}<y\leqslant\dfrac{48}{13}$.

从而,$y=2,3(y=2$ 舍去$)$.

由 $\dfrac{1}{y}+\dfrac{1}{z}=\dfrac{13}{24}$,相应得 $z=\dfrac{24}{5}$(舍去).

故方程的正整数解 (x,y,z) 为:$(2,3,24)$ 和 $(2,4,8)$.

例 4 (2005 年江苏竞赛题)已知 x,y 为正整数,且满足 $xy-(x+y)=2p+q$,其中 p,q 分别是 x 与 y 的最大公因数和最小公倍数,求所有这样的数对 $(x,y)(x\geqslant y)$.

解 由题意,设 $x=ap,y=bp,a,b$ 为正整数且 $(a,b)=1,a\geqslant b$. 于是 $q=abp$.

此时,题中等式为 $ap\cdot bp-(ap+bp)=2p+abp$.

由 $p>0$,上式可化为 $(p-1)ab=a+b+2$. ①

①式表明 $p-1>0$,且 $0<p-1=\dfrac{1}{a}+\dfrac{1}{b}+\dfrac{2}{ab}\leqslant4$.

所以,$p=2,3,4$ 或 5.

（i）当 $p=2$ 时,①式为 $ab-a-b+1=3$,即 $(a-1)(b-1)=3=3\times1$.

所以 $\begin{cases}a-1=3,\\b-1=1,\end{cases}$ 得 $\begin{cases}a=4,\\b=2.\end{cases}$ 故 $\begin{cases}x=ap=8,\\y=bp=4.\end{cases}$

（ii）当 $p=3$ 时,①式为 $2ab-a-b=2$,即 $4ab-2a-2b+1=5$,亦即 $(2a-1)(2b-1)=5\times1$.

所以,$\begin{cases}2a-1=5,\\2b-1=1,\end{cases}$ 得 $\begin{cases}a=3,\\b=1.\end{cases}$ 故 $\begin{cases}x=ap=9,\\y=bp=3.\end{cases}$

（iii）当 $p=4$ 时,①式为 $3ab-a-b=2$,即 $9ab-3a-3b+1=7$,亦即 $(3a-1)(3b-1)=7\times1$.

所以 $\begin{cases}3a-1=7,\\3b-1=1.\end{cases}$ 此方程组无整数解.

（iv）当 $p=5$ 时,①式为 $4ab-a-b=2$,即 $16ab-4a-4b+1=9$,亦即 $(4a-1)(4b-1)=9\times1=3\times3$.

所以 $\begin{cases}4a-1=9,\\4b-1=1.\end{cases}$ 此方程组无整数解.

还有 $\begin{cases}4a-1=3,\\4b-1=3,\end{cases}$ 得 $\begin{cases}a=1,\\b=1.\end{cases}$ 故 $\begin{cases}x=ap=5,\\y=bp=5.\end{cases}$

故 $\begin{cases}x=8,\\y=4;\end{cases}\begin{cases}x=9,\\y=3;\end{cases}\begin{cases}x=5,\\y=5\end{cases}$ 为所求.

例 5　（1997 年湖北黄冈市竞赛题）试求满足方程 $2^x+3^y=z^2$ 的非负整数 x,y,z.

解　若 $y=0$,则 $2^x=(z-1)(z+1)$.

当 $z-1=2$ 时,$z=3,x=3$.求得一组解 $(x,y,z)=(3,0,3)$.

若 $y>0$,设 $x=2a+1(a\geq0$,且 a 为整数),$3^y=z^2-2^{2a+1}$,

则 $z^2\equiv0,1(\bmod 3)$,

$2^{2a+1}=(2^2)^a\cdot2\equiv1^a\cdot2\equiv2(\bmod 3)$.

因此,$z^2-2^{2a+1}\equiv1$ 或 $2(\bmod 3)$,此时原方程无整数解.

以上考查了 x 是非负奇数.

设 $x=2a(a\geq0$,且 a 为整数).

$3^y=(z-2^a)(z+2^a)$.

则有 $z-2^a=1,z+2^a=3^y$.

所以 $3^y=2^{a+1}+1$.

因此当 $a=0$ 时,$(x,y,z)=(0,1,2)$.

当 $a \geq 1$ 时，$2^{a+1} \equiv 0 (\bmod 4)$，

$$3^y \equiv \begin{cases} 3(\bmod 4), \\ 1(\bmod 4). \end{cases}$$

设 $y = 2b (b > 0, b$ 为整数$)$，则 $2^{a+1} = 3^{2b} - 1 = (3^b + 1)(3^b - 1)$，

所以 $3^b - 1 = 2, 3^b + 1 = 4$，

得 $b = 1, y = 2$.

因此 $(x, y, z) = (4, 2, 5)$.

【解题思维策略分析】

1. 关注代数式的恒等变形与不等式估计

例 6 （第 11 届"希望杯"全国邀请赛题）设 a, b, c, d 为正整数，且 $a^7 = b^6, c^3 = d^2$，$c - a = 17$，则 $d - a$ 等于 _____.

解 填 601. 理由:因为 $a^7 = b^6, c^3 = d^2$，所以 $a = (\frac{b}{a})^6, c = (\frac{d}{c})^2$.

因为 a, b, c, d 为正整数，所以可设 $a = m^6, c = n^2$，其中 m, n 为正整数，则

$n^2 - m^6 = 17$，

即有 $(n - m^3)(n + m^3) = 1 \times 17$.

又 $n - m^3 < n + m^3$，则 $\begin{cases} n - m^3 = 1, \\ n + m^3 = 17, \end{cases}$

解得 $\begin{cases} n = 9, \\ m = 2. \end{cases}$

因此 $b = 2^7, d = 9^3$，从而 $d - b = 9^3 - 2^7 = 729 - 128 = 601$.

例 7 （2008 年太原市竞赛题）求方程 $2x^2 - 7xy + 3y^3 = 0$ 的正整数解.

解 将原方程看作 x 的二次方程，则 $\Delta = 49y^2 - 24y^3 = y^2(49 - 24y)$.

因为方程有实数解，所以，$\Delta \geq 0$，即 $49 - 24y \geq 0 \Rightarrow y \leq \frac{49}{24}$.

又 $y > 0$，则 $0 < y \leq \frac{49}{24}$.

取正整数得 $y = 1, 2$.

当 $y = 1$ 时，原方程化为 $2x^2 - 7x + 3 = 0$，

即 $(2x - 1)(x - 3) = 0$，

解得 $x = \frac{1}{2}$（舍去）或 $x = 3$，得 $\begin{cases} x_1 = 3, \\ y_1 = 1. \end{cases}$

当 $y = 2$ 时，原方程化为 $2x^2 - 14x + 24 = 0$，

即 $(x-3)(x-4)=0$,

解得 $x=3$ 或 $x=4$.

得 $\begin{cases} x_2=3, \\ y_2=2, \end{cases} \begin{cases} x_3=4, \\ y_3=2. \end{cases}$

例 8 (第 1 届"希望杯"全国邀请赛题)求方程 $\dfrac{1}{x}+\dfrac{1}{y}+\dfrac{1}{z}=\dfrac{5}{6}$ 的正整数解.

解 因为 x,y,z 是正整数,并且 $\dfrac{1}{x}+\dfrac{1}{y}+\dfrac{1}{z}=\dfrac{5}{6}<1$,

所以 x,y,z 都大于 1.

不妨设 $1<x\leqslant y\leqslant z$,则 $\dfrac{1}{x}\geqslant\dfrac{1}{y}\geqslant\dfrac{1}{z}$,

于是 $\dfrac{1}{x}<\dfrac{1}{x}+\dfrac{1}{y}+\dfrac{1}{z}\leqslant\dfrac{1}{x}+\dfrac{1}{x}+\dfrac{1}{x}=\dfrac{3}{x}$.

即 $\dfrac{1}{x}<\dfrac{5}{6}\leqslant\dfrac{3}{x}$,

得 $\dfrac{6}{5}<x\leqslant\dfrac{18}{5}$.

从而有 $x=2$ 或 3.

当 $x=2$ 时,得 $\dfrac{1}{y}<\dfrac{1}{y}+\dfrac{1}{z}=\dfrac{5}{6}-\dfrac{1}{x}=\dfrac{1}{3}\leqslant\dfrac{1}{y}+\dfrac{1}{z}=\dfrac{2}{y}$,

即 $\dfrac{1}{y}<\dfrac{1}{3}\leqslant\dfrac{2}{y}$,

得 $3<y\leqslant 6$.

所以 $y=4$ 或 5 或 6.

当 $x=3$ 时,由 $\dfrac{1}{y}+\dfrac{1}{z}=\dfrac{5}{6}-\dfrac{1}{3}=\dfrac{1}{2}$,得

$\dfrac{1}{y}<\dfrac{1}{2}=\dfrac{1}{y}+\dfrac{1}{z}\leqslant\dfrac{1}{y}+\dfrac{1}{y}=\dfrac{2}{y}$,

即 $\dfrac{1}{y}<\dfrac{1}{2}\leqslant\dfrac{2}{y}$.

所以 $y=3$ 或 4.

于是,有 $\begin{cases} x=2 \\ y=4 \\ z=12; \end{cases} \begin{cases} x=2, \\ y=5, \\ z=\dfrac{2}{15}(舍); \end{cases} \begin{cases} x=2, \\ y=6, \\ z=6; \end{cases} \begin{cases} x=3, \\ y=3, \\ z=6; \end{cases} \begin{cases} x=3, \\ y=4, \\ z=4. \end{cases}$

因此,当 $1<x\leqslant y\leqslant z$ 时,共有四组解.

从而得到下表中所列的 15 组解:

x	2	2	4	4	12	12	2	6	6	3	3	6	3	4	4
y	4	12	2	12	2	2	6	6	2	6	3	6	3	4	4
z	12	4	12	2	2	4	6	2	6	6	3	3	4	4	3

2. 善于借助高次不定方程求解问题

例 9 (1997 年北京市竞赛初赛题)一个直角三角形的三边长均为正整数,已知它的一条直角边的长度是 1997,问另一条直角边的长是多少?

解 设另一条直角边长是 x,斜边长是 y,则 $y^2 - x^2 = 1997^2$,

即 $(y+x)(y-x) = 1997^2$.

由于 y,x 均为自然数,又 1997 为质数,$y+x > y-x$,且 $y+x, y-x$ 同奇偶,因此
$$\begin{cases} y+x = 1997^2, \\ y-x = 1, \end{cases}$$

解得 $x = 1994004$.

所以另一条直角边长是 1994004.

例 10 (1995 年"东方航空杯"上海市竞赛题)一块地能被 n 块相同的正方形地砖所覆盖,如果所用较小的相同正方形地砖,那么需 $n+76$ 块这样的地砖才覆盖该块地. 已知 n 及地砖的边长都是整数,求 n.

解 设大的地砖的边长为 x,小的地砖的边长为 y,则 x,y 均为正整数,$x > y$,且满足:$nx^2 = (n+76)y^2$.　　　　　　　　　　　　　　　　　　　　　　①

若 x,y 有公因数 d,设 $x = dx_1, y = dy_1$,则 x_1, y_1 都是正整数,且 x_1, y_1 互质. 所以①式变成 $nx_1^2 = (n+76)y_1^2$,

即 $\dfrac{x_1^2}{y_1^2} = \dfrac{n+76}{n}$,

所以 $\dfrac{x_1^2 - y_1^2}{y_1^2} = \dfrac{76}{n}$.

又 $x_1^2 - y_1^2$ 与 y_1^2 互质,则 $(x_1 - y_1)(x_1 + y_1)$ 是 $76 = 2^2 \times 19$ 的约数.

而 $x_1 - y_1$ 与 $x_1 + y_1$ 的奇偶性相同,且 $x_1 + y_1 > x_1 - y_1$,所以 $\begin{cases} x_1 + y_1 = 19, \\ x_1 - y_1 = 1 \end{cases}$ 或

$$\begin{cases} x_1 + y_1 = 38, \\ x_1 - y_1 = 2. \end{cases}$$

因为 x_1, y_1 互质,所以 $x_1 = 10, y_1 = 9$,则 $\dfrac{76}{n} = \dfrac{19}{81}$.

解得 $n = 324$.

例 11 (1997 年陕西省联赛题)已知两个自然数的积与和之差恰等于它们的最大

公约数与最小公倍数之和. 求这样的自然数.

解 设所求自然数为 x 和 y,并设 m 为它们的最大公约数,可令 $x=ma$,$y=mb$,其中 m,a,b 均为正整数且 a,b 互质,则它们的最小公倍数必为 mab.

于是根据题意,得 $ma \cdot mb-(ma+mb)=m+mab$,

化简得 $(m-1)ab=1+a+b$, $\qquad\qquad\qquad$ (*)

即有 $m-1=\dfrac{1}{ab}+\dfrac{1}{a}+\dfrac{1}{b}\leqslant 3$,

即 $1<m\leqslant 4$.

可见 m 可取 $2,3,4$.

（ⅰ）当 $m=2$ 时,(*) 化为 $ab-a-b=1$,

即 $(a-1)(b-1)=2$,

所以 $\begin{cases}a=2 \\ b=3\end{cases}$ 或 $\begin{cases}a=3 \\ b=2\end{cases}$.

故此时所求自然数为 4 和 6.

（ⅱ）当 $m=3$ 时,(*) 化为 $2ab-a-b=1$,

即 $(2a-1)(2b-1)=3$,

所以 $\begin{cases}a=1, \\ b=2\end{cases}$ 或 $\begin{cases}a=2, \\ b=1\end{cases}$.

故此时所求自然数为 3 和 6.

（ⅲ）当 $m=4$ 时,(*) 化为 $3ab-a-b=1$,

即 $(3a-1)(3b-1)=4$,

所以 $\begin{cases}a=1, \\ b=1.\end{cases}$

故此时所求自然数为 4 和 4.

故所求两个自然数为 $4,6$ 或 $3,6$ 或 $4,4$.

【模拟实战】

A 组

1.（1996 年湖北黄冈市竞赛题）若 $\sqrt{a^2-1996}$ 是整数,则整数 a 的最小值是____.

2.（1997 年全国联赛题）若正整数 x,y 满足方程 $x^2+y^2=1997$,则 $x+y=$ ____

___.

3.(1997 年江苏省竞赛题)已知 a,b,c,d 为非负整数,且 $ac+bd+ad+bc=1997$,则 $a+b+c+d=$ _____.

4.(2005 年江苏省竞赛题)方程 $2x^2-xy-3x+y+2006=0$ 的正整数解 (x,y) 共有_____对.

5.(第 14 届"希望杯"全国邀请赛题)已知正整数 m 和 n 有大于 1 的最大公约数,并且满足 $m^3+n=371$,则 $mn=$ _____.

6.(2003 年江苏省竞赛题)不同的 3 个质数 a,b,c 满足 $ab^3c+a=2000$,则 $abc=$ _____.

7.(第 12 届"五羊杯"竞赛题)方程 $4x^2-2xy-12x+5y+11=0$ 有_____组正整数解.

8.(1995 年安徽省竞赛题)已知长方形的长和宽都是整数,并且其面积数与周长数恰好相等,求它的长和宽.

9.(第 2 届《中学生学习报》公开赛题)方程 $\frac{1}{x}+\frac{1}{y}=\frac{1}{1997}$ 中的 x,y 均取正整数时,得出的解 (x,y) 叫做方程的一个正整数解,则这个方程的正整数解有_____个.

10.(1998 年全国联赛题)满足 $1998^2+m^2=1997^2+n^2(0<m<n<1998)$ 的整数对 (m,n) 共有_____个.

11.(1998 年"鹏欣杯"上海市竞赛题)方程 $y^3=x^2+x$ 的整数解 $(x,y)=$ ___
___.

12.(1999 年全国联赛题)已知 a,b 为整数,且满足 $\left[\dfrac{\frac{1}{a}}{\frac{1}{a}-\frac{1}{b}}-\dfrac{\frac{1}{b}}{\frac{1}{a}+\frac{1}{b}}\right]\left(\dfrac{1}{a}-\dfrac{1}{b}\right)\cdot$

$\dfrac{1}{\frac{1}{a^2}+\frac{1}{b^2}}=\dfrac{2}{3}$,则 $a+b=$ _____.

13.(第 9 届"祖冲之杯"邀请赛题)整数 a,b 满足 $6ab=9a-10b+303$,则 $a+b=$ _____.

14.(1995 年湖北省黄冈地区竞赛题)整数 x,y 满足 $15x^2y^2=35x^2-3y^2+412$,则 $15x^2y^2=$ _____.

15.(第 7 届"希望杯"全国邀请赛题)已知三个质数 m,n,p 的乘积等于这三个质

数的和的 5 倍,则 $m^2+n^2+p^2=$ _____.

16.(第 9 届江苏省竞赛题)已知 x,y 为正偶数,且 $x^2y+xy^2=96$,则 $x^2+y^2=$ _____.

17.(第 4 届"希望杯"全国邀请赛题)设方程 $x^2-y^2=1993$ 的整数解为 α,β,则 $|\alpha\beta|=$ _____.

18.(第 6 届"希望杯"全国邀请赛题)已知 p,q 均为质数,并且存在两个正整数 m,n,使得 $p=m+n,q=mn$,则 $\dfrac{p^p+q^q}{m^n+n^m}$ 的值为_____.

19.(1992 年"东方航空杯"上海市竞赛题)m,n 为自然数,且满足 $1^2+9^2+9^2+2^2+m^2=n^2$,则 $n=$ _____.

20.(2007 年"我爱数学"夏令营试题)若 x 为整数,$3<x<200$,且 $x^2+(x+1)^2$ 是一个完全平方数,则整数 x 的值等于_____.

B 组

1.(第 4 届"希望杯"全国邀请赛题)若 a,b,c,d 为非负整数,且 $(a^2+b^2)(c^2+d^2)=1993$,则 $a+b+c+d=$ _____.

2.(第 4 届"希望杯"全国邀请赛题)某校奖励学生,初一获奖学生中,有一人获奖品 3 件,其余每人获奖品 7 件;初二获奖学生中,有一人获奖品 4 件,其余每人获奖品 9 件.如果两个年级获奖人数不等,但奖品数目相等,且每个年级奖品数大于 50 而不超过 100,那么两个年级获奖学生共有_____人.

3.(1993 年北京市竞赛初赛题)a,b,c 都是正整数,且满足 $ab+bc=3984,ac+bc=1993$,则 abc 的最大值是_____.

4.(1993 年"东方航空杯"上海市竞赛题)设一菱形的边长是一个两位数,对调这个两位数的个位数码与十位数码的位置得到的新数恰为该菱形的一条对角线长的一半.若该菱形的另一条对角线长也是整数,则该菱形的边长为_____.

5.(1997 年天津市预赛题)数码不同的两位数,将其数码顺序交换后,得到一个新的两位数,这两个两位数的平方差是完全平方数.求所有这样的两位数.

6.(2004年太原市竞赛题)设四位数$\overline{abcd}$是一个完全平方数,且$\overline{ab}=2\overline{cd}+1$,求这个四位数.

7.(1991年天津市竞赛题)有若干个战士,恰好组成一个八列长方形队列.若在队列中再增加120人或从队列中减去120人,都能组成一个正方形队列,问原方形队列共有多少战士?

8.(2008年"数学周报杯"竞赛题)方程$x^2+y^2=208(x-y)$的所有正整数解组(x,y)为_____.

9.(1997年湖北荆州市竞赛题)用正方形的地砖不重叠、无缝隙地铺满一块地,选用边长为x厘米规格的地砖,恰需n块;若选用边长为y厘米规格的地砖,则要比前一种刚好多用124块,已知x,y,n都是整数,且x,y互质,试问这块地有多少平方米?

第十六章 数谜问题

【基础知识】

这类问题是一种智力测验式的问题,而常以一些游戏式、趣味性的形式出现,如算式构造、算式翻译、算式还原、算式填空之类,我们把这类问题统称为数谜问题.数谜问题实质上是一种逻辑问题,解答的一般步骤是利用整数的性质和其他数学知识,对问题中可能出现的各种情况进行逻辑分析,逐步淘汰不可能的情况,沿可能的情况逐步探求,最后导出所要的答案.

求解此类问题要特别注意:

(1)认真理解题意.

弄清数字有什么要求、运算有什么要求.

(2)观察与分析.

观察运算式的结构特征,分析主要难点,找出各种数量关系(有时就是多元方程组),特别是要找出首位、末位中的等量关系或不等关系,运算中的进位关系等.

(3)计算与推理相结合.

由结构特征与数量关系,通过计算与推理确定数码的位置特征或位置的数码特征.

(4)选择突破口.

从上面的分析中,选择信息量最大的数字或位置作为解题的突破口,从首位、末位、进位出发是常见的选择.

(5)筛选与淘汰相结合.

分类穷举,或正面肯定某数码属于某数,或反面否定某数码属于某数(反证法),边筛选边淘汰,确定各个数字或各个数位中的数码.

(6)分类穷举,找出所有的数字.

(7)检验.

首先是确保逻辑上不重不漏,运算没有笔误;其次是梳理解法,精简过程.

【典型例题与基本方法】

例1 (第19届"五羊杯"竞赛题)右面算式中,每个汉字代表一个数字(0~9),不同的汉字代表不同的数字.那么"五"+"羊"+"真"+"美"=( ).

$$
\begin{array}{r}
\text{五 羊 真 美} \\
\times \quad\quad \text{数 学} \\
\hline
\text{真 美 啊 五 羊} \\
4\ 2\ 3\ 8\ 0 \\
\hline
5\ \text{好 好 好 五 羊}
\end{array}
$$

A. 22   B. 23

C. 24   D. 25

解 选 D. 理由:因为"数"×"美"的个位数字为 0,而"数"≠0,"美"≠0(若"美"=0,则"羊"=0,矛盾),所以"数"=5 或"美"=5.但"数"×"五羊真美"=42380,故"数">4.

若"美"=5,则"数"=6 或 8,都不是 42380 的约数,引出矛盾.

所以"数"=5,"五羊真美"=42380÷5=8476,故

"五"+"羊"+"真"+"美"=8+4+7+6=25.

注:易知原算式为 8476×59=500084.

例2 (第17届"五羊杯"竞赛题)下面的算式中,相同的汉字代表相同的数字,不同的汉字代表不同的数字,而且已知"六"=6,那么"神"+"舟"+"六"+"号"+"飞"+"天"=( ).

神舟×神舟六号飞=六号飞天神舟

A. 18   B. 20   C. 27   D. 30

解 选 A. 理由:注意到"飞"×"舟"的个位数字是"舟",只有"飞"=1 或 6.但已有"六"=6,所以"飞"=1.

代入易化简得神舟×神舟 6 号=$\overline{6\ 号飞天 0}$.

设"神舟"=x,则因 27×27=729,"舟"≠6,24×2469=59256,知只有 x=25.

代入易得"号"=4,"天"=0.

题设算式为 25×25641=641025.

"神"+"舟"+"六"+"号"+"飞"+"天"=2+5+6+4+1+0=18.

例3 (1998年香港竞赛题)如下图,在下面的加法算式中,每个 □ 表示一个数字,任意两个数字都不相同.那么,A 与 B 乘积的最大值是_____.

$$
\begin{array}{r}
\square \\
\square\ \square \\
+\ \square\ \square\ \square \\
\hline
\square\ \square\ A\ B
\end{array}
$$

○初中数学竞赛中的数论问题

解 填15.理由:首先设未知数.设所求算式为

$$
\begin{array}{r}
a\\
b\quad c\\
+\quad d\quad e\quad f\\
\hline
g\quad h\quad A\quad B
\end{array}
$$

个位三数相加,最多向十位进2.

十位两个不同数字相加,带上可能的进位2,最多向百位进1.

从百位确实发生了向千位的进位,所以 $d=9,g=1,h=0$.

其余字母表示的数字都不是9,1,0,并且互不相同.所以,个位相加的三个数字至少是2,3,4,至多是6,7,8.

由此得 $9\leqslant a+c+f\leqslant 21,2\leqslant B\leqslant 8$.

可见,在个位相加时一定发生了进位,且进位值是1.

因而,$a+c+f=B+10$,   ①

$b+e+1=A+10$.   ②

其中 $a+c+f+b+e+A+B=2+3+4+5+6+7+8=35$.   ③

现在将式①和式②变形,成为 $a+c+f+B-10=2B$,   ④

$b+e+A-9=2A$.   ⑤

④+⑤,并以式③代入,得 $2(A+B)=35-10-9=16$.

∴$A+B=8$.   ⑥

在式⑥中,A、B 不是0或1,且两数不同,所以它们只能是(2,6)或(3,5).

由此得 $AB=2\times 6=12$ 或 $AB=3\times 5=15$.

所以,乘积 AB 的最大值是15.

注:在解答填数问题的过程中,已知用某几个确定的数字去填,那么不管谁填何处,这些数字的总和不变.这是一个非常有用的性质(例如本题中的式③).

例4 把以下的乘法算式写出来:

$$
\begin{array}{r}
a\quad b\quad c\\
\times\quad\quad d\quad e\\
\hline
f\quad g\quad h\quad i\\
j\quad k\quad l\quad m\\
\hline
n\quad o\quad p\quad q\quad r\\
\end{array}
$$

式中所有的字母都表示素数.

分析 满足 $0\leqslant x\leqslant 9$ 的素数 x 只有2,3,5,7四个,除了 $5\times 3,5\times 7$ 的个位数字为5是素数外,其余7个乘积的个位数字都不是素数.因此,i 与 m 必为5无疑,我们就可以把这里作突破口作进一步的分析.

解 因为在2,3,5,7四个数中每取两个所作的乘积中,只有 $3\times 5,5\times 5,5\times 7$ 的

个位数是素数,故知 i 与 m 必须都是 5,从而 r 也是 5.

由 $i=5 \Rightarrow e=3,5,7$.

由 $m=5 \Rightarrow d=3,5,7$.

由 $m=5,q=2,3,5,7 \Rightarrow h=2,7$.

现在分三种情况讨论:

（ⅰ）若 $e=7 \Rightarrow c=5$. $e \times c=7 \times 5=35$,进位为 3. 由 $h=2,7 \Rightarrow e \times b=7 \times b$ 的个位数只能为 9 或 4 $\Rightarrow b=7$ 或 2.

①若 $b=7$, $e \times b=7 \times 7=49,49+3=52$,进位为 5.

当 $a=2 \Rightarrow f=1,g=9$,与 f,g 为素数矛盾.

当 $a=3 \Rightarrow f=2,g=6$,与 g 为素数矛盾.

当 $a=5 \Rightarrow f=4,g=0$,与 f 为素数矛盾.

当 $a=7 \Rightarrow f=5,g=4$,与 g 为素数矛盾.

所以 $b \neq 7$.

②若 $b=2$,则 $e \times b=7 \times 2=14$,进位为 $1 \Rightarrow a=3,h=7,g=2,f=3$.

当 $d=3 \Rightarrow l=7,k=9$,与 k 为素数矛盾.

当 $d=5 \Rightarrow l=2,k=6$,与 k 为素数矛盾.

当 $d=7 \Rightarrow l=7,p=0$,与 p 为素数矛盾.

从而 $b \neq 2$,所以 $e \neq 7$.

（ⅱ）若 $e=5 \Rightarrow c=3$ 或 7.

若 $c=3$, $e \times c=5 \times 3=15$,进位为 1; $e \times b=5 \times b$ 的个位数为 0 或 5 $\Rightarrow h=1$ 或 6,与 h 为素数矛盾.

若 $c=7$, $e \times c=5 \times 7=35$,进位为 3,而 $e \times b=5 \times b$ 的个位数为 0 或 5 $\Rightarrow h=3$ 或 8,与 $h=2$ 或 7 矛盾.

所以, $e \neq 5$.

（ⅲ）若 $e=3 \Rightarrow c=5$. $e \times c=3 \times 5=15$ 进位为 $1 \Rightarrow e \times b$ 的个位数只能为 1 或 6 $\Rightarrow b$ 只能为 2 或 7.

①若 $b=2 \Rightarrow h=7$. $e \times b=3 \times 2=6$ 没有进位 $\Rightarrow e \times a$ 必须进位 $\Rightarrow a=5$ 或 7.

若 $a=5 \Rightarrow f=1,g=5$,与 f 为素数矛盾;

若 $a=7 \Rightarrow f=2,g=1$,与 g 为素数矛盾.

②若 $b=7 \Rightarrow h=2$. $e \times b=3 \times 7=21$,进位为 $2 \Rightarrow e \times a=3 \times a \geqslant 8$,且个位数字只能为 $0,1,3,5 \Rightarrow a=5$ 或 7.

当 $a=5 \Rightarrow g=7,f=1$,与 f 为素数矛盾;

当 $a=7 \Rightarrow f=2,g=3$. 这时,原算式已经明朗化了:

$$
\begin{array}{r}
7\ 7\ 5 \\
\times\ \ \ \ \ d\ 3 \\
\hline
2\ 3\ 2\ 5 \\
j\ k\ l\ 5 \\
\hline
n\ o\ p\ 7\ 5
\end{array}
$$

因 d 只能取 $3,5,7$ 三个数,可逐一检验:

若 $d=7 \Rightarrow l=2 \Rightarrow k=4$,与 k 为素数矛盾.

若 $d=5 \Rightarrow l=7 \Rightarrow p=0$,与 p 为素数矛盾.

若 $d=3 \Rightarrow l=2,k=3,j=2,p=5,o=5,n=2$.

所以本题的唯一答案是 $775 \times 33 = 25575$.

【解题思维策略分析】

1. 抓住突破口

例 5 (2007 年浙江省竞赛题)把三个连续的正整数 a,b,c 按任意次序(次序不同视为不同组)填入 $\boxed{\ } x^2 + \boxed{\ } x + \boxed{\ } = 0$ 的三个方框中,作为一元二次方程的二次项系数、一次项系数和常数项. 使所得方程至少有一个整数根的 a,b,c ( ).

A. 不存在　　　　　　　　B. 有一组

C. 有两组　　　　　　　　D. 多于两组

解 选 C. 理由:设三个连续的正整数分别为 $n-1,n,n+1$(n 为大于 1 的整数). 当一次项系数是 $n-1$ 或 n 时,Δ 均小于零,方程无实数根;当一次项系数是 $n+1$ 时,$\Delta = (n+1)^2 - 4n(n-1) = -3(n-1)^2 + 4$.

因为 n 为大于 1 的整数,所以,要使 $\Delta \geqslant 0$,n 只能取 2.

当 $n=2$ 时,方程 $x^2 + 3x + 2 = 0$,$2x^2 + 3x + 1 = 0$ 均有整数根,故满足要求的 (a,b,c) 只有两组:$(1,3,2)$、$(2,3,1)$.

例 6 (第 21 届"五羊杯"竞赛题)正整数 M 的个位数字与整数 2023^{2023} 的个位数字相同,把 M 的个位上的数字移到它的左边第一位数字之前就形成了一个新的数 N. 若 N 是 M 的 4 倍,T 是符合上述条件的 M 的最小值,则 T 的各位数字之和等于____.

解 填 36. 理由:2023 的各次乘方的个位数字有如下变化规律:$3,9,7,1,3,9,7,1,3,9,7,1,\cdots$ 故 2023^{2023} 的个位数字为 7.

所以可设 $M = 10k + 7$,其中 k 是 m 位正整数,则 $N = 7 \times 10^m + k$;由条件 $N = 4M$ 得 $7 \times 10^m + k = 4 \times (10k + 7)$,即 $k = \dfrac{7(10^m - 4)}{39}$.

由于 7 与 39 互质,故有 $39 \mid (10^m - 4)$,为求最小的 m 值,可从 $m=1$ 开始验证,易

得最小的 m 为 $m=5$,则 k 取得最小值为 17948,所以 $=179487$,故数字之和为 36.

例 7 (1995 年北京市竞赛初赛题)一个 101 位的自然数 $N=\underset{50个}{\underbrace{88\cdots8}}\,\Box\,\underset{50个}{\underbrace{99\cdots9}}$ 能被 7 整除,问 $\Box$ 盖住的数字是几?

解 "$\Box$"是一块盖头布,遮住了待求数字. 想要掀起盖头,无论从前边或后边接近,都隔着 50 位数字,太多. 关键是要设法减少数字的位数.

7 的倍数减去 7 的倍数,得到的差还是 7 的倍数.

现在已经知道 A 是 7 的倍数.

再找一个 7 的倍数 B,使它的各位数字都是 1. 通过试除,发现

$B=111111=7\times15873$.

由此可见,$8B=888888$ 和 $9B=999999$ 也都是 7 的倍数.

从数 A 的前面划去 888888,相当于用 A 减去 88888800$\cdots$0(95 个 0). 因而所得的数还是 7 的倍数.

如此继续,可以从前面每次划去 6 个 8,直到总共划去 48 个 8.

类似地,可以从 A 的后面每次划去 6 个 9,直到总共划去 48 个 9.

最后剩下一个 5 位数 88 $\Box$ 99,它是 7 的倍数.

问题简化为求一个 5 位数 C,使它以 88 开头、99 结尾,并且是 7 的倍数.

结果得到 $C=(49+350)+(84000+4200)=88599$.

所以,$\Box$ 盖住的数字是 5.

2. 仔细慎密推理

例 8 (2000 年重庆市竞赛初赛题)在元旦晚会上,学校组织了一次关于语文、数学、外语、奥运及日常生活常识的知识竞赛,设定每科满分为 40 分,以下依次为 30 分、20 分、10 分和 0 分,共 5 个评分等级,每个小组分别回答这五个方面的问题. 现将 A、B、C、D、E 五个小组的部分得分列表 1 如下:

表 1

	语文	数学	外语	常识	奥运	总分	名次
A 组						180	1
B 组							2
C 组							3
D 组		30					4
E 组	40			20			5

表 1 中,(1)每一竖行的得分均不相同(包括单科和总分);

○初中数学竞赛中的数论问题

(2)C 组有 4 个单科得分相同.

求 B、C、D、E 组的总分并填表进行检验.

解 根据条件(1)，每一竖行中，五组得分各不相同.

对于一门单科，全部可能的不同得分是 0，10，20，30 和 40，只有 5 种.

五门单科各组的分数总和是 $5 \times (0+10+20+30+40) = 500$.

从 500 分中减去第 1 名 A 组 180 分，其余四组总分之和是 320 分.

为了叙述简洁，约定 B 组总分记为 B，C 组总分记为 C，其余类推.

那么，$E \geq 40+20 = 60$，$B > C > D > E$.

由此得 $E+D+C+B \geq 60+70+80+90 = 300$.

这四组实际总分之和是 320，只比最低可能限度多出 20 分.

多出的 20 分，只有两种可能分配方案：或者都加给第 2 名 B，或者 B 与第 3 名 C 各加 10 分.

因而，本题有两种可能答案：

情形 1：B 组 110 分，C 组 80 分，D 组 70 分，E 组 60 分；

情形 2：B 组 100 分，C 组 90 分，D 组 70 分，E 组 60 分.

为了满足条件(2)，在情形 1 中，C 组应该有四门 20 分，一门 0 分；在情形 2 中，C 组有四门 20 分，一门 10 分.

通过试填表格，可知满足以上条件的两种情形下的解都存在，且有多种. 例如见表 2、表 3.

表 2

	语文	数学	外语	常识	奥运	总分	名次
A 组	30	40	30	40	40	180	1
B 组	0	10	40	30	30	110	2
C 组	20	20	20	0	20	80	3
D 组	10	30	10	10	10	70	4
E 组	40	0	0	20	0	60	5

表 3

	语文	数学	外语	常识	奥运	总分	名次
A 组	30	40	30	40	40	180	1
B 组	10	10	40	30	10	100	2
C 组	20	20	20	10	20	90	3
D 组	0	30	10	0	30	70	4
E 组	40	0	0	20	0	60	5

注:填出一张满足条件的表格以后,将外语、奥运学科名交换,又能得到另一组解.不过,从数学结构上看,交换学科名称并不引起成绩组合的实质变化.所以,不需写出所有可能表格,只要能验证总分确有两解即可.

例9 (《中等数学》2009(8)数学奥林匹克训练题)五角星形的五条边两两相交共有十个交点,在这十个交点处分别填上2001,2002,…,2010这十个数,使每条边上的四个数之和都相等,你能做到吗? 若能,请填出来;若不能,请说明理由.

解 不能. 理由如下:

把这十个数填入交点处计算每条边上的数之和时,因为每个数都加了两次,要使每条边上的四个数之和都相等,所以,每条边上的数之和应为

$$\frac{1}{5}(2001+2002+\cdots+2010)\times 2 = 8022.$$

(1)若2010,2009填在同一条边上,则这条边上的另外两个数只能是2001,2002,而和2010所在的另一边上的数只能是2003,2004,2005. 此时,剩下的数还有2006,2007,2008,而这三个数又不能在同一条边上,且两两又在同一条边上,故和2008,2006两个数在同一条边上的另外两个数只能填2005,2003,而2005,2003已在2010,2003,2004,2005这条边上,因此,这种填法是不可能的,即2010和2009不能填在同一条边上.

(2)若2010,2008填在同一条边上,则和2010,2008填在同一条边上只有2003,2001,而另一条2010所在的边只能填:

2010,2007,2004,2001;

2010,2007,2003,2002;

2010,2006,2005,2001;

2010,2006,2004,2002;

2010,2005,2004,2003.

这些填法中与2010,2008,2003,2001有两个相同数字的都不行,故只可能填2010,2006,2004,2002(2010所在的另一边是2010,2008,2003,2001).

剩下的三个数是2009,2007,2005,它们不能填在同一条边上,而又须两两在同一条边上.

因此,2009,2007所在的边只能填2009,2007,2005,2001(2009,2007,2005不能填在同一条边上)或2009,2007,2004,2002(与2010,2008,2004,2002有两个相同数字),故也不可能.

(3)2010与2009,2010与2008都不能填在同一条边上,又因每条边上的四个数之和为8022,故和2010填在同一条边上的其他三个数之和为6012.而所有填入的数中和2010不在同一条边上的另三个数之和为6021,因此,这三个数必是2009,2008,

2004.

所以,与 2010 填在同一条边上的数是 2010,2007,2003,2002,另一条边是 2010,2006,2005,2001.

而 2009 和 2008 两个数在同一条边上的只能填 2009,2008,2004,2001 或 2009,2008,2003,2002,但 2009,2008,2004 不能填在同一条边上,2009,2008,2003,2002 与 2010,2007,2003,2002 有两个数相同,因此,这也是不可能的.

综上所述,题中的要求是办不到的.

例 10 (第 19 届"五羊杯"竞赛题)吴老师要考察两名学生帅小聪和盘大明的聪明程度.他想好了一个正整数 n,把 n 的以下两个特征都告诉了帅和盘:① n 是三位数;② n 是完全平方数.吴老师还把 n 的 3 个数字的和 s 告诉了帅,另外把 n 的 3 个数字的积 p 告诉了盘.帅和盘进行了如下的对话:

盘:我知道 s 是 2 位数.其实我知道 n 是多少,我还知道你不知道 n 是多少.

帅:那么现在我知道 n 是多少了.

吴老师证实了帅小聪和盘小明都是诚实的,他俩说的每句话都是有根据的.

那么,$n=$_____.

解 填 841.理由:因为 n 是 3 位的完全平方数,所以有以下对应表:

n	100	121	144	169	196	225	256	289	324	361	400
s	1	4	9	16	16	9	13	19	9	10	4
p	0	2	16	54	54	20	60	144	24	18	0

n	441	484	529	576	625	676	729	784	841	900	961
s	9	16	16	18	13	19	18	19	13	9	16
p	16	128	90	210	60	252	126	224	32	0	54

盘大明说"我知道 s 是 2 倍数"这句话成立,表明盘从已知信息"n 是 3 位完全平方数"和"p 的值"可以推断得知"s 是 2 位数".

从上表可知,若 $p=0$,则 $s=1,4,9$;

若 $p=2$,则 $s=4$;若 $p=16$,则 $s=9$;

若 $p=20$,则 $s=9$;若 $p=24$,则 $s=9$,均为 1 位数.

故 $p\neq0,2,16,20,24$.

另一方面,若 $p=54$,则 $s=16$;若 $p=60$,则 $s=13$;

若 $p=144$,则 $s=19$;若 $p=18$,则 $s=10$;

若 $p=128$,则 $s=16$;若 $p=90$,则 $s=16$;

若 $p=210$,则 $s=18$;若 $p=252$,则 $s=19$;

若 $p=126$,则 $s=18$;若 $p=224$,则 $s=19$;

若 $p=32$,则 $s=13$.

这表明,p 只可能是 54,60,144,18,128,90,210,252,126,224,32 中之一.

盘大明接着说的"其实我知道 n 是多少"这句话成立,表明盘从已知信息"n 是 3 位完全平方数"和"p 的值"可以推断得知"n 的值".

若 $p=54$,则 $n=169$ 或 196 或 961;

若 $p=60$,则 $n=256$ 或 625,均非唯一值.

故 $p\neq54,60$.

另一方面,若 $p=144$,则 $n=289$;若 $p=128$,则 $n=484$;

若 $p=18$,则 $n=361$;若 $p=90$,则 $n=529$;

若 $p=210$,则 $n=576$;若 $p=252$,则 $n=676$;

若 $p=126$,则 $n=729$;若 $p=224$,则 $n=784$;

若 $p=32$,则 $n=846$,均为唯一值.

这表明,p 只可能是 144,18,128,90,210,252,126,224,32 中之一.

盘大明接着又说的"我还知道你不知道 n 是多少"这句话成立,表明盘从已知信息"n 是 3 位完全平方数"和"p 的值"可以推断得知"帅小聪不能从他已得知的信息推断得到 n 的确切值".

若 $p=18$,则 $n=361$,$s=10$,而帅从已知信息"n 是 3 位完全平方数"和"$s=10$"可以推知 $n=361$.故 $p\neq18$.

另一方面,若 $p=144$,则 $n=289$,$s=19$;

若 $p=128$,则 $n=484$,$s=16$;

若 $p=90$,则 $n=529$,$s=16$;

若 $p=210$,则 $n=576$,$s=18$;

若 $p=252$,则 $n=676$,$s=19$;

若 $p=126$,则 $n=729$,$s=18$;

若 $p=224$,则 $n=784$,$s=19$;

若 $p=32$,则 $n=841$,$s=13$.

但帅小聪在得知"n 是 3 位完全平方数"的前提下,若还得知"$s=16$",则他不能断定 n 是 169,196,484,529 和 961 中的哪一个;若还得知"$s=18$",则他不能断定 n 是 675 还是 729;若还得知"$s=19$",则他不能断定 n 是 289,676 和 784 中的哪一个;若还得知"$s=13$",则他不能断定 n 是 256,625 和 841 中的哪一个.

这表明,p 只可能是 144,128,90,210,252,126,224,32 中之一,相应地 s 只可能是 16,18,19,13 中之一.

　　帅小聪回应盘大明的"那么现在我知道 n 是多少了"这句话成立,表明帅从已知信息"n 是 3 位数,p 是 144,128,90,210,252,126,224,32 中之一"和"s 的值"可以推断得知"n 的值".从上一段可知,此时 s 只可能是 16,18,19,13 中之一,但若 $s=16$,则帅小聪不能断定 n 是 484(相应的 $p=128$)还是 529(相应的 $p=90$);若 $s=18$,则帅不能断定 n 是 576(相应的 $p=210$)还是 729(相应的 $p=126$);若 $s=19$,则帅不能断定 n 是 289(相应的 $p=144$)还是 676(相应的 $p=252$)还是 784(相应的 $p=224$).故 $s \neq 16$,18,19.

　　另一方面,若 $s=13$,则使得 $s=13$ 的 n 只有三个值,即 $n=256$(相应的 $p=60$),$n=625$(相应的 $p=60$)和 $n=841$(相应的 $p=32$),但"$p=60$"已被排除,故必有 $n=841$.

　　从而问题的起源是 $n=841$,$p=32$,$s=13$.

【模拟实战】

A 组

　　1.(第 21 届江苏省竞赛题)在 2006 的中间嵌入一个数字得到五位数 20□06.若此五位数能被 7 整除,则□内嵌入的数字为_____.

　　2.(第 17 届"五羊杯"竞赛题)追星族打探阿龙的年龄.阿龙卖关子说:"我的年龄嘛,立方是 4 位数,平方再平方是 6 位数,合起来刚好出现 0 到 9 的全部数字."那么,阿龙其实是_____岁.

　　3.(第 17 届"五羊杯"竞赛题)以下算式中,相同的汉字代表相同的数字.已知"神舟"=25,"号"=4,那么六位数"飞天神舟六号"=_____.

$$六号飞天神舟 = \frac{神舟}{号} \times 飞天神舟六号$$

　　4.(第 18 届"五羊杯"竞赛题)如下的算式中,相同的汉字代表相同的数字,不同的汉字代表不同的数字.

$$
\begin{array}{r}
喜\ 欢\ 五\ 羊\ 杯 \\
\times \qquad\qquad 1\ 2 \\
\hline
五\ 羊\ 杯\ 我\ 喜\ 欢
\end{array}
$$

那么"王"+"羊"+"杯"=_____.

　　5.(第 20 届"五羊杯"竞赛题)算式 $\dfrac{CA}{AD}=0.\dot{A}\dot{B}\dot{C}$ 中,不同的字母代表不同的数字,相同的字母代表相同的数字,则 $B=$_____.

6. 求适合等式 $\overline{x5} \cdot \overline{3yz} = 7850$ 中的数码 x,y,z.

7. 求满足 $\overline{abc} = (a+b+c)^3$ 的所有三位数 $\overline{abc}$.

8.(第 3 届杭州市"求实杯"竞赛题)有一个两位数 $\overline{ab}$(十位数字是 a,个位数字是 b),其中的 a 和 b 满足关系式 $a \cdot b \cdot \overline{ab} = \overline{bbb}$($\overline{bbb}$ 表示三个数字都是 b 的三位数),这个两位数等于_____.

9.(第 15 届"五羊杯"竞赛题)作自然数带余除法,有算式 $A \div B = C \cdots\cdots 27$. 如果 $B < 100$,且 $A - 80B + 21C + 524 = 0$,则 A 等于(　　).

　　A. 2003　　　　B. 3004　　　　C. 4005　　　　D. 4359

10.(第 7 届"五羊杯"竞赛题)以下是一个六位数乘上一个一位数的竖式,a,b,c,d,e,f 各代表一个数字(不一定不相同),则 $a+b+c+d+e+f=$(　　).

$$\begin{array}{r} a\ b\ c\ d\ e\ f \\ \times \qquad\qquad 4 \\ \hline e\ f\ a\ b\ c\ d \end{array}$$

　　A. 27　　　　　B. 24　　　　　C. 30　　　　　D. 无法确定

11.(第 2 届"华罗庚金杯"邀请赛复赛题)试将 1,2,3,4,5,6,7 分别填入下面的方框中,每个数字只用一次,使得这三个数中任意两个数互质. 其中一个三位数已填好,它是 714.

| 7 | 1 | 4 |（这是一个三位数）

| □ | □ | □ |（这是一个三位数）

| □ |（这是一个一位数）

12.(第 2 届"华罗庚金杯"邀请赛决赛题)下图算式中,所有分母都是四位数.请在每个方格中各填入一个数字,使等式成立.

$$\frac{1}{\boxed{\ }\boxed{\ }\boxed{\ }\boxed{\ }} + \frac{1}{1988} = \frac{1}{\boxed{\ }\boxed{\ }\boxed{\ }\boxed{\ }}$$

13.(第 13 届日本数奥决赛题)有一个四位数 $\overline{ABCD}$(A,B,C,D 表示从千位到个位的数字),将这个数的千位和个位的数字换位后,可得到 $\overline{DBCA}$ 这个四位数,$\overline{ABCD}$ 和 $\overline{DBCA}$ 的最大公约数是 63.请求出满足上述条件的所有 $\overline{ABCD}$ 和 $\overline{DBCA}$.

B 组

1.(1995 年北京市竞赛复赛题) □,□,□,□,$\frac{1}{2}$,□,□,$\frac{1}{16}$.

如上所示,八个正数排成一列,从第三个数开始,每个数都等于它前面两个数的乘积.现在用六个纸片盖住了其中的六个数,只露出第五个数是 $\frac{1}{2}$,第八个数是 $\frac{1}{16}$.则被纸片盖住的第一个数是_____.

2.(第 20 届"五羊杯"竞赛题)下面是我国古代诗人张继写的一首描写江南水乡秋夜优美景色的诗,现将这首诗编号如下:

月	落	乌	啼	霜	满	天,	江	枫	渔	火	对	愁	眠.
1	2	3	4	5	6	7	8	9	10	11	12	13	14
姑	苏	城	外	寒	山	寺,	夜	半	钟	声	到	客	船.
15	16	17	18	19	20	21	22	23	24	25	26	27	28

请你从中选出两个字组成一个地名,但要满足下列的两个条件:

(1)第一个字编号为 $\sqrt[2008]{\dfrac{7^{2008}+14^{2008}+21^{2008}+28^{2008}}{1^{2008}+2^{2008}+3^{2008}+4^{2008}}}$ 之值;

(2)第二个字编号为一个四边形的周长,已知这个四边形中每三条边的和分别为 18,10,11,21.这个地名是_____.

3.(第 7 届新西兰达尼丁-中国上海友谊通讯赛题)下图显示的填数幻方只填了一部分,将下列九个数:$\frac{1}{4}$,$\frac{1}{2}$,1,2,4,8,16,32,64 填入方格中,使得所有行、列及对角线上各数的乘积相等.则填"x"格中的数应是_____.

32		x
	64	

4.(2000 年山东省竞赛题)将数字 1,2,3,4,5,6,7,8 分别填写到八边形

$ABCDEFGH$(如右图)的 8 个顶点上,并且以 $S_1, S_2, \cdots, S_8$ 分别表示 (A,B,C),(B,C,D),$\cdots$,(H,A,B) 8 组相邻的 3 个顶点上的数字之和.

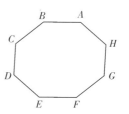

(1)试给出一种填法,使得 $S_1, S_2, \cdots, S_8$ 都大于或等于 12;

(2)请证明任何填法均不可能使得 $S_1, S_2, \cdots, S_8$ 都大于或等于 13.

5. 下面算式中,只有四个 4 是已知的,试还原这个算式.

6. 有三个都不为 0 且互不相同的数码,用它们组成各个可能的三位数(不重复使用数码),其和为 2886,如果把这三个数码从小到大排成一个三位数,又从大到小排列成一个三位数,这两个数的差是 495,这三个数码是什么?

7. 在下面算式的空格上填上合适的数字(用字母代替),则 $a=$ _____,$b=$ _____,$c=$ _____,$d=$ _____,$e=$ _____.

	a	7	b	9
×		□	□	c
	5	d	2	e	2

8. 试求满足下列条件的六位整数 $\overline{abcdef}$, $\overline{abcdef} \cdot 3 = \overline{efabcd}$. 这里 a,b,c,d,e,f 表示不同的数码, 且 $a,e \neq 0$.

9. 计算器上有一个四位数, 若把计算器倒放, 这个数可看成另一个四位数, 但结果比原来的数大了 6873, 问原数是多少?

10. 将下面除法算式中的"＊"号换成适当的数字.

```
              * 8 *
* * ) * * * * * *
      * * *
      * * *
      * *
      * * *
      * * *
            0
```

11. 下面是一个八位数除以一个三位数的算式, 试求商, 并说明理由.

```
                7 * * * *
* * * ) * * * * * * * * 8
        * * *
        * * * *
        * * *
        * * * *
        * * * *
                0
```

第十七章　高斯函数$[x]$

【基础知识】

设 x 是一个实数,符号 $[x]$ 表示不超过 x 的最大整数,即 $[x]$ 为 x 的整数部分(小数部分恒为正数),如 $[\sqrt{2}]=1$,$[-\pi]=-4$,$[0]=0$,等等. 可见 $[x]$ 是定义在整个实数集上的函数,它的值域为整数集 **Z**. 这个函数称为高斯函数.

高斯函数的图象如右图所示.

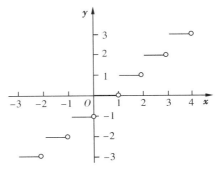

高斯函数有如下重要的性质:

性质 1　$x=[x]+\alpha$(α 是小于 1 的非负数).

性质 2　$x-1<[x]\leqslant x<[x]+1$.

性质 3　若 $0\leqslant x<1$,则 $[x]=0$.

性质 4　若 x 为整数,$[-x]=-[x]$.

性质 5　$[[x]]=[x]$.

性质 6　若 n 为整数,则 $[n+x]=n+[x]$.

例如 $[-9.35]=[-10+0.65]=-10+[0.65]=-10$.

性质 7　$[x]+[y]\leqslant[x+y]\leqslant[x]+[y]+1$.

例如 $x=2.5$,$y=3.6$,则 $[x]+[y]=[2.5]+[3.6]=2+3=5$,$[x+y]=[2.5+3.6]=[6.1]=6$.

性质 8　若 $x,y\geqslant 0$,则 $[xy]\geqslant[x][y]$.

例如 $x=1.5$,$y=1.5$,$[x][y]=[1.5][1.5]=1\times 1=1$,$[xy]=[1.5\times 1.5]=[2.25]=2$.

函数 $[x]$ 的其他性质介绍从略.

另外,我们用符号 $\{x\}$ 表示 x 的小数部分,即定义 $\{x\}=x-[x]$,如 $\{2.31\}=0.31$,$\{-1.42\}=0.58$,等等.

【典型例题与基本方法】

例1　(2009 年全国联赛题)$[x]$ 表示不超过 x 的最大整数,则方程 $x^2-2[x]-$

$3＝0$ 的解的个数为(　　).

A. 1　　　　　　B. 2　　　　　　C. 3　　　　　　D. 4

解　选 C. 理由:由题给方程得 $x^2－3＝2[x]$. 而 $[x]\leqslant x$,则 $x^2－3\leqslant 2x$,即 $x^2－2x－3\leqslant 0$,解得 $-1\leqslant x\leqslant 3$. 因此,$[x]$ 只可能取值 $-1,0,1,2,3$.

当 $[x]＝-1$ 时,$x^2＝1$,解得 $x＝-1$;

当 $[x]＝0$ 时,$x^2＝3$,无符合条件的解;

当 $[x]＝1$ 时,$x^2＝5$,无符合条件的解;

当 $[x]＝2$ 时,$x^2＝7$,解得 $x＝\sqrt{7}$;

当 $[x]＝3$ 时,$x^2＝9$,解得 $x＝3$.

因此,原方程共有 3 个解.

例2　若 x 为实数,记 $\{x\}＝x－[x]$($[x]$ 表示不超过 x 的最大整数),则方程 $2006x+\{x\}＝\dfrac{1}{2007}$ 的实根的个数是(　　).

A. 0　　　　　　B. 1　　　　　　C. 2　　　　　　D. 大于 2 的整数

解　选 C. 理由:因为 $x＝[x]+\{x\}$,所以,原方程可化为

$$2006[x]+2007\{x\}＝\frac{1}{2007}.$$

又 $0\leqslant 2007\{x\}<2007$,

所以,$[x]＝-1$ 或 $[x]＝0$.

若 $[x]＝-1$,则

$$\{x\}＝\frac{2006\times 2007+1}{2007^2}＝\frac{2007^2－2007+1}{2007^2}＝1－\frac{2006}{2007^2}<1.$$

所以,$x＝-1+1－\dfrac{2006}{2007^2}＝-\dfrac{2006}{2007^2}$.

若 $[x]＝0$,则 $\{x\}＝\dfrac{1}{2007^2}$,即 $x＝\dfrac{1}{2007^2}$.

综上所述,$x_1＝-\dfrac{2006}{2007^2}$,$x_2＝\dfrac{1}{2007^2}$.

例3　(2006 年"新知杯"上海市竞赛题)$[x]$ 表示不大于 x 的最大整数,方程 $[2x]+[3x]＝8x－\dfrac{7}{2}$ 的所有实数解为_____.

解　填 $\dfrac{13}{16},\dfrac{17}{16}$. 理由:

由 $2x－1<[2x]\leqslant 2x$,$3x－1<[3x]\leqslant 3x$ 及已知方程得

$$5x－2<3x－\frac{7}{2}\leqslant 5x\Leftrightarrow\frac{1}{2}<x\leqslant\frac{7}{6}\Leftrightarrow\frac{1}{2}<8x－\frac{7}{2}\leqslant\frac{35}{6}.$$

因为 $8x-\dfrac{7}{2}=[2x]+[3x]$ 为整数，所以，

$8x-\dfrac{7}{2}=1,2,3,4,5.$

解得 $x=\dfrac{9}{16},\dfrac{11}{16},\dfrac{13}{16},\dfrac{15}{16},\dfrac{17}{16}.$

经检验，只有 $x=\dfrac{13}{16},\dfrac{17}{16}$ 是已知方程的解.

【解题思维策略分析】

1. 关注基本不等式 $[x]\leqslant x<[x]+1$

例 4 求证：对任意的实数 x,y，

$[2x]+[2y]\geqslant[x]+[x+y]+[y].$

分析 解决这个问题的关键是考虑 x,y 的小数部分，对于 $2x,2y,x+y$ 是否能凑成 1 的问题，需要分情况去讨论.

证明 设 $x=[x]+\alpha,y=[y]+\beta=n+\beta$，其中 $0\leqslant\alpha,\beta<1,m,n$ 为整数.

(1)若 $0\leqslant\alpha<\dfrac{1}{2},0\leqslant\beta<\dfrac{1}{2}$，则 $0\leqslant2\alpha<1,0\leqslant2\beta<1,0\leqslant\alpha+\beta<1.$ 这时有

$[2x]+[2y]=[2m+2\alpha]+[2m+2\beta]=2m+2n,$

$[x]+[x+y]+[y]$

$=[m+\alpha]+[(m+n)+(\alpha+\beta)]+[n+\beta]$

$=m+(m+n)+n=2m+2n,$

所以 $[2x]+[2y]=[x]+[x+y]+[y].$

(2)若 $\dfrac{1}{2}\leqslant\alpha<1,\dfrac{1}{2}\leqslant\beta<1$，则 $1\leqslant2\alpha<2,1\leqslant2\beta<2,1\leqslant\alpha+\beta<2.$ 这时有

$[2x]+[2y]=[2m+2\alpha]+[2n+2\beta]=2m+1+2n+1$

$\qquad=2m+2n+2,$

$[x]+[x+y]+[y]=[m+\alpha]+[(m+n)+(\alpha+\beta)]+[n+\beta]$

$\qquad=m+(m+n)+1+n=2m+2n+1.$

所以 $[2x]+[2y]>[x]+[x+y]+[y].$

(3)若 $0\leqslant\alpha<\dfrac{1}{2},\dfrac{1}{2}\leqslant\beta<1$（$\dfrac{1}{2}\leqslant\alpha<1,0\leqslant\beta<\dfrac{1}{2}$ 的情况类似），这时有 $0\leqslant2\alpha<1,$

$1\leqslant2\beta<2,\dfrac{1}{2}\leqslant\alpha+\beta<\dfrac{3}{2}$，这时有

$[2x]+[2y]=[2m+2\alpha]+[2n+2\beta]=2m+2n+1,$

$[x]+[x+y]+[y]=m+[(m+n)+(\alpha+\beta)]+n\leqslant 2m+2n+1.$

综上所述,不论何种情况,都有

$[2x]+[2y]\geqslant[x]+[x+y]+[y].$

例 5 (2008 年"新知杯"上海市竞赛题)求满足不等式$[\frac{n}{2}]+[\frac{n}{3}]+[\frac{n}{11}]+[\frac{n}{13}]<n$ 的最大正整数 n,其中,$[x]$表示不超过实数 x 的最大整数.

解 先证:对任意正整数 x,k,都有 $[\frac{x}{k}]\geqslant\frac{x-k+1}{k}$.

事实上,由带余除法,存在整数 q,r,使 $x=kq+r(0\leqslant r\leqslant k-1)$.

于是,$[\frac{x}{k}]=[\frac{kq+r}{k}]=q+[\frac{r}{k}]=q$,

$\frac{x-k+1}{k}=q+\frac{r-(k-1)}{k}\leqslant q=[\frac{x}{k}]$.

设正整数 n 满足不等式

$[\frac{n}{2}]+[\frac{n}{3}]+[\frac{n}{11}]+[\frac{n}{13}]<n$,

则 $n-1\geqslant[\frac{n}{2}]+[\frac{n}{3}]+[\frac{n}{11}]+[\frac{n}{13}]$

$\geqslant\frac{n-1}{2}+\frac{n-2}{3}+\frac{n-10}{11}+\frac{n-12}{13}=\frac{859}{858}n-\frac{2573}{858}.$

故 $n\leqslant 1715.$

又当 $n=1715$ 时,$[\frac{1715}{2}]+[\frac{1715}{3}]+[\frac{1715}{11}]+[\frac{1715}{13}]=857+571+155+131=1714<1715.$

故所求的最大正整数 n 为 1715.

2. 灵活应用高斯函数$[x]$的基本性质

例 6 解方程 $8[3x]-5[2x]=3.$

分析 此类方程的一般解法可以这样来考虑:设$[3x]=m,[2x]=n$,则原方程转化为二元一次不定方程,解出 m,n 后,再利用$[x]$的性质确定 x 的范围.

解 设$[3x]=m,[2x]=n$,则有

$m\leqslant 3x<m+1$,即$\frac{m}{3}\leqslant x<\frac{m+1}{3}$.   ①

$n\leqslant 2x<n+1$,即$\frac{n}{2}\leqslant x<\frac{n+1}{2}$.   ②

而原方程化为 $8m-5n=3.$ ③

由观察法知③有特解 $m=1,n=1$,故③的一般解为 $m=1-5t,n=1-8t,t$ 为整数.

将 m,n 的值代入①②,得

$$\frac{1-5t}{3}\leqslant x<\frac{2-5t}{3},\frac{1-8t}{2}\leqslant x<\frac{2-8t}{2}. \qquad ④$$

于是有

$$\begin{cases} \dfrac{1-5t}{3}<\dfrac{2-8t}{2}, \\ \dfrac{1-8t}{2}<\dfrac{2-5t}{3}, \end{cases}$$

即

$$\begin{cases} t<\dfrac{2}{7}, \\ t>-\dfrac{1}{14}. \end{cases}$$

所以 t 只能取整数 0. 代入④,解得 $\dfrac{1}{2}\leqslant x<\dfrac{2}{3}$.

所以,本题的解为 $\dfrac{1}{2}\leqslant x<\dfrac{2}{3}$.

例 7 (2008 年北京市竞赛题)求证:(1)一个自然数的平方被 7 除的余数只能是 $0,1,4,2$;

(2)对任意的正整数 n,$\left[\sqrt{n(n+2)(n+4)(n+6)}\right]$ 不被 7 整除($[x]$ 表示不超过实数 x 的最大整数).

证明 (1)设自然数 $m=7q+r(r=0,1,\cdots,6)$,则

$$m^2=(7q+r)^2=49q^2+14qr+r^2.$$

由于 r^2 只能取 $0,1,4,9,16,25,36$,被 7 除的余数对应为 $0,1,4,2,2,4,1$.

因此,一个自然数的平方被 7 除的余数只能是 $0,1,4,2$.

(2)由于 $n(n+2)(n+4)(n+6)=(n^2+6n)(n^2+6n+8)(n=1,2,\cdots)$,

令 $k=n^2+6n$,则

$$n(n+2)(n+4)(n+6)=(n^2+6n)(n^2+6n+8)=k(k+8)(k\geqslant7).$$

故 $\sqrt{n(n+2)(n+4)(n+6)}=\sqrt{k(k+8)}=\sqrt{k^2+8k}$.

由 $k^2+6k+9<k^2+8k<k^2+8k+16$,则 $(k+3)^2<k^2+8k<(k+4)^2$.

因此,$k+3<\sqrt{k^2+8k}<k+4$,即 $\left[\sqrt{k^2+8k}\right]=k+3$.

也就是 $\left[\sqrt{n(n+2)(n+4)(n+6)}\right]=k+3=n^2+6n+3=(n+3)^2-6$.

如果 $\left[\sqrt{n(n+2)(n+4)(n+6)}\right]$ 被 7 整除,必须且只须 $(n+3)^2$ 被 7 除余 6.然而,

一个自然数的平方被 7 除的余数只能为 0,1,4 和 2 中的一个,因此,对任意的正整数 n,$(n+3)^2-6$ 不能被 7 整除,也就是 $\left[\sqrt{n(n+2)(n+4)(n+6)}\right]$ 不能被 7 整除.

【模拟实战】

A 组

1.(2007 年北京市竞赛题)对于实数 x,符号 $[x]$ 表示不大于 x 的最大整数,例如,$[3.14]=3$,$[-7.59]=-8$.则关于 x 的方程 $\left[\frac{3x+7}{7}\right]=4$ 的整数根有(   )个.

    A. 4   B. 3

    C. 2   D. 1

2.(第 21 届"五羊杯"竞赛题)设 $[x]$ 表示不大于 x 的最大整数,如 $[3.4]=3$,$[2]=2$,则 $\left[\frac{10^{2009}}{10^{49}-2}\right]$ 的个位数是(   ).

    A. 2   B. 4

    C. 6   D. 8

3.(第 19 届"五羊杯"竞赛题)求和 $\left[\frac{2001\times1}{2007}\right]+\left[\frac{2001\times2}{2007}\right]+\cdots+\left[\frac{2001\times2005}{2007}\right]+\left[\frac{2001\times2007}{2007}\right]=$(   ).(其中 $[x]$ 表示不大于 x 的最大整数)

    A. 2006000   B. 2006001

    C. 2007003   D. 4014006

4. 设 $[x]$ 表示不超过实数 x 的最大整数,$\{x\}=x-[x]$,则 $\left[\frac{2009\times83}{2009}\right]+\left[\frac{2010\times83}{2009}\right]+\cdots+\left[\frac{4017\times83}{2009}\right]=$(   ).

    A. 249075   B. 250958

    C. 174696   D. 251000

B 组

1. 方程 $4x^2-40[x]+51=0$ 的实数解的个数是(   ).

    A. 1   B. 2   C. 3   D. 4

2.(《中等数学》2008(1)数学奥林匹克训练题)在 $\left[\dfrac{1^2}{2008}\right]$,$\left[\dfrac{2^2}{2008}\right]$,$\cdots$,$\left[\dfrac{2008^2}{2008}\right]$ 中,有多少个不同的整数(其中,$[x]$ 表示不大于 x 的最大整数)?

3.(《中等数学》2009(1)数学奥林匹克训练题)设 $[x]$ 表示不超过实数 x 的最大整数,令 $\{x\}=x-[x]$.求所有的正数 x,使得 $[x]$ 与 $\{x\}$ 满足关系式 $[x]^2=x\{x\}$.

第十八章 有序整数对问题

【基础知识】

两个整数 a,b 按照先后顺序组成一对 (a,b),称为有序整数对. 在平面直角坐标系中,横、纵坐标均为整数的点常称为整点(或格点),就是一类有序整数对.

根据整数的奇偶性可将有序整数对分为(奇,奇),(奇,偶),(偶,奇),(偶,偶)4 类.

【典型例题与基本方法】

例1 (2008 年浙江省竞赛题)在平面直角坐标系中,称横、纵坐标都是整数的点为"整点". 将二次函数 $y=-x^2+6x-\dfrac{27}{4}$ 的图象与 x 轴所围成的封闭图形染成红色,则在此红色区域内部及其边界上的整点的个数是(   ).

A. 5   B. 6   C. 7   D. 8

解 选 C. 理由:二次函数 $y=-x^2+6x-\dfrac{27}{4}$ 的图象与 x 轴有两个交点 $\left(\dfrac{3}{2},0\right)$、$\left(\dfrac{9}{2},0\right)$.

在 $x=\dfrac{3}{2}$ 与 $x=\dfrac{9}{2}$ 之间共有 3 个整数 2,3,4.

当 $x=2,4$ 时,$y=\dfrac{5}{4}$,满足 $0\leqslant y\leqslant\dfrac{5}{4}$ 的整数是 0,1,整点有 4 个;

当 $x=3$ 时,$y=\dfrac{9}{4}$,满足 $0\leqslant y\leqslant\dfrac{9}{4}$ 的整数是 0,1,2,整点有 3 个.

因此,共有 7 个整点.

例2 (第 2 届青少年数学周"宗沪杯"竞赛题)在平面直角坐标系中,称横、纵坐标都是整数的点为"整点". 在函数 $y=\dfrac{x+12}{2x-1}$ 的图象上整点的个数是_____.

解 填 6. 理由:注意到 $2y=1+\dfrac{25}{2x-1}$.

因为 y 是整数,所以,$\dfrac{25}{2x-1}$ 为整数.

故 $2x-1=\pm 1,\pm 5,\pm 25.$

解得 $x=-12,-2,0,1,3,13.$

相应地 $y=0,-2,-12,13,3,1.$

知有 6 个整点.

例 3 (2009 年全国联赛题)设 a,b 是正整数,且满足 $2\left(\sqrt{\dfrac{15}{a}}+\sqrt{\dfrac{15}{b}}\right)$ 是整数,则这样的有序数对 (a,b) 共有_____对.

解 填 7. 理由:设 $\sqrt{\dfrac{15}{a}}+\sqrt{\dfrac{15}{b}}=\dfrac{k}{2}(k\in\mathbf{N}_+)$,则

$\dfrac{15}{b}=\dfrac{k^2}{4}+\dfrac{15}{a}-k\sqrt{\dfrac{15}{a}}\Rightarrow\sqrt{\dfrac{15}{a}}$ 为有理数.

令 $\dfrac{15}{a}=\dfrac{q^2}{p^2}[p,q\in\mathbf{N}_+,$ 且 $(p,q)=1]$,则

$aq^2=bp^2.$

故 $q^2\mid 15\Rightarrow q=1.$

所以,$\sqrt{\dfrac{15}{a}}=\dfrac{1}{p}.$

同理,$\sqrt{\dfrac{15}{b}}=\dfrac{1}{m}(m\in\mathbf{N}_+).$

因此,$\dfrac{1}{p}+\dfrac{1}{m}=\dfrac{k}{2}.$

又 $m\geqslant 1,p\geqslant 1$,则 $\dfrac{k}{2}=\dfrac{1}{p}+\dfrac{1}{m}\leqslant 2.$

所以,$k=1,2,3,4.$

(1)当 $k=1$ 时,有 $\dfrac{1}{p}+\dfrac{1}{m}=\dfrac{1}{2}\Rightarrow(p-2)(m-2)=4$,易求得 $(p,m)=(4,4)$ 或 $(3,6)$ 或 $(6,3).$

同理可求得:

(2)当 $k=2$ 时,$(p,m)=(2,2).$

(3)当 $k=3$ 时,$(p,m)=(2,1)$ 或 $(1,2).$

(4)当 $k=4$ 时,$(p,m)=(1,1).$

因此,这样的有序数对 (a,b) 共有 7 对:

$(240,240),(135,540),(540,135),(60,60),(60,15),(15,60),(15,15).$

【解题思维策略分析】

1. 结合几何知识处理好格点问题

例4 在 2×3 的矩形方格纸上,各个小正方形的顶点称为格点. 则以格点为顶点的等腰直角三角形有( )个.

A. 24   B. 38   C. 46   D. 50

解 选 D. 理由:以格点为顶点的线段长度可取 8 个数值:$1, \sqrt{2}, 2, \sqrt{5}, 2\sqrt{2}, 3$,
$\sqrt{10}, \sqrt{13}$. 以这些线段组成的等腰直角三角形按三边长来考虑可以分为以下 4 种情况:

$1, 1, \sqrt{2}; \sqrt{2}, \sqrt{2}, 2; 2, 2, 2\sqrt{2}; \sqrt{5}, \sqrt{5}, \sqrt{10}$.

下面按斜边长分类进行计数.

(ⅰ)当斜边长为 $\sqrt{2}$ 时,斜边一定是小正方形的对角线,这样的线段有 12 条,每条这样的线段对应着两个等腰直角三角形,共有 $2 \times 12 = 24$ 个.

(ⅱ)当斜边长为 2 时,图形中长为 2 的线段有 10 条,其中有 6 条在 2×3 矩形的四周上,每条这样的线段对应着一个等腰直角三角形;另有 4 条在 2×3 矩形的内部,每个这样的线段对应着两个等腰直角三角形,共有 $6 + 2 \times 4 = 14$ 个.

(ⅲ)当斜边长为 $2\sqrt{2}$ 时,斜边一定是 2×2 正方形的对角线,这样的对角线有 4 条,每条这样的线段对应着两个等腰直角三角形,共有 $2 \times 4 = 8$ 个.

(ⅳ)当斜边长为 $\sqrt{10}$ 时,这样的线段有 4 条,每条这样的线段对应着一个等腰直角三角形,共有 4 个.

因此,以格点为顶点的等腰直角三角形的个数为 $24 + 14 + 8 + 4 = 50$.

2. 注意特殊要求处理有序整数对

例5 若两个不同的自然数 a, b 组成的数对 (a, b) 满足它们的算术平均数 $A = \dfrac{a+b}{2}$ 和几何平均数 $G = \sqrt{ab}$ 均为两位数,且 A 和 G 中的一个可由另一个交换个位和十位数字得到,则称这样的自然数对为"好数对". 那么,满足条件的好数对有( )对.

A. 1   B. 2   C. 3   D. 4

解 选 A. 理由:由题意得 $\begin{cases} a+b=2A, \\ ab=G^2. \end{cases}$

则 a, b 是关于 x 的一元二次方程 $x^2 - 2Ax + G^2 = 0$ 的两根.

解得 $a, b = A \pm \sqrt{A^2 - G^2}$.

从而,$\sqrt{A^2 - G^2}$ 是自然数.

设 $A=10p+q(1\leqslant p,q\leqslant 9)$,则 $G=10q+p$.

$A^2-G^2=(A+G)(A-G)=9\times 11(p+q)(p-q)$.

要使 A^2-G^2 为完全平方数,必须 $11\mid(p+q)$ 或 $11\mid(p-q)$.

但 $1\leqslant p-q\leqslant 8$,故 $11\nmid(p-q)$.

所以,$11\mid(p+q)$.

又 $p+q\leqslant 9+8=17$,故 $p+q=11$.

这就要求 $p-q$ 是完全平方数,而 $p-q\leqslant 8<3^2$,则可能有 $p-q=2^2=4$ 或 $p-q=1^2=1$.

当 $p-q=4,p+q=11$ 时,p,q 均不为整数,故 $p-q\neq 4$.

当 $p-q=1,p+q=11$ 时,得 $p=6,q=5$,此时,A,G 分别为 65 和 56.

进而求得 (a,b) 为 $(98,32)$.

故满足条件的好数对只有 1 对.

例6 一只青蛙在平面直角坐标系中从点 $(1,1)$ 开始,可以按照如下两种方式跳跃:

(1)能从任意一点 (a,b) 跳到 $(2a,b)$ 或 $(a,2b)$.

(2)对于点 (a,b),如果 $a>b$,则能从 (a,b) 跳到 $(a-b,b)$;如果 $a<b$,则能从 (a,b) 跳到 $(a,b-a)$.

例如,按照上述跳跃方式,这只青蛙能够到达点 $(3,4)$,跳跃的一种路径为:

$(1,1)\to(2,1)\to(4,1)\to(3,1)\to(3,2)\to(3,4)$.

请思考:这只青蛙按照规定的两种方式跳跃,能到达下列各点吗? 如果能,请分别给出从点 $(1,1)$ 出发到达指定点的路径;如果不能,请说明理由.

①$(48,40)$;②$(96,60)$;③$(200,5)$;④$(200,8)$.

解 (ⅰ)能到达点①$(48,40)$ 和点④$(200,8)$.

从 $(1,1)$ 出发到 $(48,40)$ 的路径为 $(1,1)\to(2,1)\to(4,1)\to(3,1)\to(3,2)\to(3,4)\to(3,8)\to(3,5)\to(6,5)\to(12,5)\to(24,5)\to(24,10)\to(24,20)\to(24,40)\to(48,40)$.

从 $(1,1)$ 出发到 $(200,8)$ 的路径为 $(1,1)\to(1,2)\to(1,4)\to(1,8)\to(2,8)\to(4,8)\to(8,8)\to(16,8)\to(32,8)\to(64,8)\to(128,8)\to(256,8)\to(248,8)\to(240,8)\to(232,8)\to(224,8)\to(216,8)\to(208,8)\to(200,8)$.

(ⅱ)不能到达点②$(96,60)$ 和③$(200,5)$.理由如下:

因为 a 和 b 的公共奇约数等于 a 和 $2b$ 的公共奇约数,也等于 $2a$ 和 b 的公共奇约数,所以,由规则(1)知,跳跃不改变前后两数的公共奇约数.

若 $a>b$,a 和 b 的最大公约数等于 $a-b$ 和 b 的最大公约数;

若 $a<b$,a 和 b 的最大公约数等于 $b-a$ 和 b 的最大公约数.

而由规则(2)知,跳跃均不改变前后两数的最大公约数,从而,按规则(1)、(2)跳

跃,均不改变坐标前后两数的公共奇约数.

由于 1 和 1 的公共奇约数为 1,而 96 和 60 的公共奇约数为 3,200 和 5 的公共奇约数为 5,因此,从点 $(1,1)$ 出发不可能到达给定点 $(96,60)$ 和 $(200,5)$.

【模拟实战】

A 组

1. 设 $\sqrt{x}+\sqrt{y}=\sqrt{2009}$,且 $0<x<y$,则满足此等式的不同整数对 (x,y) 有(　　)对.

    A. 1   B. 2   C. 3   D. 4

2. 满足等式 $x\sqrt{y}+y\sqrt{x}-\sqrt{2006x}-\sqrt{2006y}+\sqrt{2006xy}=2006$ 的正整数对 (x,y) 的个数是_____.

3. (2007 年青少年数学国际城市邀请赛题)求所有的正整数 m,n,使得 m^2+1 是一个质数,且 $10(m^2+1)=n^2+1$.

B 组

1. (2007 年四川省竞赛题)已知关于 x,y 的方程组 $\begin{cases} x^2-y^2=p, \\ 3xy+p(x-y)=p^2 \end{cases}$ 有整数解 (x,y).求满足条件的质数 p.

2. (首届青少年数学周"宗沪杯"竞赛题)试求满足条件 $x^4+x^3+x^2+x=y^2+y$ 的整数对 (x,y).

参考答案

第一章 整数的封闭性运算

A 组

1. 选 B. 理由:由已知不等式得 $\dfrac{13}{7}<\dfrac{n+k}{n}<\dfrac{15}{8}$,

则 $\dfrac{6}{7}<\dfrac{k}{n}<\dfrac{7}{8}$,故 $\dfrac{6n}{7}<k<\dfrac{7n}{8}$.

由已知 $\dfrac{6n}{7}$ 与 $\dfrac{7n}{8}$ 之间只有一个整数 k,所以,$\dfrac{7n}{8}-\dfrac{6n}{7}\leqslant 2$,

解得 $n\leqslant 112$.

当 $n=112$ 时,$96<k<98$,存在唯一的 $k=97$.

2. 选 B. 理由:设 $\sqrt{m^2+1203}=n(n\in\mathbf{N}_+)$,则 $n^2-m^2=1203$,

从而 $(n+m)(n-m)=401\times 3=1203\times 1$.

因此,$\begin{cases}n+m=401,\\n-m=3\end{cases}$ 或 $\begin{cases}n+m=1203,\\n-m=1,\end{cases}$

解得 $m=199$ 或 $m=601$. 故和为 800.

3. 选 C. 理由:设 $a=12$,c 为斜边,则有 $c^2-b^2=a^2=144$.

因为 $144=2^4\times 3^2$,所以,

$(c+b)(c-b)=72\times 2$;

$(c+b)(c-b)=36\times 4$;

$(c+b)(c-b)=18\times 8$;

$(c+b)(c-b)=16\times 9$;

$(c+b)(c-b)=48\times 3$;

$(c+b)(c-b)=24\times 6$.

又因为 $c+b$ 与 $c-b$ 同奇偶,故符合题意条件的直角三角形有以下四个:

$\begin{cases}a=12,\\b=5,\\c=13;\end{cases}\begin{cases}a=12,\\b=9,\\c=15;\end{cases}\begin{cases}a=12,\\b=16,\\c=20;\end{cases}\begin{cases}a=12,\\b=35,\\c=37.\end{cases}$

4. 填 64. 理由:称此类年号为"特殊年号". 至今为止,首位为 2 的特殊年号只有 2009. 对于首位为 1 的年号,另三位数码和为 10,其中至多一位为 0. 若其中一位为 0 且 另两位的和为 10,有 9 种情况,若考虑 0 的位置,共得 $3×9=27$ 种情况;若后三位都不 为 0,其填法种数等于 $x+y+z=10$ 的正整数解的组数,按 x 取值由 1 到 8 讨论得 36 组解.

故连同 2009 本身,共计解数为 $1+27+36=64$ 个.

5. 填 2418. 理由:在不超过 100 的自然数中,

3 的倍数之和为:$S_3=3×(0+1+2+\cdots+33)=1683$;

5 的倍数之和为:$S_5=5×(0+1+2+\cdots+20)=1050$;

15 的倍数之和为:$S_{15}=15×(0+1+2+\cdots+6)=315$.

所以 $S=S_3+S_5-S_{15}=1683+1050-315=2418$.

B 组

1. 由 $1\leq a<b<c$,知 $abc=ab+bc+ca<3bc$,

所以,$a<3$. 故 $a=1$ 或 $a=2$.

(1)当 $a=1$ 时,有 $b+bc+c=bc$,即 $b+c=0$,这与 b,c 为正整数矛盾.

(2)当 $a=2$ 时,有 $2b+bc+2c=2bc$,即 $bc-2b-2c=0$,

所以,$(b-2)(c-2)=4$.

又 $2<b<c$,则 $0<b-2<c-2$.

于是,$b-2=1,c-2=4$,

从而,$b=3,c=6$.

所以,符合条件的正整数仅有一组:

$a=2,b=3,c=6$.

2. 由 $n^3=(\frac{n}{2})^2\cdot 4n=(\frac{n}{2})^2[(n+1)^2-(n-1)^2]=[\frac{n}{2}(n+1)]^2-[\frac{n}{2}(n-1)]^2$,

以及 $n(n+1)$ 与 $n(n-1)$ 中必含有 2 的因数,知 $\frac{n}{2}(n+1),\frac{n}{2}(n-1)$ 必为正整数$(n>1)$,由此即证.

3. 填 2000. 理由:1990 比 2006 少 16 粒. 如果这一堆有一次增加 19 粒,那么经过 不足 20 次操作,石子数只会超过 2006,不会少于 2006. 所以这一堆,每次操作都是取 走 1 粒,而且取了 16 次,故操作次数为 16.

另一堆石子数在 2080 到 2100 之间,即增加的数在 74 与 94 之间.

$19×4=76,19×5=95,19×6=114$.

$76-(16-4)=64,95-(16-5)=84,114-(16-6)=104$,

只有 84 在 74 与 94 之间. 所以应当有 5 次增加 19 粒,(16−5)次减少 1 粒,这一堆石子有 2006＋5×19−(16−5)＝2090 粒.

另解:因为 19＝20−1,所以每一堆石子经过 16 次操作,都减少 16 粒,再加上若干个 20,即是 1990(＝2006−16)加上若干个 20.

因此石子数在 2080 与 2100 之间的这堆应有 1990＋20×5＝2090(粒).

4. 因为 $a−b,b−c,a−c$ 都是正整数,且 $a−c=(a−b)+(b−c)$,所以把 72 分解成三个因数时,满足上式条件的只可能是 1,8,9 或 8,1,9. 于是有

$$(1)\begin{cases} a−b=1, \\ b−c=8, \\ a−c=9; \end{cases} \quad (2)\begin{cases} a−b=8, \\ b−c=1, \\ a−c=9. \end{cases}$$

由(1)及 $abc<100$,可得 a,b,c 分别为 10,9,1.

由(2)及 $abc<100$,可得 $c=1$ 或 2. 由此得 a,b,c 分别为 10,2,1 或 11,3,2.

5. 首先证明命题:对于任意 119 个正整数 $b_1,b_2,\cdots,b_{119}$,其中一定存在若干个(至少一个,也可以是全部)的和是 119 的倍数. 事实上,考虑如下 119 个正整数

$$b_1,b_1+b_2,\cdots,b_1+b_2+\cdots+b_{119}. \qquad\qquad ①$$

若①中有一个是 119 的倍数,则结论成立;若①中没有一个是 119 的倍数,则它们除以 119 所得的余数只能为 $1,2,\cdots,118$ 这 118 种情况. 所以其中一定有两个数除以 119 的余数相同,不妨设为 $b_1+\cdots+b_i$ 和 $b_1+\cdots+b_j(1\leqslant i<j\leqslant 199)$,于是 $119\mid b_{i+1}+\cdots+b_j$,从而此命题得证. 对于 $a_1,a_2,\cdots,a_{2006}$ 中的任意 119 个数,由上述结论可知,其中一定有若干个数的和是 119 的倍数,又由题设可知,它不等于 119,所以它大于或等于 $2×119$. 又因为 $2006=16×119+102$,所以

$$a_1+a_2+\cdots+a_{2006}\geqslant 16×238+102=3910. \qquad\qquad ②$$

取 $a_{119}=a_{238}=\cdots=a_{1904}=120$,其余的数都为 1 时,式②等号成立. 所以 $a_1+a_2+\cdots+a_{2006}$ 的最小值为 3910.

6. 因为答案个位是 2,所以 $B×A$ 只可能是 $1×2,2×6,3×4,4×8,6×7,8×9$,$12×21=252,26×62=1612,34×43=1462,48×84=4032,67×76=5092,89×98=8722$. 其中只有 $89×98=8722$ 的 4 个数字与 2872 全相同,因此正确答案是 8722.

第二章　正整数的多项式表示及应用

A 组

1. 选 D. 理由:因 N 是三位数,它占据三个位置,M 放在 N 的左边应为 $1000M$.

2. 选 B. 理由:$\overline{ab}=k(a+b)$,则 $10a+b=k(a+b)$,即 $\overline{ba}=10b+a=11(b+a)−(10a+b)=(11−k)\cdot(a+b)$.

3. 填 8 个. 由 $10y+x=(10x+y)+9$,得 $x+1=y$,故所求的数为 $12,23,34,45$, $56,67,78,89$,共 8 个.

4. 填 4 个. 由 $3(x+y)+\overline{xy}=\overline{yx}$,得 $y=2x$,故所求的数为 $12,24,36,48$,共 4 个.

5. 因 $\overline{ab}(10a+b)=100b+10b+b$,则 $a(10a+b)=37\times3$,故 $a=3,b=7,\overline{ab}=37$.

6. 设 $n=10m+6,m$ 为 $k-1$ 位整数,则 $6\times10^{k-1}+m=4(10m+6)$,于是最小的 $n=153846$.

B 组

1. 设所求四位数为 $\overline{abcd}$. 由题设有 $a+b+c+d+\overline{abcd}=2010$,即 $1001a+101b+11c+2d=2010$. 此时必有 $a=2$. 于是 $101b+11c+2d=8$,此时必有 $b=0,c=0,d=4$. 故所求四位数为 2004.

2. 由题意,得 $\overline{acb}+\overline{bac}+\overline{bca}+\overline{cab}+\overline{cba}=3194$,

两边加上 $\overline{abc}$,得 $222(a+b+c)=3194+\overline{abc}$,

从而 $222(a+b+c)=222\times14+86+\overline{abc}$,

即 $\overline{abc}+86$ 是 222 的倍数,且 $a+b+c>14$.

设 $\overline{abc}+86=222n$,考虑到 $\overline{abc}$ 是三位数,依次取 $n=1,2,3,4$,分别得出 $\overline{abc}$ 的可能值为 $136,358,802$,结合 $a+b+c>14$,知 $\overline{abc}=358$.

3. 因 $100x+10y+z=(10a+b)^2=100a^2+10\cdot2ab+b^2$,$100z+10y+x=(10b+a)^2=100b^2-10\cdot2ab+a^2$,故可判定三位数各个数位上的数字是:$a^2,2ab,b^2;b^2,2ab,a^2$. 易知 $a^2<10,b^2<10,2ab<10$,故有 $a\leqslant3,b\leqslant3,ab<5$. 不妨令 $a<b$,符合上述条件的 a,b 只能在 $1,2,3$ 之间选择. 但 $2\times3>5$,故 $a=1$ 时,$b=2$;或 $a=1$ 时,$b=3$. 答案有两种:$12^2=144,21^2=441$;$13^2=169,31^2=961$.

4. 注意到 $1+2+\cdots+61=1891,2008-1891=117$.

由于形如 $\overline{ab}$ 的页码被当成 $\overline{ba}$ 后,加得的和数将相差 $9|a-b|$,因为 a,b 只能在 $1,2,\cdots,9$ 中取值,$|a-b|\leqslant8$,所以 $9|a-b|\leqslant72$.

由于 $117=72+45=63+54$,设弄错的两数是 $\overline{ab}$ 和 $\overline{cd}$.

若 $9|a-b|=72,9|c-d|=45$,则只有 $\overline{ab}=19$,而 $\overline{cd}$ 可以取 $16,27,38,49$,此时,$\overline{ab}+\overline{cd}$ 的最大值是 68;

若 $9|a-b|=63,9|c-d|=54$,则 $\overline{ab}$ 可以取 $18,29$,而 $\overline{cd}$ 可以取 $17,28,39$,此时,$\overline{ab}+\overline{cd}$ 的最大值也是 68.

5. $(0.1101001)_2=\left(\dfrac{1}{2}+\dfrac{1}{4}+\dfrac{0}{8}+\dfrac{1}{16}+\dfrac{0}{32}+\dfrac{0}{64}+\dfrac{1}{128}\right)_{10}$

$=(0.5+0.25+0.0625+0.0078125)_{10}$

$=(0.8203125)_{10}$,

所以 $(0.1101001)_2 = (0.8203125)_{10}$.

6. 因为 $2^{18}-1 = (\underbrace{100\cdots0}_{18个0})_2 - (1)_2 = (\underbrace{111\cdots11}_{18个1})_2$，而 $7 = (111)_2$，

所以 $(2^{18}-1) \div 7 = (\underbrace{111\cdots1}_{18个1})_2 \div (111)_2 = (1001001001001001)_2$，

即 $2^{18}-1$ 能被 7 整除.

7. 由于 $\quad 2^{15}-2^{14}+2^{13}-2^{12}+2^{11}-2^{10}+\cdots+2^1-1$

$$= (2^{15}+2^{13}+2^{11}+\cdots+2^1)_{10} - (2^{14}+2^{12}+2^{10}+\cdots+2^0)_{10}$$

$$= (1010101010101010)_2 - (101010101010101)_2$$

$$= (101010101010101)_2，$$

而 $(5)_{10} = (101)_2$，

所以 $(101010101010101)_2$ 能被 $(101)_2$ 整除，商是 $(1000100010001)_2$，

即 $2^{15}-2^{14}+2^{13}-2^{12}+2^{11}-2^{10}+\cdots+2-1$ 能被 5 整除.

8. 因为 $2^m+1 = (\underbrace{100\cdots0}_{(m-1)个0}1)_2$，$2^n-1 = (\underbrace{11\cdots1}_{n个1})_2$，

若 $n \geq m+1$，显然 2^m+1 不能被 2^n-1 整除；

若 $n < m+1$，两数相除可以用下面竖式表示：

$$
\begin{array}{r}
100\cdots100\cdots\cdots \\
111\cdots1 \overline{)1000\cdots000\cdots000\cdots\cdots1} \\
\underline{111\cdots1} \\
100\cdots0 \\
\underline{11\cdots1} \\
100\cdots01
\end{array}
$$

从上面的算式可以看出，每次的余数都是 $100\cdots01$ 形式，而除数为 $111\cdots1$，故不能整除.

9. 将 $(2002)_{10}$ 化成二进制数为 $(11111010010)_2$.

10. 因 $(53)_{10} = (110101)_2$，

$(0.84375)_{10} = (0.11011)_2$，

故 $(53.84375)_{10} = (110101.11011)_2$.

注：将十进制混小数化成二进制小数时，先把十进制数的整数部分化成二进制数，再把十进制数的小数部分化成二进制小数.

11. 设所求的数为 A. 在七进制中，A 可写为 $A = 7^2 \cdot a + 7 \cdot b + c$，

这里 $a, b, c \in \{0,1,2,3,4,5,6\}$，$a \neq 0$.

数 A 在九进制中可表示为 $A = 9^2 \cdot c + 9 \cdot b + a$.

于是由题意得方程 $7^2 \cdot a + 7 \cdot b + c = 9^2 \cdot c + 9 \cdot b + a$，即 $b = 8(3a-5c)$.

于是 b 是 8 的倍数，又 $b \in \{0,1,2,\cdots,6\}$，则只能有 $b=0$.

再由 $3a-5c=0$，及 $a,c\in\{0,1,2,\cdots,6\}$，$a\neq0$，可得 $a=5,c=3$.

于是数 A 在七进制中为 $(503)_7$，在九进制中为 $(305)_9$，在十进制中为 $A=7^2\cdot5+3=248$.

12. 设进位制的基数为 b. 由题设，显然 $b>6$.

此时可得方程 $b^4+6b^3+3b^2+2b+4=(b^2+2b+5)^2$，

经整理可得 $2b^3-11b^2-18b-21=0$，即 $(b-7)(2b^2+3b+3)=0$，

此方程仅有唯一的实根 $b=7$.

于是在七进制中，16324 是 125 的平方.

13. 本题等价于求最小的正整数 b，使得方程

$$7b^2+7b+7=x^4 \qquad\qquad ①$$

对 x 有整数解.

因为 7 是素数，所以由方程①，7 是 x 的约数，为此设 $x=7k$，则方程①化为

$b^2+b+1=7^3k^4$.

最小的 b 出现在 k 最小的时候. 取 $k=1$，此时有 $b^2+b+1=343$，即 $b^2+b-342=0$，

此时有 $(b-18)(b+19)=0$，

解得正整数 $b=18$.

我们用 $(A)_k$ 表示 k 进制的数，则有 $(777)_{18}=(7^4)_{10}$.

14. 设进位制的基数为 b. 由题设，显然 $b>4$.

此时可得方程 $\begin{cases}4(1\cdot b+3)=1\cdot b^2+0\cdot b+0,\\ b>4,\end{cases}$

从而有 $b^2-4b-12=0$，

解得 $b=6,b=-2$（舍去）.

于是题设中的等式是在六进制中.

15. 填 220. 理由：因 $1\leq a,b,c\leq6$，$a\times8^2+b\times8+c=c\times7^2+b\times7+a$，即 $63a+b-48c=0$，即 $b=3(16c-21a)$，所以，$b=0,3,6$.

经检验，$b=3$ 符合题意. 故 $b=3,c=4,a=3$. 则 $3\times8^2+3\times8+4=220$.

16. 二进制数与八进制数有着特殊的关系，这是因为 $2^3=8$. 所以，一位八进制数相当于三位二进制数，如：

$(1)_8=(001)_2$，$(2)_8=(010)_2$，$(3)_8=(101)_2$，$(4)_8=(100)_2$，

$(5)_8=(101)_2$，$(6)_8=(110)_2$，$(7)_8=(111)_2$.

1	3	2	5
↓	↓	↓	↓
001	011	010	101

所以，$(1325)_8 = (001011010101)_2 = (1011010101)_2$.

17. 假设 10201 是 x 进位制数，因为其中出现了 0，1，2，所以它至少是三进制数，即 $x \geqslant 3$. $(10201)_x = 1 \times x^4 + 2 \times x^2 + 1 = x^4 + 2x^2 + 1 = (x^2 + 1)^2$，由 $x \geqslant 3$，得 $x^2 + 1 \geqslant 10$.

因此它一定是合数.

18. $\underbrace{11\cdots11}_{1989\text{个}1} \times \underbrace{11\cdots11}_{1989\text{个}1} = \underbrace{11\cdots11}_{1989\text{个}1} \div 9 \times \underbrace{99\cdots99}_{1989\text{个}9}$

$= \underbrace{12345679012345 6790 \cdots 1234567901234 5679}_{221\text{个}12345679\text{被}220\text{个}0\text{隔开}} \times (10^{1989} - 1)$

$= 12345679012345 6790 \cdots 1234567901234 5679 \times 10^{1989} -$

　　$12345679012345 6790 \cdots 12345679$

$= \underbrace{12345679012345 6790 \cdots 12345679}_{220\text{个}123456790} 012345678 \underbrace{98765432098765 4320 \cdots 0987654321}_{220\text{个}987654320}$.

如果将个位的 1 与中间 1234578 的 8 合并，那么就容易算得乘积的数字的和是

$221 \times (1+2+3+4+5+6+7+9) + 221 \times (9+8+7+6+5+4+3+2+0) =$

$221 \times (\underbrace{9+9+9+\cdots+9}_{9\text{个}}) = 221 \times 9 \times 9 = 17901$.

19. 利用二进制数间的加减运算.

(1)　$\begin{array}{r} 11011010 \\ + 1011011 \\ \hline 100110101 \end{array}$

所以 $(11011010)_2 + (1011011)_2 = (100110101)_2$.

(2)　$\begin{array}{r} 1101101 \\ - 1010110 \\ \hline 10111 \end{array}$

所以 $(1101101)_2 - (1010110)_2 = (10111)_2$.

(3)　$\begin{array}{r} 1000000 \\ - 10011 \\ \hline 101101 \end{array}$　$\begin{array}{r} 101101 \\ -101101 \\ \hline 0 \end{array}$

所以 $(1000000)_2 - (10011)_2 - (101101)_2 = 0$.

第三章　整除问题

A 组

1. 选 D. 理由：设 5 个连续整数为 $n-2, n-1, n, n+1, n+2$，则

$(n-2) + (n-1) + n + (n+1) + (n+2) = 5n$.

所以，能整除任意 5 个连续整数之和的最大整数为 5.

2. 选 C，理由：由 $7^{24} - 1 = (7^{12} + 1)(7^{12} - 1)$

$$=(7^{12}+1)(7^6+1)(7^6-1)$$
$$=(7^{12}+1)(7^6+1)(7^3+1)(7^3-1),$$

而 $7^3+1=(7+1)(7^2-7+1)=8\times 43$,

$7^3-1=(7-1)(7^2+7+1)=6\times 57$,

所以 $7^{24}-1$ 可被 43 与 $6\times 8=48$ 整除.

3. 选 C. 理由：设较大的四位数为 x,较小的四位数为 y,则

$$x-y=534,\tag{①}$$

且 x^2-y^2 能被 10000 整除.

而 $x^2-y^2=(x+y)(x-y)=267\times 2(x+y)$,则 $x+y$ 能被 5000 整除.

令 $x+y=5000k(k\in \mathbf{N}_+)$. ②

由式①②解得 $\begin{cases} x=2500k+267, \\ y=2500k-267. \end{cases}$

考虑到 x,y 均为四位数,于是,

$$\begin{cases} 1000\leqslant 2500k+267\leqslant 9999, \\ 1000\leqslant 2500k-267\leqslant 9999, \end{cases}$$

解得 $\dfrac{1267}{2500}\leqslant k\leqslant 3\dfrac{558}{625}$.

k 可取 1,2 或 3.

从而,x 可取的值有 3 个:2767,5267,7767.

4. 由于 $n^3+3n^2+5n+9=n(n+1)(n+2)+3(n+3)$,则知 $n(n+1)(n+2)$ 被 3 整除,由此即获证.

5. 因 $5|(x+9y)$,$5|5(2x+5y)$,且 $8x+7y=5(2x+5y)-2(x+9y)$,则 $5|(8x+7y)$.

6. 因 $x+2y=(4x-y)-3(x-y)$,而 $3|(4x-y)$,$3|3(x-y)$,则 $3|(x+2y)$.

又 $4x^2+7xy-2y^2=(x+2y)(4x-y)$,

则 $9|(4x^2+7xy-2y^2)$.

7. 因 $2|a(a+1)$,由 $a=3k,3k\pm 1$,得 $6|[a(a+1)(2a+1)]$.

B 组

1. 由 $7^{83}+8^{163}=7(7^{82}+8^{161})+57\times 8^{161}$ 及 $57|(7^{82}+8^{161})$,得 $57|(7^{83}+8^{163})$.

2. 若 $n|m$,则 $n|b,n|d$,即 $n|(ad-bc)$.

若 $n\nmid m$,$(ma-b)d-(mc-d)b=m(ad-bc)$,得

$n|m(ad-bc)$,$n|(ad-bc)$.

3. 因 $mq+np=(mn+pq)-(m-p)(n-q)$,而 $(m-p)|(mn+pq)$,故 $(m-p)|$

$(mq+np)$.

4. $\overline{abcdef}=\overline{abc}\times1000+\overline{def}=\overline{abc}\times999+(\overline{abc}+\overline{def})$.

因为 $999=9\times111=9\times3\times37$,即 999 被 37 整除.

又已知 $\overline{abc}+\overline{def}$ 也被 37 整除,所以 $\overline{abcdef}$ 被 37 整除.

注:一般地,一个多位数能否被 37 整除,可以这样来判定:将这个多位数从右向左,每隔三位数分段(最左段如不足三位,可在右方添 0),然后将这些三位数相加,其和如能被 37 整除,则这个多位数即能被 37 整除.

5. 因为 n 被 a_i 整除,其中 a_i 是 $a_1,a_2,\cdots,a_{1996}$ 中某一个,所以 $2n+a_i$ 被 a_i 整除.

所以 $n+a_i+n$ 可被 $a_i=n+a_i-n$ 整除,即 $n+a_i$ 与 n 两数和可被它们的差整除.

设 a_j 也是 $a_1,a_2,\cdots,a_{1996}$ 中的一个,且 $a_j\neq a_i$.

下面要证:$(n+a_i)-(n+a_j)$ 整除 $(n+a_i)+(n+a_j)$,即要证:(a_i-a_j) 整除 $2n+a_i+a_j$.

因为 $2n$ 中有因子 $2a_i$,且 $2a_i=a_i+a_j+(a_i-a_j)$,

所以 $2n=a_1\cdot a_2\cdot\cdots\cdot(2a_i)\cdot\cdots\cdot a_{1996}$

$\qquad\quad =a_1\cdot a_2\cdot\cdots\cdot[(a_i+a_j)+(a_i-a_j)]\cdot\cdots\cdot a_{1996}$.

又因为 a_i+a_j 被 a_i-a_j 整除,所以 $2n$ 被 a_i-a_j 整除.

因此 $2n+a_i+a_j$ 被 a_i-a_j 整除.

6. 设这个五位数是 $\overline{a3b5c}$,则 $9|\overline{5c}$.

所以,$9|(5+c)$.

因为 $5\leqslant5+c\leqslant14$,从而,$5+c=9$,$c=4$.

同理,$9|\overline{a3}$,则 $9|(a+3)$.

因为 $4\leqslant a+3\leqslant12$,所以,$a=6$.

又 $9|\overline{a3b5c}$,则

$9|(a+3+b+5+c)$,即 $9|(18+b)$.

所以,$b=0$ 或 9.

又 $11|\overline{a3b5c}$,则 $11|(a+b+c-5-3)$.

故 $11|(2+b)$.

从而,$b=9$.

所以,这个五位数是 63954.

7. 因为正整数 m,n 满足 mn 能被 21 整除,且 $1\leqslant m\leqslant n\leqslant30$,所以,

(1)若 $m=21$,则 $n=21,22,\cdots,30$.故满足条件的数对 (m,n) 有 10 个.

(2)若 $m\neq21$,

(i)当 $n=21$ 时,$m=1,2,\cdots,20$.满足条件的数对 (m,n) 有 20 个.

（ⅱ）当 $n \neq 21$ 时，因为 $21 = 3 \times 7$，所以，

1）如果 $m = 3a$，$n = 7b(a, b \in \mathbf{N}_+$，且 $a \neq 7, b \neq 3)$，得 $1 \leqslant 3a \leqslant 7b \leqslant 30$.

$b = 1$ 时，$a = 1, 2$；

$b = 2$ 时，$a = 1, 2, 3, 4$；

$b = 4$ 时，$a = 1, 2, 3, 4, 5, 6, 8, 9$.

故满足条件的数对 (m, n) 有

$2 + 4 + 8 = 14$（个）.

2）如果 $m = 7a$，$n = 3b(a, b \in \mathbf{N}_+$，且 $a \neq 3, b \neq 7)$，得 $1 \leqslant 7a \leqslant 3b \leqslant 30$.

$b = 3, 4$ 时，a 的值均为 1；

$b = 5, 6, 8, 9$ 时，a 的值均为 $1, 2$；

$b = 10$ 时，a 的值为 $1, 2, 4$.

故满足条件的数对 (m, n) 有

$2 \times 1 + 4 \times 2 + 3 = 13$（个）.

综上，满足条件的数对 (m, n) 共有

$10 + 20 + 14 + 13 = 57$（个）.

8. 设三个互不相同的正整数为 a, b, c，满足 $c \mid (ab + 1)$，$b \mid (ca + 1)$，$a \mid (bc + 1)$.

接下来证明：a, b, c 必两两互质.

如若不然，假设 $(a, b) > 1 \Rightarrow (ca, b) = d > 1$，此时，$ca + 1$ 不能被 d 整除，即 $d \nmid (ca + 1)$，但 $d \mid b$，于是，$b \nmid (ca + 1)$，这与已知 $b \mid (ca + 1)$ 矛盾.

所以，$(a, b) = 1$.

同理，$(b, c) = 1$，$(a, c) = 1$.

易知，数 $s = ab + bc + ca + 1$ 可同时被 a, b, c 整除.

由于已证 a, b, c 两两互质，因此，$abc \mid s$.

所以，$s \geqslant abc$.   ①

不失一般性，设 $1 \leqslant a < b < c$.

若 $a = 1$，则 $c \mid (b + 1)$，$b \mid (c + 1)$，可知 b, c 为两个连续的自然数，有 $c = b + 1$. 所以，由 $b \mid (c + 1)$，知 $b \mid (b + 2)$.

从而，$b \mid 2$.

但 $b > a = 1$，由 $b = 2$，得 $c = 3$.

因此，$(1, 2, 3)$ 为一组解.

若 $2 \leqslant a < b < c$，当 $b \geqslant 4$ 时，可得 $c \geqslant 5$，故

$abc \geqslant 2 \times 4 \times 5 = 40$.

但 $s = ab + bc + ca + 1 \leqslant \dfrac{abc}{5} + \dfrac{abc}{2} + \dfrac{abc}{4} + 1 = \dfrac{19}{20}abc + 1 = abc - \dfrac{abc}{20} + 1 \leqslant abc - \dfrac{40}{20} +$

$1=abc-1<abc$,与式①矛盾.

因此,$b<4$. 故只能是 $a=2,b=3$.

由 $c|(ab+1)=2\times3+1=7$,知 $c=7$.

因此,$(2,3,7)$ 为另一组解.

所以,所求的玲珑三数组为 $(1,2,3)$ 和 $(2,3,7)$.

9. 设 N 为魔术数,其位数为 m,则将 N 放在 1 的右面所得新数为 10^m+N.

因为 $N|(10^m+N)$,所以,$N|10^m$. 从而,$N=2^a\cdot5^b(a,b$ 为不超过 m 的非负整数),即 $N=2^r\cdot10^k$ 或 10^k 或 $5^r\cdot10^k(k$ 为 a,b 中较小者,r 为正整数,$r+k\leqslant m$ 且 $r+k$ 为 a,b 中较大者).

当 $N=5^r\cdot10^k$ 时,由于 $5^4=625$,若 $r\geqslant4$,则有 $5^r=5^4\cdot5^{r-4}$,它的位数 $\leqslant3+(r-4)=r-1$. 所以,$5^r\cdot10^k$ 的位数 $\leqslant r-1+k<r+k\leqslant m$,矛盾.

故 $r\leqslant3$,即 $N=5\cdot10^k,5^2\cdot10^k,5^3\cdot10^k$.

同样,当 $N=2^r\cdot10^k$ 时,只有 $N=2\cdot10^k$ 是魔术数.

反之,N 为 $2\cdot10^k,5^r\cdot10^k(r=0,1,2,3,k$ 为非负整数)之一时为魔术数,此时,N 为所求.

第四章　整数的可整性特征

A 组

1. 选 B. 理由:因为 N 是 4 的倍数,$N-5$ 被 11 整除,所以 $\overline{7y}$ 被 4 整除,则 $y=2$ 或 6,且 $(y+2+1)-(7+5+x)-5$ 被 11 整除.

当 $y=2$ 时,无满足条件的 x 的解;

当 $y=6$ 时,可得 $x=3$,则 $x+y=3+6=9$.

2. 填 19. 理由:全班人数被 9 整除,也被 4 整除,所以被 36 整除.

而全班人数小于 50,可见全班共有 36 人,则看电影的同学为 $36-36\times\dfrac{2}{9}-36\times$

$\dfrac{1}{4}=19$(人).

3. 填 9765. 理由:因为所求四位数被 5 整除,所以这个四位数为 $\overline{abc5}$.

另一方面,所求四位数被 3 整除,则 $a+b+c+5=3m(m$ 为整数).

从 6,7,8,9 中选出三个数字之和被 3 除余数为 7 的只有 6,7,9 符合条件. 在 5,6,7,9 组成的无重复数字的四位数中,最大的是 9765,并且 $9765=7\times1395$.

所以 9765 是所求的最大四位数.

4. 填 3. 理由:被 4 整除的最大的三位数是 996.

设满足条件的四位数为 $\overline{996a}$，则 $9+9+6+a$ 被 9 整除，则 $6+a$ 被 9 整除，所以 $a=3$.

故末位数字是 3.

5. 填 10008. 理由：要五位数 $\overline{abcde}$ 最小，必须四位数 $\overline{abcd}$ 最小，且被 4 整除，所以 $\overline{abcd}$ 最小是 1000.

在 1000 后补上一个末位数字 e，且要使五位数被 9 整除，则这个五位数的数字和应被 9 整除，所以 e 只能是 8.

6. 填 3，94599. 理由：能被 3 整除的数各位数字的和也能被 3 整除，即 $2k+4+5+9=2k+18$ 能被 3 整除，且 $k\neq0$.

所以 $k=3,6,9$，共 3 个.

又因为被 9 整除的数各位数字的和也能被 9 整除，即 $2k+18$ 能被 9 整除，所以 $k=9$.

因此这样的五位数中能被 9 整除的是 94599.

7. 填 142857. 理由：设原六位数为 $\overline{abcdef}$，则

$6\times\overline{abcdef}=\overline{defabc}$，

即 $6\times(1000\times\overline{abc}+\overline{def})=1000\times\overline{def}+\overline{abc}$.

所以 $994\times\overline{def}=5999\times\overline{abc}$，

即 $142\times\overline{def}=857\times\overline{abc}$.

因为 142 与 857 互质，

所以 $\overline{abc}$ 被 142 整除，$\overline{def}$ 被 857 整除.

又因为 $\overline{abc}$，$\overline{def}$ 为三位数，

所以 $\overline{abc}=142,\overline{def}=857$.

因此 $\overline{abcdef}=142857$.

8. 填 3，3. 理由：因为 $\overline{1995xy5991}$ 被 9 和 11 整除，所以 $1+9+9+5+x+y+5+9+9+1=48+x+y$ 被 9 整除，则 $x+y=6$ 或 15.

另一方面，$1-9+9-5+x-y+5-9+9-1=x-y$ 是 11 的倍数，得 $x=y$，所以 $x=y=3$.

9. 选 A. 理由 1：n 除以 11 的余数 $r=[(n$ 的奇位数字和$)-(n$ 的偶位数字和$)]$ 除以 11 的余数 $=100\times[(A$ 的奇位数字和$)-(A$ 的偶位数字和$)]$ 除以 11 的余数 $=100\times[(9+0+7+0)-(0+2+0+2)]$ 除以 11 的余数 $=1200$ 除以 11 的余数 $=1$.

理由 2：n 除以 11 的余数 $r=n$ 的 2 分段和除以 11 的余数 $=100\times(20+07+20+09)$ 除以 11 的余数 $=5600$ 除以 11 的余数 $=1$.

理由 3：A 除以 11 余 1，n 除以 11 的余数 $r=10^{8\times99}+10^{8\times98}+10^{8\times97}+\cdots+10^8+1$

除以 11 的余数. 易见 10^{2k} 除以 11 的余数恒为 1（k 为正整数），所以 $r=100\times 1$ 除以 11 的余数 $=1$.

B 组

1. $72\mid\overline{32a35717b}$，而 $72=8\times 9$，则 $8\mid\overline{32a35717b}$，$9\mid\overline{32a35717b}$. 根据数的整除特征，有 $8\mid\overline{17b}$，且 b 必须是偶数，从而 $b=6$.

又 $9\mid(3+2+a+3+5+7+1+7+6)$，即 $9\mid(34+a)$，故 $a=2$.

2. 因 $792=8\times 9\times 11$，则 $8\mid N$，即 $8\mid\overline{45z}$，从而 $z=6$.

又 $9\mid N$，则 $9\mid(1+3+x+y+4+5+6)$，即 $9\mid(19+x+y)$.

于是 $x+y=18$，或 $x+y=17$.

又 $11\mid N$，则 $11\mid[(1+x+4+6)-(3+y+5)]$，

即 $11\mid[3+(x-y)]$，

从而 $x-y=8$，或 $x-y=-3$.

经检验，$\begin{cases}x+y=8,\\ x-y=8\end{cases}$ 符合题意，它的解是 $\begin{cases}x=8,\\ y=0.\end{cases}$

故 $N=1380456$.

3. 首先，显然有 $20\mid x$.

其次，由于各位上的数字和为 558 能被 9 整除，所以 $9\mid x$.

最后，因为 $(1+2\cdot 10+3\cdot 10+4\cdot 10+5\cdot 10+6\cdot 10+7\cdot 10+8)-(9+6\cdot 45)=0$，所以 $11\mid x$.

而 $20,9,11$ 两两互质，且 $1980=20\times 9\times 11$，故 $1980\mid x$. 这个数能被 1980 整除.

4. 由 $\overline{2x9y}=2^x\cdot 9^y$，易知 $x\neq 0$，$y\neq 0$. 所以 y 是偶数.

又因为 $9^4>3000$，所以 $y<4$，得 $y=2$.

从而 $\overline{2x92}=2^x\cdot 9^2$，

即知 $\overline{2x92}$ 被 9 整除.

于是 $2+x+9+2=13+x$ 是 9 的倍数，即 $4+x$ 是 9 的倍数，可知 $x=5$.

验证：$2592=2^5\cdot 9^2$.

故 $\overline{2x9y}-x(x^{2y-1}-x^{y-1}-1)$

$=2592-5(5^3-5-1)$

$=2592-625+25+5$

$=1997$.

5. 因 $0+1+2+\cdots+9=45=5\times 9$，

则所有这样的十位数均能被 9 整除.

设十位数中奇数位上数字和为 x，偶数位上数字和为 y，则 $x+y=0+1+2+\cdots+$

$9＝45$ 为奇数,

从而 $x-y$ 为奇数.

根据题意,得 $11\mid(x-y)$,

即 $|x-y|=11$.

若 $x-y=11$,则 $x=28,y=17$;

若 $x-y=-11$,则 $x=17,y=28$.

要使十位数最大,前几位应尽量选用 9,8,7,6.

若前四位数为 9876,则 $9+7=16,8+6=14$,可知 $x\neq17$,于是有 $x=28,y=17$.

从而易得能被 99 整除的最大的十位数为 9876524130.

同理能被 99 整除的最小的十位数为 1024375869.

注:注意到 $x-y$ 与 $x+y$ 奇偶性相同,在得 $|x-y|=0,11,22$ 时就可以排除 $|x-y|=0$ 与 $|x-y|=22$.

6. 选 A. 理由:设四位数是 $\overline{a_1a_2a_3a_4}$,则

$A=\overline{a_1a_2a_3a_4}+\overline{a_4a_3a_2a_1}=1001(a_1+a_4)+110(a_2+a_3)$.

因为 $1001=7\times143$,所以,

$7\mid A\Leftrightarrow7\mid110(a_2+a_3)\Leftrightarrow7\mid(a_1+a_3)$,

$5\mid A\Leftrightarrow5\mid(a_1+a_4)$.

则 $(a_1,a_4)=(1,4),(1,9),(2,3),(2,8),(3,2),(3,7),(4,1),(4,6),(5,0),(5,5),(6,4),(6,9),(7,3),(7,8),(8,2),(8,7),(9,1),(9,6)$.

$(a_2,a_3)=(0,7),(1,6),(2,5),(3,4),(4,3),(5,2),(5,9),(6,1),(6,8),(7,0),(7,7),(8,6),(9,5)$.

故满足条件的数共有 $18\times13=234$ 个.

7. 填 48. 理由:注意到

$$\underbrace{66\cdots6}_{100个}\underbrace{77\cdots7}_{100个}\underbrace{88\cdots8}_{100个}$$

$$=\underbrace{66\cdots6}_{100个}\underbrace{77\cdots7}_{100个}\underbrace{88\cdots8}_{96个}2000+72\times95+48.$$

令 $\underbrace{66\cdots6}_{100个}\underbrace{77\cdots7}_{100个}\underbrace{88\cdots8}_{96个}2000=a$.

由于 a 的各位数字之和 $100\times6+100\times7+96\times8+2=2070$ 能被 9 整除,于是,a 能被 9 整除;又 a 的末三位数能被 8 整除,则 a 又能被 8 整除.而 8 与 9 互质,因此,a 能被 $8\times9=72$ 整除. 故原数除以 72 的余数是 48.

8. 易知 $1-|x|\geqslant0,2-2|y|\geqslant0$,

所以,$-1\leqslant x\leqslant1,-1\leqslant y\leqslant1$,

则 $-2\leqslant x+y\leqslant2,0\leqslant x+1\leqslant2,-7\leqslant2x-y-4\leqslant-1$.

当 $x+y \geqslant 0$ 时，

$M = |x+y| + |x+1| + |2x-y-4|$

$\quad = x+y+x+1-2x+y+4 = 2y+5.$

由 $3 \leqslant 2y+5 \leqslant 7$，得 $3 \leqslant M \leqslant 7.$

当 $x+y \leqslant 0$ 时，

$M = |x+y| + |x+1| + |2x-y-4|$

$\quad = -x-y+x+1-2x+y+4 = -2x+5.$

由 $3 \leqslant -2x+5 \leqslant 7$，得 $3 \leqslant M \leqslant 7.$

当 $x=1, y=1$ 时，$M=7.$

当 $x=1, y=-1$ 时，$M=3.$

故 M 的最大值为 7，最小值为 3，即 $a=7, b=3.$

因为五位整数 $\overline{1abcd}$ 能被 99 整除，$99 = 9 \times 11$，9 与 11 互质，所以，$\overline{173cd}$ 既能被 9 整除，也能被 11 整除.

故 $1+7+3+c+d$ 能被 9 整除.

从而，$2+c+d$ 能被 9 整除.

由于 $2 \leqslant 2+c+d \leqslant 20$，则 $2+c+d = 9$ 或 18.

故 $c+d = 7$ 或 16.   ①

又 $1-7+3-c+d$ 能被 11 整除，则 $-3-c+d$ 能被 11 整除.

由于 $-12 \leqslant -3-c+d \leqslant 6$，则

$-3-c+d = -11$ 或 0.

故 $-c+d = -8$ 或 3.   ②

注意到 $c+d$ 与 $-c+d$ 的奇偶性相同，由式①、②得

$\begin{cases} c+d=7, \\ -c+d=3 \end{cases}$ 或 $\begin{cases} c+d=16, \\ -c+d=-8. \end{cases}$

解得 $\begin{cases} d=5, \\ c=2 \end{cases}$ 或 $\begin{cases} d=4, \\ c=12 \end{cases}$（不合题意舍去）.

故 $c=2, d=5.$

第五章　带余除法

A 组

1. 选 D. 理由：$y = \dfrac{x^2+11}{x+1} = x-1 + \dfrac{12}{x+1}$，为使 $\dfrac{12}{x+1}$ 为整数，则自然数 x 可取 0，1，2，3，5，11 共 6 个值，其和为 22.

2. 选 D. 理由:因为 $2005^3=(7\times286+3)^3=7k+27=7k_1+6(k,k_1\in\mathbf{N})$,所以,那天是星期六.

3. 选 A. 理由:设三数除以 x 的商分别为 a,b,c,则可得 $\begin{cases} ax+y=1059, & ① \\ bx+y=1417, & ② \\ cx+y=2312. & ③ \end{cases}$

②-①得 $(b-a)x=358=2\times179$,

③-②得 $(c-b)x=895=5\times179$,

③-①得 $(c-a)x=1253=7\times179$.

即 $x=179,y=164$. 故 $x-y=15$.

4. 选 C. 理由:因为 $1997=7\times285+2$,所以 1997^{2000} 被 7 除的余数与 2^{2000} 被 7 除的余数相同. 又因为 2^3 被 7 除余数为 1,且 $2000=3\times666+2$,所以 $2^{2000}=(2^3)^{666}\cdot2^2\equiv4(\mod7)$.

5. 选 A. 理由:因 $A+B=3^{1993}+1+1993^3-1$

$$=3^{1993}+1993^3$$

$$=3^{4\times498+1}+1993^3,$$

所以 $A+B$ 的末位数字与 3^1+3^3 的末位数字相同,因为 $3^1+3^3=30$,所以 $A+B$ 的末位数字是 0.

6. 选 D. 理由:因为魔术师变球后增加的球数总是 6 的倍数,所以不论变多少次,盒中球的总数被 6 除的余数不变,即余数总为 1.

而选项的四个数中,只有 1993 被 6 除余数为 1.

7. 填 0. 理由:n 不是 5 的倍数,则被 5 除余 1 或 2 或 3 或 4,但它们的四次方都被 5 除余 1.

8. 填三. 理由:注意 $365=7\times52+1$,平年 365 日,闰年 366 日,2004 年和 2008 年是闰年. 从 2002 年 10 月 1 日到 2008 年 10 月 1 日一共过了 $365\times4+366\times2=7n+4+2\times2=7n+8=7m+1$ 天,其中 n 是正整数,$m=n+1$.

9. 由题意,设 $a=1995k+2$,k 为整数,则

$-a=-1995k-2=-1995(k+1)+1993.$

所以 $-a$ 被 1995 除,所得余数是 1993.

故应填 1993.

10. 因为 900 人坐 32 排,而 $900=28\times32+4$,

所以可以让一排人数为 27 人,另一排为 33 人,其余各排为 28 人.

因此所求人数为 27 人.

故应填 27.

B组

1. 填 1. 理由:设 $a=7m+2, a^2+b=7n+5$,其中 m, n 为非负整数,则

$b=7n+5-a^2$

$=7n+5-(7m+2)^2$

$=7n+5-49m^2-28m-4$

$=7(n-7m^2-4m)+1.$

所以 b 除以 7 余 1.

2. 填 1. 理由:$a-b=1^2+(3^2-2^2)+(5^2-4^2)+\cdots+(1991^2-1990^2)$

$=1+5+9+\cdots+3981$

$=\dfrac{(1+3981)\times996}{2}$

$=1983036$

$=1993\times995+1.$

所以 $a-b$ 被 1993 除的余数等于 1.

3. 填三. 理由:$111111=15873\times7, 2000=333\times6+2$,所以 $\underbrace{111\cdots1}_{2000个1}$ 被 7 除的余数与

11 被 7 除的余数相同.

因为 $11=7\times1+4$,

所以从今天算起的第 $\underbrace{111\cdots1}_{2000个1}$ 天是星期三.

4. 数列中每个数除以 3 的余数按 $1, 1, 2, 0, 2, 2, 1, 0$ 的顺序周期出现,而 $90\div8=$

$11\cdots\cdots2$,故所求余数等于数列中第 2 个数除以 3 的余数,即为 1.

5. 设 $a=7m+3, b=7n+5$,其中 m, n 为整数,则

$a^2-4b=(7m+3)^2-4(7n+5)=7(7m^2+6m-4n-2)+3.$

因为 $7m^2+6m-4n-2$ 为整数,

所以 a^2-4b 除以 7 余 3.

6. 因 8 与 9 互质,则凡除以 8 和 9 都余 1 的数都可表示为 $72n+1$(n 为自然数).

又因 $72n+1$ 是三位数,则 $100\leqslant72n+1<1000$,解得 $\dfrac{99}{72}\leqslant n<\dfrac{999}{72}$,即 $1\dfrac{3}{8}\leqslant n<$

$13\dfrac{7}{8}$.

由于 n 为自然数,则 n 可取 $2, 3, \cdots, 13$ 共 12 个值. 故其和为 6492.

7. (1)16.

(2)$3n+1$.

(3)若能分得 2003 片,则 $3n+1=2003, 3n=2002, n$ 无整数解,所以不可能经若干

次分割后得到 2003 张纸片.

8. 填 22. 理由:因 $2005=3\times668+1,668=3\times223-1,223=3\times74+1,74=3\times25$ $-1,25=3\times8+1,8=3\times3-1,3=3\times1$,从而 $2005=3\times(3\times(3\times(3\times(3\times(3\times(3\times1)-1)+1)-1)+1)-1)+1=3^7-3^5+3^4-3^3+3^2-3^1+3^0$,所以 $n=7,a_1=7,$ $c_1=1;a_2=5,c_2=-1;a_3=4,c_3=1;a_4=3,c_4=-1;a_5=2,c_5=1;a_6=1,c_6=-1;a_7=$ $0,c_7=1.$

从而 $a_1+a_2+\cdots+a_n=a_1+a_2+\cdots+a_7=7+5+4+3+2+1+0=22.$

第六章 同余及应用

A 组

1. 选 C. 理由:因为 $1997=7\times285+2,$

所以 1997^{2000} 被 7 除的余数与 2^{2000} 被 7 除的余数相同.

又因为 2^3 被 7 除余数为 1,且 $2000=3\times666+2,$

所以 $2^{2000}=(2^3)^{666}\cdot2^2\equiv4(\bmod 7).$

2. 选 C. 理由:已知 1997 年 7 月 1 日是星期二,则易推知 1997 年 6 月 9 日是星期一. 而 1898 年 6 月 9 日至 1997 年 6 月 9 日共 99 年,其中闰年 24 次,所以

$99\times365+24\equiv99+24\equiv4(\bmod 7),$

$1-4\equiv-3\equiv4(\bmod 7).$

3. 填天. 理由:

当 $p=3$ 时,$q=1991$,但 $1991=11\times181$,1991 不是质数.

当 $p=5$ 时,$q=1989$,但 $1989=9\times221$,1989 也不是质数.

当 $p=7$ 时,$q=1987$. 反过来,$p=1987$ 时,$q=7$.

当 $p=7,q=1987$ 时,7^{1987} 被 7 整除,则 p^q 天后是星期一,不合题意;

当 $p=1987,q=7$ 时,$1987^7=(7\times284-1)^7\equiv(-1)^7(\bmod 7)\equiv6(\bmod 7).$

所以 p^q 天后的那一天是星期天.

4. 填 5. 理由:由题设有

$n^{2006}+2006\equiv(-1)^{2006}+2006=2007\equiv0(\bmod(n+1)).$

而 $2007=3\times3\times223$,则 $n+1=3,9,223,669,2007.$

故 $n=2,8,222,668,2006.$

5. 填 14. 理由:令 $2007=a$,则

$2007^{2048}-1=a^{2048}-1^2=(a^{2^{10}}+1)(a^{2^9}+1)\cdots(a^{2^1}+1)(a+1)(a-1).$

而对于正整数 k,有 $a^{2^k}+1\equiv(-1)^{2^k}+1\equiv2(\bmod 4),$

即 $a^{2^k}+1$ 是 2 的倍数,不是 4 的倍数.

而 $a+1$ 是 8 的倍数,不是 16 的倍数,$a-1$ 是 2 的倍数,不是 4 的倍数,所以,n 的最大值为 $10\times1+3+1=14$.

B 组

1. 设 $S=(n-1)^3+n^3+(n+1)^3=3n(n^2+2)$.

若 $n\equiv0\pmod 3$,则 $3|n(n^2+2)$.

若 $n\equiv\pm1\pmod 3$,则 $n(n^2+2)\equiv\pm1\times(1+2)\equiv0\pmod 3$,即 $3|n(n^2+2)$.

故 $9|S$.

2. 若 $a\equiv0\pmod 5$,且 $b\equiv0\pmod 5$,则 $24a^2-b^2+1\equiv1\pmod 5$,与 $24a^2-b^2+1=0$ 矛盾.

若 a,b 都不是 5 的倍数,则 $a\equiv\pm1,\pm2\pmod 5$,且 $b\equiv\pm1,\pm2\pmod 5$.

所以,$a^2\equiv\pm1\pmod 5$,$b^2\equiv\pm1\pmod 5$.

故 $24a^2\equiv\pm24\equiv\pm1\pmod 5$,$b^2-1\equiv0,-2\pmod 5$,与 $24a^2=b^2-1$ 矛盾.

3. 注意到 $47^6\equiv(-2)^6\equiv2^6\equiv8^2\equiv1^2\equiv1\pmod 7$.

又 $37^{23}\equiv1^{23}\equiv1\pmod 6$,设 $37^{23}=6k+1$,则

$47^{37^{23}}=47^{6k+1}=(47^6)^k\times47\equiv1^k\times47\equiv47\equiv5\pmod 7$.

4. 因为 $100\equiv-1\pmod{101}$,所以,$123123=123\times100+123\equiv-123+123\equiv0\pmod{101}$.

故 $123123\cdots12312=123123\cdots12300+12\equiv0+12\equiv12\pmod{101}$.

5. (1)$2^3=8\equiv1\pmod 7$,所以,$2^{3k}-1\equiv1-1\equiv0\pmod 7$,$2^{3k+1}-1\equiv2-1\equiv1\pmod 7$,$2^{3k+2}-1\equiv2^2-1\equiv3\pmod 7$.

因此,当且仅当 n 是 3 的倍数时,2^n-1 被 7 整除.

(2)当 $n=3k$ 时,$2^n+1\equiv1+1\equiv2\pmod 7$;

当 $n=3k+1$ 时,$2^n+1\equiv2+1\equiv3\pmod 7$;

当 $n=3k+2$ 时,$2^n+1\equiv2^2+1\equiv5\pmod 7$.

因此,2^n+1 不被 7 整除.

6. 因为 $2^{12}=4096\equiv-4\pmod{100}$,

所以,$2^{999}=(2^{12})^{83}\cdot2^3\equiv(-4)^{83}\cdot2^3\pmod{100}$.

又因为 $4^6=2^{12}=4096\equiv-4\pmod{100}$,

所以,$4^{83}=(4^6)^{13}\cdot4^5\equiv(-4)^{13}\cdot4^5\equiv-4^{18}\equiv-(4^6)^3\equiv4^3\equiv64\pmod{100}$.

所以,$2^{999}\equiv-64\cdot2^3\equiv-2^9\equiv-512\equiv88\pmod{100}$.

故 2^{999} 的最后两位数字是 88.

7. 填 401. 理由:列表如下:

x	1	2	3	4	5	6	7	8	9	10	11	12	13	14	15	16	17	18	19	20	21
A	1	2	4	3	1	2	4	3	1	2	4	3	1	2	4	3	1	2	4	3	1
B	1	3	2	4	0	1	3	2	4	0	1	3	2	4	0	1	3	2	4	0	1

其中 A, B 分别表示 3^{3x+1} 和 x^3 被 5 除的余数. 显然 A 按周期 4 变化, B 按周期 5 变化, 两种余数合起来按周期 20 变化, 在一个周期中有 4 次余数相同: $x=1,12,18,19$. 而 $2005 \div 20 = 100 \cdots 5$, 所以题目答案为 $100 \times 4 + 1 = 401$ 个.

第七章　末位数问题

A 组

1. 选 A. 理由: $3^1, 3^2, 3^3, 3^4, 3^5, \cdots\cdots$ 的末位数字分别为 $3, 9, 7, 1, 3, \cdots\cdots$, 它们是以 $3, 9, 7, 1$ 四个数为一个周期循环出现的.

而 $1991 = 4 \times 497 + 3$, 所以 3^{1991} 的末位数字与 3^3 的末位数字相同, 都为 7.

因此, $3^{1991} + 1991^3$ 的末位数字与 $7+1$ 的末位数字相同, 都为 8.

2. 选 A. 理由: x 除以 10 的余数等于 7^{2008} 除以 10 的余数. 又 $7, 7^2, 7^3, 7^4, 7^5, \cdots\cdots$ 除以 10 的余数分别为 $7, 9, 3, 1, 7, \cdots\cdots$, 它们以 4 为周期.

又 $2008 = 502 \times 4$, 于是, 7^{2008} 除以 10 的余数为 1, 即 x 除以 10 的余数是 1.

3. 填 6632. 理由: 显然, $(10+n)^4$ 的个位数与 n^4 的个位数相同, 即 $1^4, 2^4, 3^4, 4^4, 5^4, 6^4, 7^4, 8^4, 9^4, 10^4$ 的个位数依次为 $1, 6, 1, 6, 5, 6, 1, 6, 1, 0$.

则 $a_1 + a_2 + \cdots + a_{10} = 1+6+1+6+5+6+1+6+1+0 = 33$.

故 $a_1 + a_2 + \cdots + a_{2008} = 200 \times 33 + 1+6+1+6+5+6+1+6 = 6632$.

4. 填 2. 理由: 因 $5p$ 的正约数为 $1, 5, p, 5p$, 又 $(p+3) \mid 5p$, 所以, $p=2$.

故 $p^{2009} = 2^{2009} = (2^4)^{502} \times 2 = 2 \times 16^{502}$.

由 16^{502} 的末位数字是 6, 知 p^{2009} 的末位数字是 2.

5. 填 8. 理由: $1^4 + 2^4 + 3^4 + \cdots + 10^4 \equiv 1+6+1+6+5+6+1+6+1 \equiv 3 \pmod{10}$,

$11^4 + 12^4 + \cdots + 20^4 \equiv 3 \pmod{10}$,

$\cdots\cdots$

$1981^4 + 1982^4 + \cdots + 1990^4 \equiv 3 \pmod{10}$,

从而 $1^4 + 2^4 + 3^4 + \cdots + 1990^4 \equiv 3 \times 199 \equiv 7 \pmod{10}$,

则 $1^4 + 2^4 + 3^4 + \cdots + 1990^4 + 1991^4 \equiv 7+1 \equiv 8 \pmod{10}$.

所以 $1^4 + 2^4 + 3^4 + \cdots + 1990^4 + 1991^4$ 的个位数字是 8.

6. 选 A. 理由: 因为 x_1, x_2, x_2, x_4, x_5 为互不相等的正奇数, 所以, 已知等式左端 5 个因式为互不相等的偶数.

而 24^2 分解为 5 个互不相等偶数之积,只有唯一的形式

$24^2 = 2 \times (-2) \times 4 \times 6 \times (-6)$,

所以,5 个因式 $(2005 - x_i)(i = 1, 2, 3, 4, 5)$ 应分别等于 $2, -2, 4, 6, -6$.

故 $(2005 - x_1)^2 + (2005 - x_2)^2 + (2005 - x_3)^2 + (2005 - x_4)^2 + (2005 - x_5)^2 = 2^2 + (-2)^2 + 4^2 + 6^2 + (-6)^2 = 96$.

将上式左边展开,有

$5 \times 2005^2 - 4010(x_1 + x_2 + x_3 + x_4 + x_5) + (x_1^2 + x_2^2 + x_3^2 + x_4^2 + x_5^2) = 96$,

故 $x_1^2 + x_2^2 + x_3^2 + x_4^2 + x_5^2 = 96 - 5 \times 2005^2 + 4010(x_1 + x_2 + x_3 + x_4 + x_5) \equiv 1 \pmod{10}$.

B 组

1. 选 A. 理由:注意到 $5^{55} = 5 \times 5^{54}$.

因为 5^2 被 8 除余 1,所以,5^{54} 被 8 除余 1. 故 5^{55} 被 8 除余 5. 而在 $125, 375, 625, 875$ 四个数中,只有 125 被 8 除余 5.

2. 由 $2003 \equiv 3 \pmod{10}$,有

$2003^4 \equiv 3^4 \equiv 1 \pmod{10}$,

即 $2003^{2002} \equiv (2003^4)^{500} \cdot 2003^3$

$\equiv 1^{500} \cdot 3^3$

$\equiv 27$

$\equiv 7 \pmod{10}$.

故 2003^{2002} 的末位数字是 7.

3. 设 $A = 1991^{1992} + 1993^{1994} + 1995^{1996} + 1997^{1998} + 1999^{2000}$.

A 的个位数字与 $1^{1992} + 3^{1994} + 5^{1996} + 7^{1998} + 9^{2000}$ 的个位数字相同.

又 $3^1, 3^2, 3^3, 3^4, 3^5 \cdots\cdots$ 的个位数字分别为 $3, 9, 7, 1, 3 \cdots\cdots$,它们是以 $3, 9, 7, 1$ 四个数为一个周期循环出现.

同样,可得 $5^1, 5^2, 5^3, 5^4 \cdots\cdots$ 的个位数字均为 5;

$7^1, 7^2, 7^3, 7^4, 7^5 \cdots\cdots$ 的个位数字是以 $7, 9, 3, 1$ 四个数为一个周期循环出现;

$9^1, 9^2, 9^3, 9^4 \cdots\cdots$ 的个位数字是以 $9, 1$ 两个数为一个周期循环出现.

又因为 $1994 = 4 \times 498 + 2, 2000 = 2 \times 1000$,

所以 A 的个位数字与 $1 + 3^2 + 5^2 + 7^2 + 9^2 = 165$ 的个位数字 5 相同. 故 A 被 5 整除.

4. 由 $1998 \equiv 98 \equiv -2 \pmod{100}$,有

$1998^{2002} \equiv (-2)^{2002} \equiv 2^{2002} \equiv 4^{1001} \pmod{100}$.

因为 $4 \equiv 4 \pmod{100}, 4^2 \equiv 16 \pmod{100}$,

$4^3 \equiv 64 \pmod{100}, 4^4 \equiv 56 \pmod{100}$,

$4^5 \equiv 24 \pmod{100}, 4^6 \equiv 96 \pmod{100}$,

$4^7 \equiv 84 \pmod{100}, 4^8 \equiv 36 \pmod{100}$,

$4^9 \equiv 44 \pmod{100}, 4^{10} \equiv 76 \pmod{100}$,

$4^{11} \equiv 4 \pmod{100}, \cdots \cdots$

所以 4^r 除以 100 的余数是以 $4, 16, 64, 56, 24, 96, 84, 36, 44, 76$ 周期性出现的. 因 $4^{1001} = 4^{10 \times 100 + 1}$, 所以 $4^{1001} \equiv 4 \pmod{100}$.

因此 $1998^{2002} \equiv 4 \pmod{100}$.

故 1998^{2002} 的十位数字是 0.

5. $c = 2005 - ab$, 因为 a, b 的个位分别是 7 与 5, 即 ab 的个位是 5, 所以 c 的个位是 0, 再由 c 的十位是 1, 得 $c = 10$.

$ab = 2005 - 10 = 1995 = 3 \times 5 \times 7 \times 19$,

推知 $a = 3 \times 19 = 57, b = 5 \times 7 = 35$,

故 $a + b + c = 57 + 35 + 10 = 102$.

第八章　奇数与偶数

A 组

1. 选 A. 理由:考察 S 的三个因数和的奇偶性.

2. 选 C. 理由:因 $y_0 = n - 2004, n$ 为奇数, 则 y_0 为奇数; $11x_0 = m - 28y_0, m$ 和 $28y_0$ 都为偶数, 故 x_0 为偶数.

3. 选 B. 理由:因为 $5p^2 + 3q$ 为奇数, 故 p, q 必为一奇一偶. 而 p, q 均为质数, 故 p, q 中有一个为 2. 若 $q = 2$, 则 $p^2 = \dfrac{53}{5}$, 不合题意, 舍去; 若 $p = 2$, 则 $q = 13$, 此时 $p + 3 = 5, 1 - p + q = 12, 2p + q - 4 = 13$. 因为 $5^2 + 12^2 = 13^2$, 所以, 以 $5, 12, 13$ 为边长的三角形为直角三角形.

4. 选 D. 理由:对于任意一个整数, 它不是奇数就是偶数, 且两者必居其一. 对任意的三个整数, 它们的奇偶性只可能是下面 8 种情况之一:

奇奇奇、奇奇偶、奇偶奇、奇偶偶、偶奇奇、偶奇偶、偶偶奇、偶偶偶.

而这 8 种情况所对应的三个数的和的奇偶性依次为:奇、偶、偶、奇、偶、奇、奇、偶. 所以它们的和是奇数与和是偶数的可能性一样, 排除 A, B. 又因为在可能的 8 种情况下, 每种情况中都存在两个奇偶性相同的数, 而这两个数的和一定是偶数. 故选 D.

5. 选 C. 理由:因为 a, b, c 是任意整数, 所以 a, b, c 中至少有两个同为奇数或同为偶数. 而两个奇数或两个偶数的和是偶数, 故 $\dfrac{a+b}{2}, \dfrac{b+c}{2}, \dfrac{c+a}{2}$ 中至少有一个整数. 如当

$a=1,b=2,c=3$ 时,$\dfrac{a+c}{2}=2,\dfrac{a+b}{2}=\dfrac{3}{2},\dfrac{b+c}{2}=\dfrac{5}{2}$,此时,恰有一个整数. 故选 C.

6. 选 B. 理由:设最后一排有 k 个人,共有 n 排,那么从后往前各排的人数分别为 $k,k+1,k+2,\cdots,k+(n-1)$,由题意可知 $kn+\dfrac{n(n-1)}{2}=100$,

即 $n[2k+(n-1)]=200$.

因为 k,n 都是正整数,且 $n\geqslant 3$,所以 $n<2k+(n-1)$,且 n 与 $2k+(n-1)$ 的奇偶性不同.

将 200 分解质因数,可知 $n=5$ 或 $n=8$.

当 $n=5$ 时,$k=18$;当 $n=8$ 时,$k=9$.

因此共有两种不同方案.

7. 填 105. 理由:个位是 0 时,百位有 6 种选法,十位有 5 种选法,有 6×5 个;个位是 2 时,百位有 5 种选法,十位有 5 种选法,有 5×5 个;个位是 4,6 时,情况与个位是 2 时的相同.

所以满足条件的三位偶数共有 $6\times5+5\times5+5\times5\times2=105$(个).

8. 填 7. 理由:例如 3,5,7,11,13,17,19 都是质数,它们是 9 个连续的正奇数 3,5,7,9,11,13,15,17,19 中的 7 个质数. 下证 9 个连续的正奇数中不可能有 8 个质数:因为连续的 3 个奇数中,必有一个是 3 的倍数,所以 9 个连续的正奇数中必有 3 个数是 3 的倍数,它们除了 3 之外都是合数,所以它们中至少有 2 个合数.

9. 填 B,D,G. 理由:有 7 盏灯,7 个拉线开关,因为 $2000\div7=285\cdots\cdots5$,所以前 5 盏灯的开关被拉了 286 次(偶数次),原来亮着的 B,D 仍然亮着;后两盏灯的开关被拉了 285 次(奇数次),原来暗着现在变亮的是 G,原来亮着的 F 现在则变暗. 所以,最后亮着的灯是 B,D,G.

10. 填 73. 理由:记 $x+y=a^2,y=b^2$,则 $1\leqslant b<a\leqslant 100$.

而 $x=a^2-b^2=(a+b)(a-b)\leqslant 100$,

因 $a+b,a-b$ 同奇偶,故 $a+b\geqslant(a-b)+2$.

(1)若 $a-b=1$,则 $a+b$ 为奇数,且 $3\leqslant a+b\leqslant 99$.

于是,$a+b$ 可取 3,5,7,$\cdots$,99,共 49 个值,这时,相应的 x 也可取这 49 个值.

(2)若 $a-b=2$,则 $a+b$ 为偶数,且 $4\leqslant a+b\leqslant 50$.

于是,$a+b$ 可取 4,6,8,$\cdots$,50,共 24 个值,这时,相应的 x 可取 8,12,16,$\cdots$,100 这 24 个值.

其他情况下所得的 x 值均属于以上情形.

若 $a-b=$ 奇数,则 $a+b=$ 奇数.

而 $x=a^2-b^2\geqslant a+b\geqslant 3$,归入(1).

199

若 $a-b=$ 偶数,则 $a+b=$ 偶数.

而 $x=(a-b)(a+b)$ 为 4 的倍数,且 $a-b\geqslant 2$,$a+b\geqslant 4$,故 $x\geqslant 8$,归入(2).

因此,这种 x 共有 $49+24=73$ 个.

11. 填 6999. 理由:首先,易见偶数中不是 4 的倍数的整数不可能是两整数的平方差. 易知 $a_1=3$,$a_2=5$,$a_3=7$.

当 $k\geqslant 2$ 时,有 $4k=(k+1)^2-(k-1)^2$,

$4k+1=(2k+1)^2-(2k)^2$,

$4k+3=(2k+2)^2-(2k+1)^2$,

且 $4k+(4k+1)+(4k+3)=12k+4$.

故 $a_4+a_5+a_6=12\times 2+4$,

$a_7+a_8+a_9=12\times 3+4$,

……

$a_{97}+a_{98}+a_{99}=12\times 33+4$,

$a_{100}=4\times 34$.

则 $a_1+a_2+\cdots+a_{100}=3+5+7+12(2+3+\cdots+33)+4\times 32+4\times 34=6999$.

12. 填 8026. 理由:1 不能表示为两个正整数的平方差,则 1 是第 1 个非智慧数.

大于 1 的奇数 $2n+1(n\in \mathbf{N}_+)$ 可表示为 $(n+1)^2-n^2$.

能被 4 整除的偶数 $4m$ 可表示为 $(m+1)^2-(m-1)^2(m>1)$. 而 4 不能表示为两个正整数的平方差. 能被 2 整除而不能被 4 整除的数 $4m+2(m\in \mathbf{N})$ 不能表示为两个正整数的平方差. 否则,$x^2-y^2=(x+y)(x-y)=4m+2$.

由于 $x+y$ 与 $x-y$ 同奇偶,$4m+2$ 为偶数,因此,$x+y$ 与 $x-y$ 同为偶数.

则 $2|(x+y)$,$2|(x-y)$.

故 $4|(x^2-y^2)$.

于是,$4|(4m+2)$,与 $4\nmid(4m+2)$ 矛盾.

所以,$4m+2$ 是非智慧数.

则非智慧数按从小到大的顺序排列是:$1,2,4,6,10,14,\cdots\cdots$.

当 $n>3$ 时,第 n 个非智慧数为 $4n-10$.

因此,第 2009 个非智慧数为 $4\times 2009-10=8026$.

13. 填 2000. 理由:因为 $a\times b+6=x$,x 是偶数,由偶数+偶数=偶数,可知 $a\times b$ 的积一定是偶数.

a,b 均为小于 1000 的质数,质数中除了 2 以外都是奇数,奇数×奇数≠偶数,可推出 a,b 中一定有一个是 2. 不妨设 $a=2$,要求 x 的最大值,则 b 是接近 1000 并小于 1000 的质数,得 $b=997$,所以 $x=2\times 997+6=2000$.

所以,x 的最大值是 2000.

14. 填 91. 理由:观察拐弯处的数的规律,可得第 n 个拐弯处的数:当 n 为奇数时,

为 $1+(1+3+5+\cdots+n)$;当 n 为偶数时,为 $1+2\times(1+2+3+\cdots+\frac{n}{2})$.

将 $n=18$ 代入,得 91.

15. 填 18. 理由:设甲、乙、丙分别买书 x 本,y 本,z 本,则 $(x+y+z)$ 是偶数.

可知 x,y,z 或者都是偶数,或者是两个奇数、一个偶数.

$x\times y\times z=3960=2^3\times 3^2\times 5\times 11$.

若 x,y,z 都是偶数,则它们分别为 $2\times 11=22,2\times 3^2=18,2\times 5=10$.

若 x,y,z 是两奇一偶,则它们分别为 $2^3\times 3=24,3\times 5=15,11$.

所以乙最多买 18 本.

16. 填 111. 理由:设 $a_1,a_2,\cdots,a_n$ 为奇合数,$a_1+a_2+\cdots+a_n=2005$,则 n 为奇数.

由于 9 是最小的奇合数,而 $2005<2007=9\times 223$,故 $n<223$.

从而,$n\leqslant 221$.

因 $2005=1980+25=\underbrace{9+9+\cdots+9}_{220个}+25$,故 221 是好数.

故 221 是好数.

又当 $(2k-1)\times 9$ 是奇合数时,$(2k-1)\times 9+9+9=(2k+1)\times 9$ 也是奇合数.

因此,可将上式右端逐步并项,从而,n 可取 $221,219,\cdots,5,3$.

由于 2005 本身也是奇合数,则 n 可取 1.

于是,$1,3,5,\cdots,221$ 都是好数,共计 111 个.

B 组

1. 因为 $a^2=2002+b^2$,所以 $a^2-b^2=2002$,即 $(a+b)(a-b)=2\times 1001$.

如果 a,b 同为奇数或同为偶数,那么 $(a+b)\times(a-b)$ 必定是"偶数×偶数";如果

a,b 为一奇一偶,那么 $(a+b)\times(a-b)$ 必定是"奇数×奇数".

上述两种情况均与等式右边的"偶数×奇数"相矛盾.

故找不到自然数 a 和 b,使 $a^2=2002+b^2$.

2. 因 $1+2+3+\cdots+1989=995\times 1989$ 为奇数,故代数和为最小的非负数等于 1.

又 $1+(2-3-4+5)+(6-7-8+9)+\cdots+(1986-1987-1988+1989)=1$.

3. 设 $a=m-70$,则原式为 $\sqrt{a-104}+\sqrt{a+104}=n$,两边平方易得

$2a+2\sqrt{a^2-104^2}=n^2$,

于是 $a^2-104^2=b^2$(b 是正整数),则 $(a-b)(a+b)=104^2$. 由于 $a-b$ 和 $a+b$ 同奇

偶,即为偶数,所以 $a+b$ 最大值为 52×104,n 的最大值为 104.

4. 因为 $A+B+C+D=59$,和为奇数,那么这四个数就只有下面两种可能:

(1)偶、偶、偶、奇,三个偶数,一个奇数;

(2)偶、奇、奇、奇,三个奇数,一个偶数.

故奇数的个数为奇数个. 又因任意个数的奇数相乘,积仍为奇数,比如 A 为奇数,则 A^2,A^3,A^4,A^5 等仍为奇数.

所以题干四个算式,无论属于(1)、(2)的哪种情况,其和均为奇数.

故这四个数中共有 4 个奇数.

5. (1)奇数可写成 $2n+1$ 的形式,其中 n 为整数,$(2n+1)^2=4n(n+1)+1$.

n 与 $n+1$ 中必有一个为偶数,所以 $4n(n+1)$ 被 8 整除,奇数 $2n+1$ 的平方被 8 除余 1.

(2)由(1),每个奇数的平方和除以 8 余 1,8 个奇数的平方和被 8 整除,10 个奇数的平方和除以 8 余 2,2006 除以 8 余 6.

因此,2006 不能表示成 10 个奇数的平方和.

6. (1)设 s 为 a^2-b^2 与 a^2 的最大公约数,则 $a^2-b^2=su,a^2=sv(u,v$ 为正整数).于是 $a^2-(a^2-b^2)=b^2=s(v-u)$,可见 s 是 b^2 的约数. 因为 a,b 互质,所以 a^2,b^2 互质,可见 $s=1$. 即 a^2-b^2 与 a^2 互质,同理可证 a^2-b^2 与 b^2 互质.

(2)$k=ma^2=(m+116)b^2$,所以 $m(a^2-b^2)=116b^2,a>b$.

又 a,b,m 都是正整数,所以 a^2-b^2 整除 $116b^2$.

因 a^2-b^2 与 b^2 互质,所以 a^2-b^2 整除 116,即 $(a+b)(a-b)$ 整除 116.

而 $116=2^2 \times 29$,$a+b$ 与 $a-b$ 具有相同的奇偶性,且 $a+b>a-b>0$,所以,
$$\begin{cases} a+b=29 \\ a-b=1 \end{cases} \text{或} \begin{cases} a+b=2\times29 \\ a-b=2 \end{cases},\text{解得} \begin{cases} a=15 \\ b=14 \end{cases} \text{或} \begin{cases} a=30 \\ b=28 \end{cases}.$$

因为 a,b 互质,所以 $a=15,b=14$.

$$m=\frac{116b^2}{a^2-b^2}=2^4 \times 7^2.$$

故得 $k=ma^2=2^4 \times 7^2 \times 15^2=176400$.

(3)若 a,b 的最大公约数为 5,设 $a=5a_1,b=5b_1$,则 a_1,b_1 互质.

同(2)有 $m(a^2-b^2)=116b^2$,即 $m(25a_1^2-25b_1^2)=116 \times (25b_1^2)$,所以 $m(a_1^2-b_1^2)=116b_1^2$,且 a_1,b_1 互质.

根据(2)有 $m=2^4 \times 7^2,a_1=15,b_1=14$,所以 $k=ma^2=m(5a_1)^2=25ma_1^2=5^2 \times (2^4 \times 7^2) \times (3 \times 5)^2=4410000$.

第九章　质数与合数

A 组

1. 选 D. 理由：①错，如 $2+3=5$；②错，如 $4+9=13$；③错，如 $3+4=7$；④错，如 $2+4=6$.

2. 填 19. 理由：易知 $a=7,b=5,c=2$.

3. 填 43；2. 理由：$q=2$，再考虑 $p-q>40$. 逐一尝试.

4. 填 1600. 理由：$1998=2\times 3^3\times 37$，所以 $a=2,b=3,c=37$.

5. 填 1999. 理由：$a=2,b=1997$.

6. 设 10 个连续合数为 $k+2,k+3,k+4,\cdots,k+10,k+11$，这里 k 为正整数，则只要取 k 是 $2,3,4,\cdots,11$ 的倍数即可.

7. 填 $p=17,q=2$. 理由：因 91 为奇数，则 p,q 不可能都为奇数，其中有且只有一个是偶数，而偶质数 2 是唯一的，若 $p=2$，则 $q=27$，与 q 为质数矛盾，故 $p=17,q=2$.

8. 填 20005. 理由：由已知可知 $yz+xz=3xy$. 而 $x=yz$，则 $x+xz=3xy$，又 $x\neq 0$，即 $z+1=3y$. 显然 $z\neq 2$，则 $z=5,y=2$，即 $x=10$，故 $1998x+5y+3z=20005$.

9. 填 1. 理由：因为 $A-B=B-C=14$，$\therefore A-C=28$. 于是 $A-B,B-C,A-C$ 都不是 3 的倍数，从而 A,B,C 除以 3 的余数都不相同. A,B,C 中必有一个是 3 的倍数，但 3 的倍数中只有 3 才是质数，故 $C=3,B=17,A=31$，均为质数，这是唯一解，亦即符合题意的数组 (A,B,C) 共有 1 组.

10. 填 673. 理由：$2004x=15y$，即 $668x=5y$. 又 5 与 668 互质，所以 x 的最小值是 5，y 的最小值是 668. 因此 $x+y$ 的最小值为 $5+668=673$.

11. 填 78. 理由：由已知，$mnp=5(m+n+p)$，由于 m,n,p 均为质数，则 m,n,p 中一定有一个是 5，不妨设 $m=5$，则 $np=5+n+p,n(p-1)-(p-1)=6,(n-1)(p-1)=6$，即 $n-1=1$ 或 $n-1=2,p-1=6$ 或 $p-1=3$，从而适合上述条件的 $n=2,p=7$，故 $m^2+n^2+p^2=78$.

12. 填 17. 理由：最小三个合数为 4,6 和 8,$4+6+8=18$. 故 17 是不能表示为三个互不相等的合数之和的整数.

当 $m>18$ 时，若 $m=2k>18$，则 $m=4+6+2\times(k-5)$；

若 $m=2k-1>18$，则 $m=4+9+2(k-7)$.

因此，任意大于 18 的整数均可表示为三个互不相等的合数之和. 故 $m=17$.

13. 填 167,257,347 或 527. 理由：因为这个数是质数，所以个位数不可能取 0,1,2,4,6,8，也不可能是 5. 如果末位数字是 3 或 9，那么数字和就是 3 或 9 的两倍，这就不是质数了. 所以个位数只能是 7，这个三位质数可以是 167,257,347 或 527 中的任一

个.

14. 填 $5,7,59$. 理由: 设 a,b,c 为三个不同的质数, 根据题意, $1994+a+b+c=a \cdot b \cdot c$.

取 $a=3, b=5$, 得 $1994+3+5+c=15c$, 解出 $c=143$ 不是质数;

取 $a=3, b=7$, 得 $1994+3+7+c=21c$, 解出 $c=\dfrac{501}{5}$ 不是整数;

取 $a=5, b=7$, 得 $1994+5+7+c=35c$, 解出 $c=59$.

故 $5,7,59$ 是满足题意的三个质数.

15. 设 $2n+1=k^2, 3n+1=m^2 (k,m$ 均为自然数$)$, 则

$$5n+3 = 4(2n+1)-(3n+1)$$
$$= 4k^2-m^2$$
$$= (2k+m)(2k-m).$$

当 $2k-m \neq 1$ 时, $5n+3$ 是合数.

当 $2k=m+1$ 时, $5n+3=2k+m=2m+1$,

且 $(m-1)^2 = m^2-(2m+1)+2 = (3n+1)-(5n+3)+2 = -2n < 0$, 矛盾.

所以 $5n+3$ 不能是质数.

16. (1) $2,3,4,6,8,9,10$;

(2) 将 10 个自然数分为三组:

$(2,4,6,8,10), (3,9), (5,7,11)$.

显然, 第一、二组中每组至多只能选出 1 个数; 第三组的 3 个自然数两两互质, 最多能选出 3 个. 例如, $2,3,5,7,11$ 就两两互质, 所以, 从这 10 个数中最多可以选出 5 个数, 这 5 个数两两互质.

17. 因 $100=2^2 \times 5^2$, 与 100 互质的数就是既没有因数 2 也没有因数 5 的数.

$100 \div 2=50, 100 \div 5=20, 100 \div (2 \times 5)=10$.

所以在 $1 \sim 100$ 中与 100 互质的数有 $100-(50+20)+10=40$(个).

如果自然数 a 与 100 互质, 则 $(100-a)$ 也与 100 互质. 因为 50 与 100 不互质, 所以 40 个与 100 互质的数可两两配对, 每对的和都是 100, 20 对之和是 $100 \times 20=2000$.

B 组

1. 因 p 为质数, $p+6=(p+1)+5, p+8=(p+3)+5, p+14=(p+4)+10$, 因此已知的质数必有一个是 5, 当 $p=5$ 时, $p+2=7, p+6=11, p+8=13, p+14=19$, 故这样的质数 p 只有一个.

2. 把 $x=1$ 代入方程得 $p+5q=97, \therefore p$ 与 $5q$ 中有一个是偶数, 而 p,q 是质数, 故 $p=2$ 或 $q=2$. ① 当 $p=2$ 时, $q=19$; ② 当 $q=2$ 时, $p=87$ 不是质数. 故 $p^2-q=-15$.

3. $k=2006^2-p^2$. 欲使 k 最大,须 p 最小. 对质数从小至大检验,易见 $p=7$ 使 p 和 $2006-p$ 均为质数,而 $p=2,3,5$ 均不行. 因此 k 的最大值为 $2006^2-7^2=4023987$.

4. 因 p 是大于 3 的质数,则设 $p=6n+1$(n 为正整数),那么 $p+2=6n+1+2=6n+3=3(2n+1)$,这与"$p+2$ 是大于 3 的质数"矛盾,于是 $p\neq6n+1$,$\therefore p=6n-1$(n 为正整数),从而 $p+1=6n$,即 6 是 $p+1$ 的因数.

5. 显然 $P=1,R=0$. 又 $P+3Q+R+S=31\Rightarrow3Q+S=30$,则只有 $Q=9,S=3$ 符合 Q 是合数,S 是质数的前提,故此密码为 190993.

6. 设书店积压画片 x 张,每张出厂价为 k 分,则 $kx=3193=31\times103$,其中 k,x 都是正整数. 显然,$1\leqslant k\leqslant50$,又 31 与 103 都是质数,所以 $k=1$ 或 $k=31$.

当 $k=1$ 时,与出厂价实际不符,舍去.

所以只能是 $k=31$,此时 $x=103$.

7. 相邻的两个自然数总是互质数,把相邻的正整数两两分为一组,这两数总是互质的,$(2,3),(4,5),(6,7),(1992,1993),1994$,甲先擦掉 1994,无论乙擦哪一个数,甲就擦那一组的另一个数,以此类推,最后还剩一对质数,所以是甲胜.

8. 设甲、乙、丙分别得 x,y,z 块,依题意得:$y=z+13,x=2y,x+y+z<50$,且 $x+y+z$ 为质数. 由 $11=2+9=3+8=4+7=5+6$,故小于 50 且数字和为 11 的质数只可能是 29 和 47. 若 $x+y+z=29$,则可得 $4y=42,y$ 不是整数,舍去;若 $x+y+z=47$,则可得 $4y=60$,则 $y=15$,从而 $x=30,z=2$. 故甲、乙、丙分别得糖 $30,15,2$ 块.

9. 由 $(x-z)-(x-y)=y-z$,则 $x-y,x-z,y-z$ 不可能都是奇数,但它们都是质数,故它们当中必有一个是 2. 显然不可能 $x-z=2$. 若 $x-y=2$,则 $x-z$ 和 $y-z$ 是孪生素数对;若 $y-z=2$,则 $x-z$ 和 $x-y$ 是孪生素数对. 而 100 以内最大的孪生素数对是 71 和 73. $x-z=73$ 可以实现:取 $x=99,y=97,z=26$ 或 $x=99,y=28,z=26$. 故所求 $x-z$ 的最大值为 73.

10. 因为 $a+(b/c)=11,b+(a/c)=14$,所以 $(a+b)(c+1)/c=25$,即 $(a+b)(c+1)=25c$.

因 $c+1$ 和 c 互质,故 $c+1$ 能整除 25,$c=4$ 或 24.

若 $c=24$,则 $\dfrac{a+b}{c}=1$,此时 $b/c,a/c$ 中至少有一个不是整数.

所以 $c=4,a+b=20$. 故 $(a+b)/c=5$.

11. (1)能办到. 注意到 41 与 43 都是质数,根据题意,要使相邻两数的和都是质数,显然它们只能都是奇数,因此,在这排数中只能一奇一偶相间排列,不妨先将奇数排成一排:$1,3,5,7,\cdots,41$,在每两数间留有空当,然后将所有的偶数依次反序插在各空当中,得 $1,40,3,38,5,36,7,34,\cdots,8,35,6,37,4,39,2,41$,这样任何相邻两数之和

都是 41 或 43,满足题目要求.

（2）不能办到. 若把 $1,2,3,\cdots,40,41$ 排成一圈,要使相邻两数的和为质数,这些质数都是奇数,故圆圈上任何相邻两数必为一奇一偶,但现有 20 个偶数,21 个奇数,总共是 41 个号码,由此引出矛盾,故不能办到.

12.（1）不超过 30 的质数的和为 $2+3+5+7+11+13+17+19+23+29=129$.

（2）千位数是 1 的四位自然数中最小为 1000,最大为 1999,共连续 1000 个自然数,其中有 500 个是偶数. 所以千位数是 1 的四位偶自然数共有 500 个.

（3）设满足题设性质的自然数为 x 个,则 x 的千位数字是 1,个位数字是偶数,又设质数 $p_1<p_2<p_3<p_4$,则依题意有

$$x=kp_1p_2p_3p_4+1,其中 k 为自然数. \qquad ①$$

若 $p_1=2$,则 $kp_1p_2p_3p_4+1$ 为奇数,与 x 为偶数不符. 所以 p_1,p_2,p_3,p_4 均为奇质数.

设 $p_1=3,p_2=5,p_3=7,p_4=11$,则有 $3\times5\times7\times11=1155$,所以 $k=1$.

而 $p_1=3,p_2=5,p_3=11,p_4=13$ 时,$3\times5\times11\times13=2145>1999$.

所以 $p_1=3,p_2=5,p_3=7$ 是①中 p_1,p_2,p_3 的唯一取值.

这样,只需再对 p_4 讨论:

当 $p_4=11$ 时,$x_1=3\times5\times7\times11+1=1156$;

当 $p_4=13$ 时,$x_2=3\times5\times7\times13+1=1366$;

当 $p_4=17$ 时,$x_3=3\times5\times7\times17+1=1786$;

当 $p_4=19$ 时,$x_4=3\times5\times7\times19+1=1996$.

而当 $p_4=23$ 时,$x_5=3\times5\times7\times23+1=2416>2000$ 不符合要求.

所以满足题设条件的自然数共四个,分别是 $1156,1366,1786,1996$.其中最大的是 1996.

13. 显然,101 是个质数. 下面证明 $N=\underbrace{101010\cdots01}_{k\text{个}1}$,当 $k\geqslant3$ 时都是合数. 注意到 N 是由 k 个 1 与 $k-1$ 个 0 组成的 $2k-1$ 位数,则 $11N=11\times\underbrace{10101\cdots01}_{k\text{个}1}=\underbrace{111\cdots11}_{2k\text{个}1}=\underbrace{11\cdots11}_{k\text{个}1}\cdot(10^k+1)(k\geqslant3)$. 即 $11N$ 是一个由 $2k$ 个 1 组成的 $2k$ 位数.

（1）当 k 为不小于 3 的奇数时,$11\nmid\underbrace{11\cdots11}_{k\text{个}1}$,因此必有 $11\mid10^k+1$,即 $\dfrac{10^k+1}{11}=M_1>1$,所以 $N=\underbrace{11\cdots11}_{k\text{个}1}\times M_1$ 是个合数.

（2）当 k 是不小于 3 的偶数时,$11\mid\underbrace{11\cdots11}_{k\text{个}1}$,即 $\dfrac{\overbrace{11\cdots11}^{k\text{个}1}}{11}=M_2>1$,所以 $N=M_2\times$

(10^k+1) 是个合数.

综合(1)和(2),当 $k \geqslant 3$ 时,$N = \underbrace{10101\cdots01}_{k个1}$ 必为合数,所以,在 $101,10101$,

$1010101,\cdots$ 中只有 101 是一个质数.

第十章　约数与倍数

A 组

1. 选 D. 理由:因为 $(1+3n) \div 5 = 2+3(n-3) \div 5$,所以,这 n 个数中,只有第 $3,8$,

$13,18,\cdots$ 个数是 5 的倍数,它们是 $5 \times 2, 5 \times 5, 5 \times 8, 5 \times 11, \cdots$. 它们每 5 个中恰有 1 个

是 25 的倍数,每 25 个中恰有 1 个是 125 的倍数,……. 易见 $(5 \times 2) \times (5 \times 5) \times (5 \times 8)$

$\times \cdots \times (5 \times 77) = 5^{32} \times A$,其中,$A$ 不是 5 的倍数.

所以,$5 \times 77 = 3n+1$,故 $n = 128$.

2. 选 D. 理由:由已知条件得 $x = \dfrac{10y}{y+10} = 10 - \dfrac{100}{y+10}$.

要使 x 为负整数,$y+10$ 必须是 100 的约数,且 $-10 < y < 0$.

因此,$y+10 = 1,2,4,5$.

于是,$y = -9, -8, -6, -5$.

代入验证知,当 $y = -5$ 时,$x = -10$ 符合题意.

故负整数 y 的最大值为 -5.

3. 填 500. 理由:因 $2008 = 2^3 \times 251$,所以,a 不能是偶数,且不能是 251 的倍数. 而

$a \leqslant 1003$,故 a 的个数为 $1003 - 501 - 2 = 500$.

4. 填 10. 理由:题设 20 位数记为 P,P 是 27 和 37 的最小公倍数 999 的倍数,则 P

从右往左第 3 位分段(称为 P 的 3 分段)的各段之和 S 是 999 的倍数. 而 $S = 20 + \overline{05x} +$

$\overline{yzx} + \overline{yzx} + \overline{yzx} + \overline{yz2} + 005 = 77 + 4A$,其中 $A = \overline{yzx}$. 易见只有 $4A = 3 \times 999 - 77 =$

2920,$A = 730$ 可行,从而 $x = 0, y = 7, z = 3, x+y+z = 10$.

5. 填 $12,14,24$. 理由:依据"铜牌枚数是金牌枚数的 2 倍"得铜牌数与金牌数的和

应为 3 的倍数.

又铜牌数与金牌数的和应为已知 $3,6,9,14,18$ 中的四个数的和,这是因为"银牌

只有一盒"的缘故.

因此,银牌数为 14 枚,金牌数为 $(3+6+9+18) \div 3 = 12$ 枚,铜牌数为 24 枚.

6. 填 2519. 理由:由题意,可得 $N+1$ 被 $2,3,4,5,6,7,8,9,10$ 整除,即 $N+1$ 是 2,

$3,4,5,6,7,8,9,10$ 的公倍数.

要使 N 最小,取 $N+1$ 为它们的最小公倍数.

$2^3 \times 5 \times 3^2 \times 7 = 2520$,所以 N 的最小值为 $2520 - 1 = 2519$.

7. 填 2007. 理由：注意到 $91=7\times13$.

数字和为 1 的数不是 91 的倍数.

1001，10101，10011001，101011001，100110011001，1010110011001，… 都是 91 的倍数，而它们的数字和依次是 2，3，4，5，6，7，…. 因此，在 $1,2,\cdots,2008$ 中，能够表示成 91 的某个倍数的数字和的数的个数是 2007.

8. 填 2. 理由：$n^3+\dfrac{3}{2}n^2+\dfrac{1}{2}n-1=\dfrac{1}{2}(2n^3+3n^2+n)-1$

$$=\dfrac{1}{2}n(n+1)(2n+1)-3+2.$$

当 n 被 3 除余 0 时，n 是 3 的倍数；

当 n 被 3 除余 2 时，$n+1$ 是 3 的倍数；

当 n 被 3 除余 1 时，$2n+1$ 是 3 的倍数.

所以 n 为任意自然数时，$\dfrac{1}{2}n(n+1)(2n+1)$ 是 3 的倍数，故原式被 3 除余数为 2.

9. 填 107. 理由：设新生总数为 n 人.

因为 n 除以 3，5，7 都余 2，所以 $n-2$ 能被 3，5，7 整除，$n-2$ 是 105 的倍数.

设 $n=105k+2$，其中 k 为非负整数.

因为 n 为两班学生数和，所以可能值为 107. 而 107 除以 2，4，6，分别余 1，3，5.

故所求新生总数为 107 人.

故应填 107.

10. 因 $\overline{abc}=100a+10b+c$，$\overline{bca}=100b+10c+a$，

则 $\overline{bca}=10(100a+10b+c)-999a$

$$=10\times\overline{abc}-27\times37a.$$

故当 $\overline{abc}$ 是 37 的倍数时，$\overline{bca}$ 也一定是 37 的倍数.

11. 填 31. 理由：$\dfrac{n}{270}=0.1a48a48a48\cdots=0.1\dot{a}4\dot{8}=\dfrac{\overline{1a48}-1}{9990}=\dfrac{\overline{1a47}}{9990}$，所以 $9990n=270\times\overline{1a47}$，即 $37n=\overline{1a47}$，只有当 $a=1$ 时，$\overline{1a47}$ 是 37 的倍数，此时 $n=\overline{1a47}\div37=1147\div37=31$.

12. 选 D. 理由：$n^5-n=n(n-1)(n+1)(n^2+1)$. 显然 3 是它的约数，如果 n 除以 5 的余数为 0，1，4 时 $n(n-1)(n+1)$ 是 5 的倍数，n 除以 5 的余数为 2，3 时 (n^2+1) 为 5 的倍数，所以 $n^5-n=n(n-1)(n+1)(n^2+1)$ 是 5 的倍数；由于 n 为奇数，则 $n-1$ 与 $n+1$ 为两个连续偶数，必有一个为 4 的倍数，另一个则为 2 的倍数，而 (n^2+1) 除以 4 余 2，所以 $n^5-n=n(n-1)(n+1)(n^2+1)$ 为 $2\times4\times2=16$ 的倍数，所以 $n^5-n=n(n-1)(n+1)(n^2+1)$ 为 $3\times5\times16=240$ 的倍数，所以 240 为 7^5-7，11^5-11，13^5-13，

17^5-17，…的最大公约数.

1. 设这两个数为 x,y，依题意得 $\begin{cases} x+y=104055, & ① \\ (x,y)=6937. & ② \end{cases}$

由②令 $x=6937a,y=6937b$，且 $(a,b)=1$，代入①得 $a+b=15$.

由于 $(a,b)=1$，所以只有以下 4 种可能：

$\begin{cases} a=1, \\ b=14; \end{cases} \begin{cases} a=2, \\ b=13; \end{cases} \begin{cases} a=4, \\ b=11; \end{cases} \begin{cases} a=7, \\ b=8. \end{cases}$

分别代入 x,y 的表达式，得

$\begin{cases} x=6937, \\ y=97118; \end{cases} \begin{cases} x=13874, \\ y=90181; \end{cases} \begin{cases} x=27748, \\ y=76307; \end{cases} \begin{cases} x=48559, \\ y=55496. \end{cases}$

2. 设所求两数为 x,y，则

$\begin{cases} x+y=667, & ① \\ [x,y]=120(x,y). & ② \end{cases}$

设 $(x,y)=d,x=md,y=nd$，则 $(m,n)=1,m<n$.

由①②得

$(m+n)d=667,$ ③

$mnd=120d.$ ④

由④得

$mn=120.$ ⑤

又 $667=23\times29,120=2^3\times3\times5$，且注意到 $d\neq1$，

从而有以下两种情况：若 $d=23$，则 $\begin{cases} m+n=29, \\ mn=120, \end{cases}$

则 $m=5,n=24$.

若 $d=29$，则 $\begin{cases} m+n=23, \\ mn=120, \end{cases}$

则 $m=8,n=15$.

故所求两数为 $5\times23,24\times23$，或 $8\times29,15\times29$，即 $115,552$，或 $232,435$.

3. 设两数分别为 $x,y(x<y),(x,y)=d$，则有 $x=md,y=nd,(m,n)=1$.

依题意可得：$\begin{cases} (m+n)d=45, & ① \\ md\cdot nd=168d. & ② \end{cases}$

①÷②得 $\dfrac{m+n}{mn}=\dfrac{15}{56}$.

专 题 研 究 系 列

○初中数学竞赛中的数论问题

因 $(m,n)=1$,

则 $(m,n)=(m,m+n)=(n,m+n)=(mn,m+n)=1$.

即 $\begin{cases} m+n=15, \\ mn=56, \end{cases}$

从而 $m=7,n=8$.

故 $d=3$. 于是 $x=2,y=24$.

4. 设所求正整数为 x,则由 $(x,24)=4$,有 $x=4n(n$ 是正整数).

于是有 $[4n,24]=168$.

根据性质 8,有 $(\dfrac{168}{4n},\dfrac{168}{24})=1$,

即 $(\dfrac{42}{n},7)=1$.

由 $\dfrac{42}{n}$ 是正整数,得 n 可能取的值是 $1,2,3,6,7,14,21,42$. 分别代入上式检验,只有 $n=7$.

故所求正整数是 28.

5. 设 $A=pa+r(p,r\in \mathbf{Z},0\leqslant r<a)$.

因为 $x|A,x|a$,所以,$x|r$.

同理,$y|r$.

于是,r 是 x,y 的公倍数.

若 $r\neq 0$,则 $0<r<a$,与 $[x,y]=a$ 矛盾.

所以,$r=0$,即 $A=pa(p\in \mathbf{Z})$. 故 $a|A$.

注:为了证明 $a|b$,可假定 $b=ka+r$,然后证明 $r=0$.

6. 设 $x+2y=5A,x+y=3B,A,B$ 是整数.

因为 $x,y\geqslant 0$,所以,$A,B\geqslant 0$.

又易知 $x=6B-5A,y=5A-3B$,

于是,$2x+y=9B-5A\geqslant 99$,

$S=7x+5y=27B-10A$.

由此知题目变为:在整数 $A,B\geqslant 0,6B\geqslant 5A\geqslant 3B,9B\geqslant 5A+99$ 时,求 S 的最小值.

因为 $15A\geqslant 9B\geqslant 99+5A$,即 $10A\geqslant 99,A\geqslant 10$,则 $9B\geqslant 50+99=149,B\geqslant 17$.

于是,$5A\geqslant 51,A\geqslant 11$.

进而,$9B\geqslant 55+99=154,B\geqslant 18$.

若 $B\geqslant 19$,则 $S=9B+2(9B-5A)\geqslant 9\times 19+2\times 99=369$.

若 $B=18$,则 $5A\leqslant 9B-99=63,A\leqslant 12,A$ 只能为 12 或 11.

其中 $A=12$ 使 $S=27\times18-10\times12=366$ 取最小值,且为唯一的情况(此时,$x=48,y=6$).

7. 填 200719376. 理由:因为 $200719006\div176=1140448\cdots\cdots158$,由 $n=\overline{200719xy6}$ 是 176 的倍数,可知 $\overline{xy0}+158$ 是 176 的倍数,而 176 的位于 158 与 1148 之间的倍数中末位数字为 8 的只有 $3\times176=528$,故 $\overline{xy0}+158=528$,$\overline{xy}=37$,$n=200719376$.

另解:易见 $176=16\times11$,$16|\overline{9xy6}$,$4|\overline{y6}$,故 $y\neq0,2,4,6,8$;$11|n$,故 n 的各位数字交替和 $6-y+x-9+1-7+0-0+2=x-y-7$ 应是 11 的倍数.

从而 (x,y) 只可能是 $(8,1)$,$(1,5)$,$(3,7)$ 和 $(5,9)$,其中适合 $16|\overline{9xy6}$ 的只有 $(x,y)=(3,7)$.

故 $n=200719376$.

8. 填 1014. 理由:$m=4n+2\geqslant6$. m 除以 3 余 2,表明 $m=8,11,14,17,23,\cdots$,其中除以 5 余 3 的是 $8,23,38,53,68,\cdots$,其中除以 7 余 5 的是 $68,173,278,383,488,593,\cdots$,其中除以 11 余 10 的是 $593,1748,2903,4058,\cdots$,其中使得 $m=4n+2$,n 为正整数成立的最小的 $m=4058$,从而 n 的最小值为 1014.

另解:先不考虑条件 $m=4n+2$. 易见 $m+1$ 是 3 和 11 的倍数,$m+2$ 是 5 和 7 的倍数,故 $m+1=33a$,$m+2=35b$,a,b 为正整数.

由 $33a=35b-1$ 得 $a=\dfrac{35b-1}{33}=b+\dfrac{2b-1}{33}$,易见 b 的最小值为 17,此时,$a=18$,$m=593$.

于是 $m=1155k+593$(k 为整数)是一般解,其中 $1155=3\times5\times7\times11$ 为 $3,5,7,11$ 的最小公倍数.

再考虑 $m=4n+2$,易知 $k=3$ 时,$n=1014$ 为所求最小值.

9. 选 C. 理由:设 n 的标准分解式为 $n=p_1^{\alpha_1}p_2^{\alpha_2}\cdots p_k^{\alpha_k}$($p_1,p_2,\cdots,p_k$ 为互异质数,$\alpha_1,\alpha_2,\cdots,\alpha_k$ 为正整数),则 n 的约数个数为 $(\alpha_1+1)(\alpha_2+1)\cdots(\alpha_k+1)$.

令 $(\alpha_1+1)(\alpha_2+1)\cdots(\alpha_k+1)=18=2\times3^2$,($*$).

则显然 $k\leqslant3$.

情形(ⅰ):$k=1$,此时记 $n=p^a$,p 为质数,a 为正整数,则 $a+1=18$,$a=17$,故 $n=p^{17}$,n 的最小值为 $2^{17}>500$.

情形(ⅱ):$k=2$,此时不妨记 $n=p^aq^b$,p,q 为互异质数,a,b 为正整数,$a\leqslant b$,则 $(a+1)(b+1)=18$,易得 $(a,b)=(1,8)$ 或 $(2,5)$,故 $n=pq^8$ 或 p^2q^5.

①若 $n=pq^8$,则 n 的最小值为 $3\times2^8>500$.

②若 $n=p^2q^5$,则当 $q\neq2$ 时,n 的最小值为 $2^2\times3^5>500$;当 $q=2$ 时,n 的最小值为

专 题 研 究 系 列

$3^2 \times 2^5 = 288$ 符合题意,次小值为 $5^2 \times 2^5 > 500$.

情形(ⅲ):$k = 3$,此时不妨记 $n = p^a q^b r^c$,p,q,r 为互异质数,a,b,c 为正整数,$a \leqslant b \leqslant c$,则 $(a+1)(b+1)(c+1) = 18$,易得 $(a,b,c) = (1,2,2)$,故 $n = pq^2 r^2$. 又不妨令 $q < r$.

①若 $q \neq 2,3$,则 n 的最小值为 $2 \times 5^2 \times 7^2 > 500$.

②若 $q = 3$,则 n 的最小值为 $2 \times 3^2 \times 5^2 = 450$,符合题意,次小值为 $2 \times 3^2 \times 7^2 > 500$.

③若 $q = 2$,易见此时符合题意的 n 有 5 个值:$5 \times 2^2 \times 3^2 = 180$,$7 \times 2^2 \times 3^2 = 252$,$11 \times 2^2 \times 3^2 = 396$,$13 \times 2^2 \times 3^2 = 468$,$3 \times 2^2 \times 5^2 = 300$(注意:$17 \times 2^2 \times 3^2 > 500$,$7 \times 2^2 \times 5^2 > 500$,$3 \times 2^2 \times 7^2 > 500$).

综上所述,可知符合条件的 n 共有 7 个,$x = 7$.

10. 不能.

这是因为:(ⅰ)在图中 9 个数的和是:$2 + 3 + 5 + 7 + 11 + 13 + 17 + 19 + 23 = 100$,100 不是 3 的倍数.

(ⅱ)每经过一次操作,同一行或同一列的三个数都加上相同的自然数,因 3 个相同自然数的和是 3 的倍数,总和增加部分也是 3 的倍数,总和仍然不是 3 的倍数. 所以不管经过多少次操作,总和都不会是 3 的倍数.

(ⅲ)又因 9 个相同数的和必是 3 的倍数,这与前面所说总和不是 3 的倍数相矛盾. 可见不管经过多少次操作,都不能使图中 9 个数变为相同的数.

11. 原式各项的分母依次是 $1,2,3,2^2,5,2 \times 3,7,2^3,3^2,2 \times 5,11,2^2 \times 3,13,2 \times 7,3 \times 5,2^4,17,2 \times 3^2,19,2^2 \times 5,3 \times 7,2 \times 11,23,2^3 \times 3,5^2,2 \times 13,3^3,2^2 \times 7,29,2 \times 3 \times 5,31,2^5,3 \times 11,2 \times 17,5 \times 7,2^2 \times 3^2,37,2 \times 19,3 \times 13,2^3 \times 5$,所以通分时,除 $\frac{1}{25}$ 以外,各项的分子中都含有 5 作为因数(约数).

设公分母为 N(实际上,$N = 2^5 \times 3^3 \times 5^2 \times 7 \times 11 \times 13 \times 17 \times 19 \times 23 \times 29 \times 31 \times 37$),$\frac{1}{25} = \frac{1}{5^2} = \frac{M_1}{N}$ 时,M_1 中不含 5 作为因数,而其余各项分子之和可写成 $5M_2$. 整个和则可写成 $\frac{5M_2 + M_1}{N}$,在约分时,因为分子不含 5 作因数,因此,得到的最简分数 $\frac{m}{n}$ 中,m 不会是 5 的倍数.

12. 我们可以将两位数从大到小排列成 $99,98,97,96,95,\cdots$.

看一看其中谁是第一个所说数的约数.

$99 = 11 \times 9$,$98 = 7 \times 7 \times 2$,97 是质数,都不是所说数的约数.

$96 = 3 \times 2^5$ 是这个数的约数.

所求的数是 96.

13. 由 $n=\overline{3434ab}$ 是 9 的倍数，知 $3+4+3+4+a+b=14+a+b$ 是 9 的倍数，故 $a+b=4$ 或 13；由 n 是 8 的倍数，知 $\overline{4ab}$ 是 8 的倍数，从而 $\overline{ab}$ 是 8 的倍数.

易见 $a=4,b=0$ 符合条件，且使 $a+b=c$ 取最小值 4.

14. 6，7，8，9 的最小公倍数是 $7\times8\times9=504$.

504 个连续的数中，恰有一个被 504 整除.

从 10000 到 99999，共 90000 个五位数，因为 $90000\div504=178.5\cdots$，所以其中被 504 整除的数，每两个相差 504，在数轴上共形成 178 个区间，即被 504 整除的数（区间的端点）有 179 个. 因此，能同时被 6，7，8，9 整除的五位数有 179 个.

第十一章 算术基本定理及应用

A 组

1. 因 $30=2\times3\times5$，则 $30^4=2^4\cdot3^4\cdot5^4$，由性质 1 知，30^4 的正约数的个数为 $(4+1)(4+1)(4+1)=125$ 个.

2. 因 $N=69^5+5\cdot69^4+10\cdot69^3+10\cdot69^2+5\cdot69+1=(69+1)^5=70^5=(2\times5\times7)^5=2^5\cdot5^5\cdot7^5$，则有 $(1+5)(1+5)(1+5)=216$ 个正整数是 N 的因子.

3. $92565=5\times3^2\times11^2\times17$，由题意，92565 是两个三位数的积，

故 $92565=121\times765=165\times561=187\times495=255\times363$.

其中，只有 165 和 561 是互为反序的两个正整数.

4. 因 $1176=2^2\times3\times7^2$，则 $2^3\times3\times7^2a=b^4$，即 $3\mid b^4$.

又因 3 是质数，则 $3\mid b$.

同理，$2\mid b,7\mid b$.

令 $b=2\times3\times7t$（t 是正整数），

则 $2^3\times3\times7^2a=(2\times3\times7t)^4$，

即 $a=2\times3^3\times7^2t^4$.

要求 a 的最小值，t 应尽可能地小.

取 $t=1$ 时，a 有最小值 $2\times3^3\times7^2=2646$.

5. 将 600 分解质因数可得 $2^3\times3\times5^2$.

（ⅰ）600 的每一个正约数都是从质数 2，3，5 中取若干个相乘得到的.

先考虑取 2，它可不取，也可取 1 个、2 个或 3 个出来，共有 4 种取法；

再考虑取 3，它只有取与不取共 2 种取法；

最后考虑取 5，它可以不取，也可以取 1 个或 2 个出来，共有 3 种取法.

故组成 600 的一个正约数有 $4\times2\times3=24$ 种方法，即 600 有 24 个正约数.

（ⅱ）如果 3×5^2 有 n 个正约数，则这 n 个正约数与 $1,2,2^2,2^3$ 分别相乘得到的 $4n$ 个积就是 600 的所有正约数. 不妨设 3×5^2 的所有正约数之和为 x，则 600 的所有正约数之和为 $(1+2+2^2+2^3)x$.

又设 5^2 的所有正约数之和为 y，则 $x=(1+3)y$.

而 5^2 的所有正约数之和 $y=1+5+5^2$.

600 的所有正约数之和为 $(1+2+2^2+2^3)(1+3)(1+5+5^2)=1860$.

6. 将 8 个数分解成质因数的积：

$14=2\cdot7$, $\qquad\qquad$ $30=2\cdot3\cdot5$,

$143=11\cdot13$, $\qquad\qquad$ $169=13^2$,

$33=3\cdot11$, $\qquad\qquad$ $75=3\cdot5^2$,

$4445=5\cdot7\cdot127$, $\qquad\qquad$ $4953=3\cdot13\cdot127$.

8 个数相乘得：$A=2^2\cdot3^4\cdot5^4\cdot7^2\cdot11^2\cdot13^4\cdot127^2$，

所以每组 4 个数的乘积是 $B=2\cdot3^2\cdot5^2\cdot7\cdot11\cdot13^2\cdot127$.

由观察知，14 与 30 各含有一个因数 2，故它们应在不同的组.

不妨设 14 归入甲组，30 归入乙组.

因 14 有因数 7，故另一有因数 7 的 4445 必归于乙组.

4445 有因数 127，知另一含因数 127 的 4953 应归于甲组.

30 与 4445 各包含一个因数 5，故另一个含有因数 5^2 的应归于甲组.

甲组中的 75 与 4953 都含有因数 3，故另一含有因数 3 的 33 应归于乙组.

因 33 有因数 11，另一有因数 11 的 143 应归于甲组，最后一个 169 归于乙组.

故得分组方法为：

甲组：14，4953，75，143；

乙组：30，4445，33，169.

B 组

1. 以 c 表示补写出数 $ab+a+b$，于是 $c+1=ab+a+b+1=(a+1)(b+1)$，这就是说，如果不考虑黑板上写出的数，而考虑比它们大 1 的数，那么每个新数将是两个原有数加上 1 的乘积.

因为从 2，3 开始，进行几次相乘后，得到形如 $2^n\cdot3^m$ 的数，其中 m,n 为自然数. 显然，凡形如 $2^n\cdot3^m$ 的数可以得到. 在原来情况下只能得到形如 $2^n\times3^m-1$ 的数. $13121=2\times3^7-1$ 能得到. 而 12131 不是这样形式的数，得不到.

2. 由 $[a,b]=2^3\cdot5^3$，$[b,c]=[c,a]=2^4\cdot5^3$，可知 c 是 2^4 的倍数.

当 c 是 2^4 或 $2^4\cdot5$ 或 $2^4\cdot5^2$ 时，b,a 都是 5^3 的倍数：若 $b=5^3$ 或 $2\cdot5^3$ 或 $2^2\cdot5^3$，则 $a=2^3\cdot5^3$；若 $a=5^3$ 或 $2\cdot5^3$ 或 $2^2\cdot5^3$，则 $b=2^3\cdot5^3$；还有 $a=b=2^3\cdot5^3$. 这样的

(a,b,c) 有 $3\times7=21$ 个.

当 $c=2^4\cdot5^3$ 时, a,b 中至少有一个是 2^3 的倍数,且至少有一个是 5^3 的倍数:若 a,b 都不是 $2^3\cdot5^3$, 则其一为 2^3 或 $2^3\cdot5$ 或 $2^3\cdot5^2$ 时,另一个为 5^3 或 $2\cdot5^3$ 或 $2^3\cdot5^3$; 若 a,b 恰有一个是 $2^3\cdot5^3$, 则另一个可以是 $2^3\cdot5^3$ 的任何因数,但 $2^3\cdot5^3$ 本身除外; 还有 $a=b=2^3\cdot5^3$. 这样的 (a,b,c) 有 $(3\times3+4\times4-1)\times2+1=49$ 个.

故共有 $21+49=70$ 个 (a,b,c).

3. 由已知条件,知 $n=75k=3\times5^2k$, 欲使 n 尽可能小,可设 $n=2^\alpha3^\beta5^\gamma(\gamma\geqslant2,\beta\geqslant1)$, 且有 $(\alpha+1)(\beta+1)(\gamma+1)=75$, 于是 $\alpha+1,\beta+1,\gamma+1$ 都为奇数,所以 α,β,γ 都为偶数,故 $\gamma=2$.

由 $(\alpha+1)(\beta+1)(\gamma+1)=75$, 得 $(\alpha+1)(\beta+1)=25$.

(i) $\alpha+1=5,\beta+1=5,\therefore\alpha=4,\beta=4$,

则 $n=2^4\cdot3^4\cdot5^2$.

(ii) $\alpha+1=1,\beta+1=25,\therefore\alpha=0,\beta=24$.

则 $n=2^0\cdot3^{24}\cdot5^2$.

由(i)、(ii)知最小的正整数 n 是 $2^4\cdot3^4\cdot5^2$.

故 $\dfrac{n}{75}=2^4\cdot3^4\cdot5^2/75=432$.

4. n 至少是 10 个连续整数之积,必然被 $2,3,\cdots,10$ 整除,因 $8=2^3,9=3^2$, 故 n 的标准分解式中至少包含有 $2^3\cdot3^2\cdot5\cdot7$ 为其因数.

设 $n=2^{\alpha_1}\cdot3^{\alpha_2}\cdot5^{\alpha_3}\cdot7^{\alpha_4}\cdot11^{\alpha_5}\cdots$, 则

$\alpha_1\geqslant3,\alpha_2\geqslant2,\alpha_3\geqslant1,\alpha_4\geqslant1$.

令 $(\alpha_1+1)(\alpha_2+1)(\alpha_3+1)(\alpha_4+1)(\alpha_5+1)\cdots=144$.

考虑到 $(\alpha_1+1)(\alpha_2+1)(\alpha_3+1)(\alpha_4+1)\geqslant4\cdot3\cdot2\cdot2=48$, 故在 $\alpha_5,\alpha_6,\cdots$ 中,最多还能有一个不为 0,要 n 最小,当然应令 $\alpha_5\neq0,0\leqslant\alpha_5<2$.

于是 $n=2^{\alpha_1}3^{\alpha_2}5^{\alpha_3}7^{\alpha_4}11^{\alpha_5}(\alpha_1\geqslant3,\alpha_2\geqslant2,\alpha_3\geqslant1,\alpha_4\geqslant1,0\leqslant\alpha_5\leqslant2)$.

从而 $(\alpha_1+1)(\alpha_2+1)(\alpha_3+1)(\alpha_4+1)(\alpha_5+1)=144=2^4\cdot3^2$.

显然 $\alpha_1\geqslant\alpha_2\geqslant\alpha_3\geqslant\alpha_4\geqslant\alpha_5$ 时 n 的乘积最小,适合这个条件的 $(\alpha_1,\alpha_2,\alpha_3,\alpha_4,\alpha_5)$ 数组有 7 组:

$(11,2,1,1,0),(7,2,2,1,0),(5,5,1,1,0),(5,3,2,1,0),(5,2,1,1,1),(3,3,2,2,0),(3,2,2,1,1)$.

通过直接计算并比较其大小知 n 应取: $n=2^5\cdot3^2\cdot5\cdot7\cdot11=110880$.

5. 填 24. 理由:显然 p,q 都不是 3 的倍数,从而 $p+1$ 和 $p-1$ 中必有一个是 3 的倍数,因此 p^2-1 是 3 的倍数. 同理 q^2-1 是 3 的倍数.

又显然 p,q 都是奇数,从而 $p+1$ 和 $p-1$ 中必有一个是 4 的倍数,另一个是偶数,因此 p^2-1 是 8 的倍数.同理 q^2-1 是 8 的倍数.

综上所述,知 p^2-1 和 q^2-1 都是 24 的倍数.

但 101 和 107 都是质数,$101^2-1=102\times100=2^3\times3\times5^2\times17$,$107^2-1=108\times106=2^3\times3^3\times53$,所以 101^2-1 和 107^2-1 的最大公约数是 $2^3\times3=24$.

24 为所求的最小值.

6. 填 672.理由:由 $1!\times2!\times\cdots\times9!=2^{30}\times3^{13}\times5^5\times7^3$,则它的完全平方数的约数必是形如 $2^{2a}\times3^{2b}\times5^{2c}\times7^{2d}$ 的数,其中,a,b,c,d 都是非负整数,且 $0\leqslant a\leqslant15,0\leqslant b\leqslant6,0\leqslant c\leqslant2,0\leqslant d\leqslant1$.

故这种约数共有 $16\times7\times3\times2=672$ 个.

7. 因为 $2006=2\times17\times59$,所以,为证结论成立,只须证:n 为奇正整数时,$1596^n+1000^n-270^n-320^n$ 能被 $2,17,59$ 整除.

显然,表达式能被 2 整除.

应用公式,n 为奇数时,

$a^n+b^n=(a+b)(a^{n-1}-a^{n-2}b+\cdots+b^{n-1})$,

$a^n-b^n=(a-b)(a^{n-1}+a^{n-2}b+\cdots+b^{n-1})$.

由于 $1596+1000=59\times44$,

$270+320=59\times10$,

故 $1596^n+1000^n-270^n-320^n$ 能被 59 整除.

又 $1596-270=1326=17\times78$,

$1000-320=680=17\times40$,

故 $1596^n+1000^n-270^n-320^n$ 能被 17 整除.

因此,结论成立.

8. 设三位数为 $\overline{abc}$,则 $\overline{abc}^2=1000k+\overline{abc}$,

即 $\overline{abc}(\overline{abc}-1)=2^3\times5^3k$.

因为 $(\overline{abc},\overline{abc}-1)=1$,所以

$2^3\mid\overline{abc}$,且 $5^3\mid(\overline{abc}-1)$,或 $2^3\mid(\overline{abc}-1)$,且 $5^3\mid\overline{abc}$.

(1)若 $2^3\mid\overline{abc}$,且 $5^3\mid(\overline{abc}-1)$,则

$\overline{abc}-1=125,375,625,875$.

只有 $\overline{abc}=376$,使得 $2^3\mid\overline{abc}$,满足题意.

(2)若 $2^3\mid(\overline{abc}-1)$,且 $5^3\mid\overline{abc}$,则

$\overline{abc}=125,375,625,875$.

只有 $\overline{abc}=625$,使得 $2^3\mid(\overline{abc}-1)$,满足题意.

因此,所求的和为 $376+625=1001$.

9. 填 154. 理由:因为 $ab^2c^3=1×2×3^3×5^2$,所以 c 可取 1 或 3.

当 $c=1$ 时,b 可取 3 或 5 或 15,共可得 (a,b,c) 的三组解:$(150,3,1)$;$(54,5,1)$;$(6,15,1)$.

当 $c=3$ 时,b 可取 1 或 5,又可得 (a,b,c) 的两组解:$(50,1,3)$;$(2,5,3)$.

显然 $a+b+c$ 的最大值是 $150+3+1=154$.

10. 填 132. 理由:由下表可以验证对任意正整数 n,n^2-n+11 不是 2,3,5,7 的倍数.

	mod 2		mod 3			mod 5					mod 7						
n	0	1	0	1	2	0	1	2	3	4	0	1	2	3	4	5	6
n^2	0	1	0	1	1	0	1	4	4	1	0	1	4	2	2	4	1
n^2-n+11	1	1	2	2	1	1	1	3	2	3	4	4	6	3	2	3	6

因此,最小的可能值是 $n^2-n+11=11^4$.

则 $n(n-1)=2×5×7×11×19$.

但是此方程无正整数解.

当 $n^2-n+11=13×11^3$ 时,得

$n(n-1)=2×2×3×11×131$,

解得 $n=132$.

第十二章　平方数的特征及应用

A 组

1. 选 B. 理由:当 $m=0,1,2$ 时,m^4-m^2+4 都是完全平方数.

当 $m≥3$ 时,$(m^2-1)^2<m^4-m^2+4<(m^2)^2$,故 m^4-m^2+4 都不是完全平方数.

所以,符合条件的自然数 m 只有 3 个.

2. 选 A. 理由:设 $m^2+m+7=k^2(k\in \mathbf{N_+})$,则

$m^2+m+7-k^2=0$,

解得 $m=\dfrac{-1±\sqrt{4k^2-27}}{2}$.

由 m 为整数,应有 $4k^2-27=n^2(n\in \mathbf{N_+})$,

即 $(2k+n)(2k-n)=27$.

则 $\begin{cases} 2k+n=27, \\ 2k-n=1, \end{cases}$ 或 $\begin{cases} 2k+n=9, \\ 2k-n=3, \end{cases}$

解得 $\begin{cases} n=13, \\ k=7 \end{cases}$ 或 $\begin{cases} n=3, \\ k=3. \end{cases}$

故 $m_1=-7, m_2=6, m_3=-2, m_4=1$.

所以, $m_1 m_2 m_3 m_4=84$.

3. 选 B. 理由: 因奇平方数模 8 余 1, 偶平方数模 4 余 0, 若 2008 为两数平方和, 即 $a^2+b^2=2008$, 则 a,b 皆为偶数. 记 $a=2a_1, b=2b_1$, 化为 $a_1^2+b_1^2=502$, 则 a_1, b_1 皆为奇数. 而 502 模 8 余 6, 矛盾.

故 $k \geqslant 3$.

当 $k=3$ 时, 设 $a^2+b^2+c^2=2008$, 则 a,b,c 皆为偶数. 记 $a=2a_1, b=2b_1, c=2c_1$, 化为 $a_1^2+b_1^2+c_1^2=502$.

解得 $(a_1,b_1,c_1)=(5,6,21)$.

于是, $10^2+12^2+42^2=2008$.

因此, k 的最小值为 3.

注: 因要求平方数互异, 故选项 D 与拉格朗日四平方和定理并不相违.

4. 选 D. 理由: 设 $\overline{2abcd8}=(\overline{xy})^3$.

据末位数字特征得 $y=2$, 进而确定 $\overline{xy}$.

因 $60^3=216000, 70^3=343000$,

所以, $60 < \overline{xy} < 70$.

故只有 $\overline{xy}=62$.

而 $62^3=238328$,

则 $\overline{ab}=38, \overline{cd}=32, \overline{ab}+\overline{cd}=70$.

5. 填 37. 理由: 依据 $x^2=p(444-x)$ ①

可知, $p(444-x)$ 是完全平方数.

又 p 是质数, 因此, $p|x^2 \Rightarrow p|x$.

令 $x=np(n \in \mathbf{Z})$, 代入式①得

$(np)^2=p(444-np)$.

由 $p \neq 0$ 可得 $n^2 p=444-np$,

即 $n(n+1)p=2^2 \times 3 \times 37$.

因此, $p=37$.

6. 填 2. 理由: 经验证知, 当 $m=1$ 时, $m^2+m+7=9$ 是完全平方数;

当 $m=2,3,4,5$ 时, m^2+m+7 都不是完全平方数;

当 $m=6$ 时, $m^2+m+7=49$ 是完全平方数.

当 $m>6$ 时, $m^2<m^2+m+7<(m+1)^2$,

于是，当 $m>6$ 时，m^2+m+7 都不是完全平方数.

所以，符合条件的正整数 m 仅有 2 个.

7. 填 17. 理由：设 $100a+64=m^2$，$201a+64=n^2$，

则 $32 \leqslant m,n<100$.

两式相减得

$101a=n^2-m^2=(n+m)(n-m)$.

因为 101 是质数，且 $-101<n-m<101$，$0<n+m<200$，所以，$n+m=101$.

故 $a=n-m=2n-101$.

代入 $201a+64=n^2$，

整理得 $n^2-402n+20237=0$，

解得 $n=59$ 或 $n=343$(舍去).

所以，$a=2n-101=17$.

8. 填 4761. 理由：设 $M=\overline{abcd}=A^2$，且 M 的千位数减少 3 而个位数增加 3 等于 B^2，则

$$\begin{cases} A^2=1000a+100b+10c+d, \\ B^2=1000(a-3)+100b+10c+(d+3), \end{cases}$$

所以，$A^2-B^2=2997$，

故 $(A-B)(A+B)=3^4 \times 37$.

由于 $A+B \leqslant 2 \times 99=198$，

因此，$\begin{cases} A-B=3^3, \\ A+B=3 \times 37 \end{cases}$ 或 $\begin{cases} A-B=37, \\ A+B=3^4. \end{cases}$

解得 $(A,B,M)=(69,42,4761)$ 或 $(59,22,3481)$(不合).

9. 填 2 或 5. 理由：设 $\dfrac{p(p+1)+2}{2}=k^2(k \in \mathbf{Z}_+)$，则

$p(p+1)=2k^2-2=2(k+1)(k-1)$.

(1)当 $p=2$ 时，$3=k^2-1$，$k=2$；

(2)当 $p \neq 2$ 时，$p \mid (k+1)$ 或 $p \mid (k-1)$.

若 $p \mid (k+1)$，则 $p+1 \geqslant 2(k-1)$.

从而，$k+2 \geqslant p+1 \geqslant 2(k-1) \Rightarrow k \leqslant 4$.

当 $k=3$ 时，$p(p+1)=16$，无质数解；

当 $k=4$ 时，$p(p+1)=30$，$p=5$.

若 $p \mid (k-1)$，则 $k \geqslant p+1 \geqslant 2(k+1)$，不可能.

综上，$p=2$ 或 5.

10. 填 925. 理由:由题意设 $M+36=(k-m)^2$,

$M+300=k^2$,

$M+596=(k+m)^2(m>0)$.

则 $(M+36)+(M+596)=2(k^2+m^2)$.

所以, $M+316=M+300+16=k^2+m^2$.

解得 $m=4$.

又 $(M+596)-(M+36)=(k+m)^2-(k-m)^2=4km$,

于是, $k=35$. 所以, $M=925$.

11. 由题意, $\triangle=b^2-4ac$ 为完全平方数. 由于 b^2-4ac 为奇数,所以可设 $b^2-4ac=d^2$,或 $(b^2-1)+(d^2-1)=4ac$.

由于 b、d 都为奇数,所以 $8\mid b^2-1,8\mid d^2-1$,但 ac 为奇数,即 $8\nmid 4ac$.

因此, $\triangle$ 不是平方数,从而原方程没有有理根.

12. $2^8 3^{12} 5^5$. 理由:因 $72=2^3\times 3^2,2700=2^2\times 3^3\times 5^2,1125=3^2\times 5^3$,故 $n=2^a 3^b 5^c P,a\geqslant 3,b\geqslant 3,c\geqslant 3,P$ 为正整数,P 不是 2,3,5 的倍数.

现要求 n 的最小值,不妨设 $P=1$.

易见 $A=2^{a-3}3^{b-2}5^c$ 为完全 5 次方数,有 $5\mid(a-3),5\mid(b-2),5\mid c;B=2^{a-2}3^{b-3}5^{c-2}$ 为完全立方数,有 $3\mid(a-2),3\mid(b-3),3\mid(c-2);C=2^a 3^{b-2}5^{c-3}$ 为完全平方数,有 $2\mid a,2\mid(b-2),2\mid(c-3)$.

由 $a\geqslant 3,5\mid(a-3),3\mid(a-2),2\mid a$,易得 a 的最小值为 8;由 $b\geqslant 3,5\mid(b-2),3\mid(b-3),2\mid(b-2)$,易得 b 的最小值为 12;由 $c\geqslant 3,5\mid c,3\mid(c-2),2\mid(c-3)$,易得 c 的最小值为 5.

从而知 n 的最小值为 $2^8 3^{12} 5^5$.

B 组

1. 设 $m^2=2^8+2^{11}+2^n$,则

$2^n=m^2-2^8-2^{11}=m^2-2^8(1+2^3)$

$=m^2-(3\times 2^4)^2=(m-48)(m+48)$.

由唯一性分解定理,存在非负整数 s 与 t,使得

$m-48=2^s,m+48=2^t,s+t=n$.

于是 $m=2^s+48,m=2^t-49$,

从而 $2^s+48=2^t-48,2^t-2^s=96$,

$2^s(2^{t-s}-1)=2^5\times 3$.

又 $2^{t-s}-1$ 是奇数,由唯一分解定理 $2^{t-s}-1=3$,从而得 $s=5,t=7,n=12$.

2. $\triangle=4(2a-1)^2-16a(a-3)=4(8a+1)$.

因方程有整数根,必有有理根,所以 Δ 为平方数,即 $8a+1$ 要为平方数.

又因 $8a+1$ 为奇数,所以可设 $8a+1=(2t+1)^2$(t 为正整数),

化简得 $a=\dfrac{1}{2}t(t+1)$.

从而 $x_{1,2}=\dfrac{1-2a\pm\sqrt{8a+1}}{a}=-2+\dfrac{4}{t}$,或 $-2-\dfrac{4}{t+1}$.

由于 x_1,x_2 中至少有一个为整数,从而 $4/t$ 或 $4/(t+1)$ 中至少有一个为整数,因此 $t=1,2,4$ 或 $1,3$. 由此得 $a=1,3,6,10$.

3. 只要证明 a,b 中不可能都是 5 的倍数,也不可能都不是 5 的倍数.

a,b 都不是 5 的倍数是显然的,下面证明不可能都不是 5 的倍数.

若 a^2,b^2 同为 $5k-1$ 型的数,则 b^2-a^2 可被 5 整除,而 $b^2-a^2=23a^2+1$.

考察 $23a^2+1$ 的末尾数.

由于 a^2 的尾数只能是 $0,1,4,5,6,9$,所以 $23a^2+1$ 的末尾数只能是 $1,4,3,6,9,8$.

因此 $23a^2+1$ 不能被 5 整除,即 a^2,b^2 不能同为 $5k+1$ 或 $5k-1$ 型的数.

若 a^2,b^2 中一个为 $5k+1$ 型的数,另一个为 $5k-1$ 型的数,则 a^2+b^2 可被 5 整除. 而 $a^2+b^2=25a^2+1$,且 $25a^2+1$ 不能被 5 整除,即这种情况也不可能.

因此,a,b 中有且仅有一个能被 5 整除.

4. 非零整数平方末尾数只能是 $1,4,5,6,9$.

整数的平方末两位数不能为相同的奇数:$11,55,99$.

否则对于奇数 n,$4\mid n^2-1$,但 $10,54,98$ 不能被 4 整除.

偶数 n 的平方末两位数不可能是 66,否则 $4\mid n^2$,但 $4\nmid 10^2l+66$.

从而仅剩下末两位是 44,我们只要在 1 到 50 中找出这样的数就行了,这是因为 m 和 $50k+m$ 的平方有相同的末两位数.

因为仅当整数的末尾数是 2 或 8 时,平时的末尾数才是 4. 容易找到在 1 到 50 中只有 12 和 38 两个数的平方末两位是 44.

因此,形如 $50k+12$ 和 $50k+38$ 的数具有我们所需的性质.

在 1000 以内,这样的数有 40 个,只要取 $k=0,1,2,\cdots,19$,就得到全部要求的数.

5. $m-n$ 为完全平方数.

证明如下:

设 $m=n+k$(k 为正整数),

代入 $2006m^2+m=2007n^2+n$,

得 $n^2-2\times2006kn-(2006k^2+k)=0$.

因为 n 为正整数,所以,$\Delta=4(2006k)^2+4(2006k^2+k)$ 为完全平方数.

故 $\dfrac{\Delta}{4}=k[(2006^2+2006)k+1]$ 为完全平方数.

又因 $(k,(2006^2+2006)k+1)=1$,所以,k 与 $(2006^2+2006)k+1$ 均为完全平方数. 故 $m-n$ 为完全平方数.

6. 选 C. 理由:因 $x=10^{2n+4}+10^{n+3}+50=(10^{2n+4}+10\cdot10^{n+2}+25)+25=(10^{n+2}+5)^2+25=1\underbrace{00\cdots0}_{n+1个0}5^2+25$,则 $x-25=1\underbrace{00\cdots0}_{n+1个0}5^2$ 是完全平方数.

注:作为选择题可令 $n=1$,立得 C.

7. (1) $m^4+4n^2=(m^2-n^2)^2+3n^4+2m^2n^2=(m^2-n^2)^2+n^2(n^2+2mn+m^2)+n^2(n^2-2mn+m^2)+n^4=(m^2-n^2)^2+[n(n+m)]^2+[n(n-m)]^2+(n^2)^2$.

(2) $689=625+64=5^4+4\cdot2^4=(5^2-2^2)+[2(2+5)]^2+[2(2-5)]^2+(2^2)^2=21^2+14^2+6^2+4^2$.

8. 结论是否定的. 事实上,当 $a\geq b>0$ 时,由 $a^2<a^2+2b^2\leq a^2+2a<(a+1)^2$ 可知 a^2+2b 不是完全平方数.

同理,在 $b\geq a>0$ 时,$b^2<b^2+2a<(b+1)^2$,即 b^2+2a 也不是完全平方数.

所以,无论 a,b 取何自然数,a^2+2b 与 b^2+2a 不可能同时为完全平方数.

9. 由于 $2\times5-1=9$,$2\times13-1=25$,$13\times5-1=64$ 都是平方数,

所以只要证明 $2d-1,5d-1,13d-1$ 中至少有一个不是平方数就可以了.

假设 $2d-1,5d-1,13d-1$ 都是平方数,则它们的乘积 $M=(2d-1)(5d-1)(13d-1)=130d^3-101d^2+6d-1$ 也应是平方数.

由于奇数平方被 4 除余 1,偶数平方被 4 除余 0,即完全平方数一定是形如 $4k+1$ 或 $4k$ 型的数.

而 d 为偶数时,M 为 $4k+3$ 型的数;d 为奇数时,M 为 $4k+2$ 型的数,都不是平方数,

所以 $2d-1,5d-1,13d-1$ 中至少有一个不是平方数.

10. 由 a,b,c 的轮换对称性,不妨设 $a\geq b\geq c$.

令 $a-b=m$,$b-c=n$,则 $a-c=m+n$,

且 $a^2+b^2+c^2-ab-bc-ca=\dfrac{1}{2}[m^2+n^2+(m+n)^2]$,

即 $m^2+mn+n^2-19=0$.

对于 m 的方程有 $\Delta=n^2-4(n^2-19)\geq0$,

故 $0\leq n\leq\dfrac{2\sqrt{57}}{3}<6$.

又 n 为整数,且判别式必须为完全平方数,则 $n=2,3$ 或 5.

(1)当 $n=2$ 时,$m=3$,则 $a+b+c=3b+1\geqslant10$.

(2)当 $n=3$ 时,$m=2$,则 $a+b+c=3b-1\geqslant11$.

(3)当 $n=5$ 时,方程 $m^2+5m+6=0(m>0)$ 无解.

所以,当 $a=6,b=3,c=1$ 时,$a+b+c$ 取得最小值,最小值为 10.

11. 因为 $x_1,x_2,\cdots,x_9$ 是 2001,2002,$\cdots$,2009 中的九个不同的数,又 2001,2002,$\cdots$,2009 这九个数的个位数字 1,2,3,4,5,6,7,8,9 经 3 次方后所得的个位数字分别为 1,8,7,4,5,6,3,2,9,所以,$x_1^3+x_2^3+\cdots+x_9^3$ 的个位数字必是 5.

又 $x_1^3+x_2^3+\cdots+x_8^3-x_9^3=x_1^3+x_2^3+\cdots+x_8^3+x_9^3-2x_9^3$,

不妨设 x_9^3 的个位数字是 a_9.

故 $x_1^3+x_2^3+\cdots+x_9^3$ 的个位数字有两种情况:

(1)当 $5-2a_9>0$ 时,为 $5-2a_9$;

(2)当 $5-2a_9<0$ 时,为 $15-2a_9$.

因此,有 $5-2a_9=1$ 或 $15-2a_9=1$,

于是,$a_9=2$ 或 $a_9=7$,

即 $x_9=2008$ 或 $x_9=2003$.

又 $8x_9>x_1+x_2+\cdots+x_8$,所以,$x_9=2008$.

12. 由 $\sqrt{\overline{abcd}}=\overline{ab}+\sqrt{\overline{cd}}$,

知 $(\overline{ab})^2+2\overline{ab}\cdot\sqrt{\overline{cd}}+\overline{cd}=\overline{abcd}=100\,\overline{ab}+\overline{cd}$.

故 $(\overline{ab})^2+2\overline{ab}\cdot\sqrt{\overline{cd}}=100\,\overline{ab}$,

即 $\overline{ab}+2\sqrt{\overline{cd}}=100$.   ①

由式①可知,$\overline{cd}$ 为完全平方数,

则 $\overline{cd}$ 可取 01,04,09,16,25,36,49,64,81,共 9 个.

又由式①可知,对应的 $\overline{ab}$ 依次为 98,96,94,92,90,88,86,84,82.

于是,四位数 9801,9604,9409,9216,9025,8836,8649,8464,8281 都满足 $\overline{abcd}$ 的条件.

将式①变形为 $\overline{ab}+\sqrt{\overline{cd}}=100-\sqrt{\overline{cd}}$.   ②

事实上,$\sqrt{8281}=82+\sqrt{81}=100-\sqrt{81}$;

$\sqrt{8464}=84+\sqrt{64}=100-\sqrt{64}$;

$\sqrt{8649}=86+\sqrt{49}=100-\sqrt{49}$;

$\sqrt{8836}=88+\sqrt{36}=100-\sqrt{36}$;

$\sqrt{9025}=90+\sqrt{25}=100-\sqrt{25}$;

$$\sqrt{9216}=92+\sqrt{16}=100-\sqrt{16};$$

$$\sqrt{9409}=94+\sqrt{09}=100-\sqrt{09};$$

$$\sqrt{9604}=96+\sqrt{04}=100-\sqrt{04};$$

$$\sqrt{9801}=98+\sqrt{01}=100-\sqrt{01}.$$

综上可知,所求的四位数 $\overline{abcd}$ 有 9 个.

13. 由于 $2,2^2,2^3,2^4,2^5,2^6,\cdots$ 用 9 除所得的余数依次是 $2,4,8,7,5,1,\cdots$,因此,2^{m+6} 与 2^m 分别用 9 除所得的余数相等.

但 $2006=334\times6+2$,因此,a_1 用 9 除所得的余数为 4.于是,a_1 的各位数字之和用 9 除所得的余数为 4.

由于 a_2 与 4^2 分别用 9 除所得的余数相等,因此,a_2 用 9 除所得的余数为 7.

由于 a_3 与 7^2 分别用 9 除所得的余数相等,因此,a_3 用 9 除所得的余数为 4,a_3 的各位数字之和用 9 除所得的余数为 4.

另一方面,$a_1=2^{2006}<2^{3\times669}<10^{669}$;

a_1 的各位数字之和不超过 $9\times669=6021$,因此,$a_2\leqslant6021^2<37\times10^6$;

a_2 的各位数字之和不超过 $9\times7+2=65$,因此,$a_3\leqslant65^2=4225$;

a_3 的各位数字之和不超过 $9\times3+3=30$,因此,$a_4\leqslant30^2$.

由于 a_4 等于 a_3 的各位数字之和的平方,因此,a_4 等于某个用 9 除所得的余数为 4 的数的平方.

又由于 $a_4\leqslant30^2$,因此,a_4 是 $4^2,13^2,22^2$ 三数之一,即 $16,169,484$ 三数之一.

由于 a_5 是 $49,256$ 两数之一,则有 $a_6=169,a_7=256,a_8=169,\cdots$.

依此类推可得 $a_{2006}=169$.

14. 利用开平方运算检验前几项均符合(必要时可多算几项).

$49=7^2,4489=67^2,444889=667^2,44448889=6667^2.$

由此我们猜想

$$\underbrace{44\cdots44}_{n+1}\underbrace{88\cdots8}_{n}9=(\underbrace{66\cdots66}_{n}+1)^2.$$

事实上,可设 $\underbrace{44\cdots44}_{n+1}\underbrace{88\cdots8}_{n}9=(\underbrace{xx\cdots xx}_{n}+1)^2,x\in\{1,2,\cdots,9\}$,

即 $4\times\underbrace{11\cdots11}_{n}\times10^n+8\times\underbrace{11\cdots11}_{n}+1=(x\times\underbrace{11\cdots11}_{n}+1)^2.$

令 $\underbrace{11\cdots11}_{n}=m$,

则 $10^n=9\times\underbrace{11\cdots11}_{n}+1=9m+1$,

代入上式,得 $4m(9m+1)+8m+1=(mx+1)^2$,

224

整理成关于 x 的方程,得 $mx^2+2x-(36m+12)=0$,

解此方程,得 $x=6$(负根舍去了).

所以,$\underbrace{44\cdots44}_{n+1}\underbrace{88\cdots89}_{n}=(\underbrace{66\cdots66}_{n}+1)^2$.

另证 1 $\underbrace{44\cdots4}_{n+1}\underbrace{88\cdots89}_{n}=4\sum_{k=n+1}^{2n+1}10^k+8\sum_{k=1}^{n}10^k+9$

$=1+4(1+10+10^2+\cdots+10^n)+4(1+10+\cdots+10^{2n+1})$

$=1+4\cdot\frac{1}{9}(10^{n+1}-1)+4\cdot\frac{1}{9}(10^{2n+2}-1)$

$=\frac{1}{9}(4\cdot10^{2n+2}+4\cdot10^{n+1}+1)$

$=(\frac{2\cdot10^{n+1}+1}{3})^2=(\frac{2}{3}\cdot10^{n+1}+\frac{1}{3})^2$

$=[\frac{6}{9}(10^{n+1}-10)+\frac{2}{3}\cdot10+\frac{1}{3}]^2$

$=[6(10^{n+1}+10^n+\cdots+10)+7]^2=\underbrace{66\cdots67}_{n}{}^2$.

另证 2 $\underbrace{44\cdots44}_{n+1}\underbrace{88\cdots89}_{n}=\underbrace{44\cdots44}_{n+1}\underbrace{88\cdots88}_{n+1}+1$

$=\underbrace{44\cdots4}_{n+1}\underbrace{00\cdots0}_{n+1}+\underbrace{88\cdots8}_{n+1}+1$

$=4\cdot\underbrace{11\cdots1}_{n+1}\cdot10^n+8\cdot\underbrace{11\cdots1}_{n+1}+1$

$=4\cdot\underbrace{11\cdots1}_{n+1}\cdot(9\cdot\underbrace{11\cdots1}_{n+1}+1)+8\cdot\underbrace{11\cdots1}_{n+1}+1$

$=36\cdot(\underbrace{11\cdots1}_{n+1})^2+12\cdot\underbrace{11\cdots1}_{n+1}+1$

$=(6\cdot\underbrace{11\cdots1}_{n+1}+1)^2$.

第十三章 一元二次方程的整数解问题

A 组

1. $\Delta=4p^2-4(p^2-5p-1)=4(5p+1)$ 为完全平方数,从而 $5p+1$ 为完全平方数.

令 $5p+1=n^2$,注意到 $p\geq2$,故 $n\geq4$,且 n 为整数,于是 $5p=(n+1)(n-1)$,

则 $n+1,n-1$ 中至少有一个是 5 的倍数,即 $n=5k\pm1(k$ 为整数).

则 $5p+1=25k^2\pm10k+1,p=k(5k\pm2)$.

由 p 为质数,$5k\pm2>1$ 知 $k=1,p=3$ 或 7.

当 $p=3$ 时,原方程变为 $x^2-6x-7=0$,得 $x_1=-1,x_2=7$;

当 $p=7$ 时,原方程变为 $x^2-14x+13=0$,得 $x_1=1,x_2=13$.

所以,$p=3$ 或 7.

2. 由已知得 $b^2-4ac=(b-2ac)^2$,即 $ac(ac-b+1)=0$.

又 $a<0,c>0$,则 $ac\neq0$,即 $ac-b+1=0$,故 $ac=b-1$,

$b^2-4ac=b^2-4(b-1)=b^2-4b+4=(b-2)^2$.

因 $b\leq0$,则 $b-2\leq-2$,即 $(b-2)^2\geq(-2)^2=4$,故 b^2-4ac 的最小值为 4.

3. $x_1=-1-\dfrac{2}{k-4}, x_2=-1-\dfrac{4}{k-2}$,

消去 k 得 $x_1x_2+3x_1+2=0$,即 $x_1(x_2+3)=-2$,

则 $\begin{cases}x_1=-2,\\x_2+3=1,\end{cases}\begin{cases}x_1=1,\\x_2+3=-2,\end{cases}\begin{cases}x_1=2,\\x_2+3=-1,\end{cases}$

得 $\begin{cases}x_1=-2,\\x_2=-2,\end{cases}\begin{cases}x_1=1,\\x_2=-5,\end{cases}\begin{cases}x_1=2,\\x_2=-4.\end{cases}$

从而得 $k=6,3,\dfrac{10}{3}$.

4. 解得 $x=3\pm\sqrt{4n^2+32n+9}$.

因为方程的根都是整数,所以,$4n^2+32n+9$ 是完全平方数. 设 $4n^2+32n+9=m^2$,$m>0$,则有 $(2n+8+m)(2n+8-m)=55$.

因为 $55=1\times55=5\times11=(-1)\times(-55)=(-5)\times(-11)$,

分别解得 $n=10,n=0,n=-18,n=-8$.

所以,整数 n 的值为 $-18,-8,0,10$.

5. 设这两个自然数为 x_1,x_2,则 $\begin{cases}x_1+x_2=2A,\\x_1x_2=G^2,\end{cases}$

即 x_1,x_2 是方程 $x^2-2Ax+G^2=0$ 的两个根,所以 $A\pm\sqrt{A^2-G^2}$ 应为自然数,即 A^2-G^2 为完全平方数.

设 $A=10a+b(1\leq a,b\leq9)$,则 $G=10b+a$,

可得 $A^2-G^2=9\cdot11\cdot(a+b)(a-b)$.

因此,11 整除 $a+b$ 或 $a-b$,但 $1\leq a-b\leq8$,故 11 整除 $a+b$.

由 $a+b\leq9+8=17$,得 $a+b=11$,则 $a-b$ 必须是完全平方数.

由 $a-b=(a+b)-2b=11-2b$,知 $a-b$ 是一个奇数,但 $a-b\leq9-1=8<3^2$,所以 $a-b=1$.

由 $\begin{cases}a+b=11,\\a-b=1\end{cases}$ 得 $\begin{cases}a=6,\\b=5.\end{cases}$

所以 $A=65, G=56$.

故 $A \pm \sqrt{A^2-G^2}=65 \pm 33$.

因此,所求两数为 98 和 32.

6. 设方程的两个质数根为 p, q,由一元二次方程根与系数关系,有

$$p+q=-k^2-ak, \qquad ①$$

$$pq=1999+k^2+ak. \qquad ②$$

①+②,得 $p+q+pq=1999$,

所以 $(p+q)(q+1)=2^4 \times 5^3$. $\qquad ③$

由③知,p, q 显然均不能为 2,故必为奇数,

所以 $\dfrac{p+1}{2}$ 和 $\dfrac{q+1}{2}$ 均为整数,且 $\dfrac{p+1}{4} \cdot \dfrac{q+1}{4}=5^3$.

不妨设 $p \leqslant q$,则 $\dfrac{p+1}{4}=1$ 或 5.

当 $\dfrac{p+1}{4}=1$ 时,$\dfrac{q+1}{4}=5^3$,得 $p=3, q=499$,均为质数.

当 $\dfrac{p+1}{4}=5$ 时,$\dfrac{q+1}{4}=5^2$,得 $p=19, q=99$. 由于 99 为合数,因此不合题意.

综上可知 $p=3, q=499$,代入①得 $k^2+ak+502=0$.

依题意,该方程有唯一实数解,所以 $\Delta=a^2-4 \times 502=0$,

即 $a=2\sqrt{502}$.

7. 填 5. 理由:(1)当 $a=1$ 时,$x=1$.

(2)当 $a \neq 1$ 时,易知 $x=1$ 是方程的一个整数根,再由 $1+x=\dfrac{1}{1-a}$,且 x 是整数,

得 $1-a= \pm 1, \pm 2$.

所以 $a=-1, 0, 2, 3$.

由(1)、(2)知,符合条件的整数 a 有 5 个.

B 组

1. 根据二次函数 $y=5x^2+bx+c$ 的图象和题设条件知:

当 $x=0$ 时,$5x^2+bx+c>0$,有 $c>0$; $\qquad ①$

当 $x=-1$ 时,$5x^2+bx+c>0$,有 $b>5+c$. $\qquad ②$

因抛物线顶点的横坐标 $-\dfrac{b}{2 \times 5}$ 满足 $-1<\dfrac{b}{2 \times 5}<0$,

则 $0<b<10$. $\qquad ③$

又因 $\Delta \geqslant 0$,即 $b^2-20c \geqslant 0$,故 $b^2 \geqslant 20c$. $\qquad ④$

由①、③、④得 $100>b^2\geqslant 20c,c<5$.

若 $c=1$,则由②、④得 $0<b<6$ 且 $b^2\geqslant 20$,得 $b=5$;

若 $c=2$,则 $0<b<7$ 且 $b^2\geqslant 40$,无整数解;

若 $c=3$,则 $0<b<8$ 且 $b^2\geqslant 60$,无整数解;

若 $c=4$,则 $0<b<9$ 且 $b^2\geqslant 80$,无整数解.

故所求 b,c 的值为 $b=5,c=1$.

2. 观察易知,方程有一个整数根 $x_1=1$.

将方程的左边分解因式得 $(x-1)[x^2+(a+18)x+56]=0$.

因为 a 是正整数,所以,关于 x 的方程

$$x^2+(a+18)x+56=0 \qquad\qquad ①$$

的判别式 $\Delta=(a+18)^2-224>0$,它一定有两个不同的实数根.

而原方程的根都是整数,所以,方程①的根都是整数.

因此,它的判别式 $\Delta=(a+18)^2-224$ 应该是一个完全平方数.

设 $(a+18)^2-224=k^2(k$ 为非负整数$)$,

则 $(a+18)^2-k^2=224$,

即 $(a+18+k)(a+18-k)=224$.

显然,$a+18+k$ 与 $a+18-k$ 的奇偶性相同,且 $a+18+k\geqslant 18$.

而 $224=112\times 2=56\times 4=28\times 8$,

所以,$\begin{cases}a+18+k=112,\\a+18-k=2\end{cases}$ 或 $\begin{cases}a+18+k=56,\\a+18-k=4\end{cases}$ 或 $\begin{cases}a+18+k=28,\\a+18-k=8.\end{cases}$

解得 $\begin{cases}a=39,\\k=55\end{cases}$ 或 $\begin{cases}a=12,\\k=26\end{cases}$ 或 $\begin{cases}a=0,\\k=10.\end{cases}$

而 a 是正整数,所以,只可能 $\begin{cases}a=39,\\k=55\end{cases}$ 或 $\begin{cases}a=12,\\k=26.\end{cases}$

当 $a=39$ 时,方程①即为 $x^2+57x+56=0$,它的两根分别为 -1 和 -56.

此时,原方程的三个根为 $1,-1$ 和 -56.

当 $a=12$ 时,方程①即为 $x^2+30x+56=0$,它的两根分别为 -2 和 -28.

此时,原方程的三个根为 $1,-2$ 和 -28.

3. 设方程有有理数根,则判别式为平方数.

令 $\Delta=q^2-4p^2=n^2$,其中,n 是一个非负整数,

则 $(q-n)(q+n)=4p^2$.

由于 $1\leqslant q-n\leqslant q+n$,且 $q-n$ 与 $q+n$ 同奇偶,故同为偶数.

因此,有如下几种可能情形:

(1) $\begin{cases} q-n=2, \\ q+n=2p^2 \end{cases} \Rightarrow q=p^2+1$;

(2) $\begin{cases} q-n=4, \\ q+n=p^2 \end{cases} \Rightarrow q=2+\dfrac{p^2}{2}$;

(3) $\begin{cases} q-n=p, \\ q+n=4p \end{cases} \Rightarrow q=\dfrac{5p}{2}$;

(4) $\begin{cases} q-n=2p, \\ q+n=2p \end{cases} \Rightarrow q=2p$;

(5) $\begin{cases} q-n=p^2, \\ q+n=4 \end{cases} \Rightarrow q=2+\dfrac{p^2}{2}$.

对于情形(1)、(3), $p=2$,从而, $q=5$;

对于情形(2)、(5), $p=2$,从而, $q=4$(不合题意,舍去);

对于情形(4), q 是合数(不合题意,舍去).

又当 $p=2$, $q=5$ 时,方程为 $2x^2-5x+2=0$,它的根为 $x_1=\dfrac{1}{2}$, $x_2=2$,它们都是有理数.

综上所述,存在满足题设的质数.

4. 设方程的两个整数根分别为 x_1 和 x_2,则

$x_1+x_2=-a$, $x_1 x_2=a$.

所以 $x_1+x_2+x_1 x_2=0$,即 $(x_1+1)(x_2+1)=1$.

又 x_1+1, x_2+1 都是整数,则 $\begin{cases} x_1+1=1, \\ x_2+1=1 \end{cases}$ 或 $\begin{cases} x_1+1=-1, \\ x_2+1=-1. \end{cases}$

解得 $\begin{cases} x_1=0, \\ x_2=0 \end{cases}$ 或 $\begin{cases} x_1=-2, \\ x_2=-2. \end{cases}$

故 $a=0$ 或 4.

5. 设方程 $x^2+px+q=0$ 的两根为 x_1, x_2,则

$x_1+x_2=-p$, $x_1 x_2=q$.

因为 $p+q=28$,所以 $-(x_1+x_2)+x_1 x_2=28$,

即 $(x_1-1)(x_2-1)=29$,

得 $x_1-1=1$, $x_2-1=29$,或 $x_1-1=29$, $x_2-1=1$.

解得 $x_1=2$, $x_2=30$,或 $x_1=30$, $x_2=2$.

故所求两根为 2,30.

6. 设方程 $x^2+kx+4-k=0$ 的两根为 x_1, x_2,则

$x_1 + x_2 = -k,$ ①

$x_1 x_2 = 4 - k.$ ②

②－①，得 $x_1 + x_2 - x_1 x_2 + 4 = 0,$

即 $(x_1 - 1)(x_2 - 1) = 5.$

因为 x_1, x_2 为整数，所以

$$\begin{cases} x_1 - 1 = 1, \\ x_2 - 1 = 5 \end{cases} 或 \begin{cases} x_1 - 1 = 5, \\ x_2 - 1 = 1 \end{cases} 或 \begin{cases} x_1 - 1 = -1, \\ x_2 - 1 = -5 \end{cases} 或 \begin{cases} x_1 - 1 = -5, \\ x_2 - 1 = -1. \end{cases}$$

所以 $x_1 + x_2 = 8$ 或 $x_1 + x_2 = -4.$

故 $k = -8$ 或 $k = 4.$

7. 设 $9x^2 + 23x - 2 = k(k+2),k$ 为正偶数，则 $9x^2 + 23x - (2 + k^2 + 2k) = 0.$

因为 x 是有理数，所以判别式为完全平方数，即

$\Delta = 23^2 + 4 \times 9(k^2 + 2k + 2) = 565 + [6(k+1)]^2.$

令 $\Delta = p^2 (p$ 是正整数)，则 $p^2 - [6(k+1)]^2 = 565,$

即 $[p + 6(k+1)][p - 6k(k+1)] = 565.$

因为 $565 = 1 \times 565 = 5 \times 113,$ 所以

$$\begin{cases} p - 6(k+1) = 5, \\ p + 6(k+1) = 113 \end{cases} 或 \begin{cases} p - 6(k+1) = 1, \\ p + 6(k+1) = 565. \end{cases}$$

解得 $k = 8$ 或 $k = 46.$

当 $k = 8$ 时，代入原方程，解得 $x = 2$ 或 $x = -\dfrac{41}{9};$

当 $k = 46$ 时，代入原方程，解得 $x = -17$ 或 $x = \dfrac{130}{9}.$

总之，当 $x = 2$ 或 $-\dfrac{41}{9}$ 或 -17 或 $\dfrac{130}{9}$ 时，$9x^2 + 23x - 2$ 恰为两正偶数 8 和 10 或 46 和 48 的乘积.

8. 设两个不等的正整数根为 $\alpha, \beta (\alpha < \beta)$，则 $\begin{cases} \alpha + \beta = -m, \\ \alpha \beta = -m + 1. \end{cases}$

消去 m，得 $\alpha \beta - \alpha - \beta = 1,$

即 $(\alpha - 1)(\beta - 1) = 2,$

则 $\begin{cases} \alpha - 1 = 1, \\ \beta - 1 = 2. \end{cases}$

解得 $\alpha = 2, \beta = 3.$

故 $m = -(\alpha + \beta) = -5.$

9. 设方程的两根为 x_1, x_2，则 $x_1 + x_2 = 2(m+1), x_1 x_2 = 2(m+48).$

所以 $(x_1-x_2)^2 = (x_1+x_2)^2 - 4x_1x_2$

$$= 4(m+1)^2 - 4 \cdot 2(m+48)$$

$$= 4(m^2-95).$$

设 $|x_1-x_2| = 2n (0 \leqslant n \leqslant 10, n$ 是整数$)$,

则 $4n^2 = 4(m^2-95)$,

即 $m^2 - n^2 = 95$,

故 $(m+n)(m-n) = 1 \times 95 = 5 \times 19$,

所以 $\begin{cases} m-n=5, \\ m+n=19 \end{cases}$ 或 $\begin{cases} m-n=1, \\ m+n=95 \end{cases}$ 或 $\begin{cases} m-n=-19, \\ m+n=-5 \end{cases}$ 或 $\begin{cases} m-n=-95, \\ m+n=-1. \end{cases}$

解得 $\begin{cases} m=12, \\ n=7 \end{cases}$ 或 $\begin{cases} m=48, \\ n=47 \end{cases}$ 或 $\begin{cases} m=-12, \\ n=7 \end{cases}$ 或 $\begin{cases} m=-48, \\ n=47. \end{cases}$

因为 $0 \leqslant n \leqslant 10$, 所以 $m=12$ 或 $m=-12$.

第十四章　一次不定方程的整数解

A 组

1. 选 B. 理由：由原方程组可得 $\begin{cases} x(y+z)=255, & ① \\ y(x+z)=31. & ② \end{cases}$

因为 x,y,z 都是正整数，且 31 是质数，所以由②，可得 $\begin{cases} y=1, & ③ \\ x+z=31. \end{cases}$

由③得，$1 \leqslant x, z \leqslant 30$.

由①得，$x(1+z) = 3 \times 5 \times 17$,　　　　　　　　　　　　　　④

则 x 可取 $1,3,5,15,17$，此时 z 分别为 $254,84,50,16,14$.

结合③，只有 $x=15, z=16$；$x=17, z=14$ 两组解满足.

2. 设考察队到生态区用了 x 天，返回用了 y 天，考察用了 z 天，则

$$\begin{cases} x+y+z=60, & ① \\ 25y-17x=1. & ② \end{cases}$$

方程②的特解为 $x_0=-3, y_0=-2$，方程②的一切整数解为 $\begin{cases} x=-3+25t, \\ y=-2+17t \end{cases}$（$t$ 为整

数），则 $x+y=42t-5$. 又 $0<x+y<60$，仅当 $t=1$ 才符合题意，这时 $x+y=37, z=23$.

3. 选 A. 理由：利用 $x^3+y^3+z^3-3xyz = (x+y+z)(x^2+y^2+z^2-xy-xz+yz) = 0$，把原方程组转化为解不定方程 $3xyz=-36$.

因为　　$x^3+y^3+z^3-3xyz$

$$= (x+y+z)(x^2+y^2+z^2-xy-yz-zx)$$

$=0$，

所以 $x^3+y^3+z^3=3xyz$，从而得 $3xyz=-36$，

即 $xyz=-12$.

因此 x,y,z 中一定是两正一负，且 $x+y+z=0$.

又 $12=1\times1\times12=1\times2\times6=1\times3\times4=2\times2\times3$，

则上述两种组合中，只有 $12=1\times3\times4$ 符合条件.

所以 $\begin{cases}x=1,\\y=3,\\z=-4,\end{cases}$ 或 $\begin{cases}x=1,\\y=-4,\\z=3,\end{cases}$ 或 $\begin{cases}x=3,\\y=1,\\z=-4,\end{cases}$ 或 $\begin{cases}x=3,\\y=-4,\\z=1,\end{cases}$ 或 $\begin{cases}x=-4,\\y=1,\\z=3,\end{cases}$ 或 $\begin{cases}x=-4,\\y=3,\\z=1.\end{cases}$

共有 6 个解. 故选 A.

4. 填 19 或 25. 理由：因为 m,n 为质数，且 $5m+7n=129$，所以 m,n 中必有一个是偶质数.

若 $m=2$，则 $n=17$；若 $n=2$，则 $m=23$.

所以 $m+n$ 的值为 19 或 25.

5. 填 $2°,89°,89°$. 理由：设三角形的三个角的度数分别是 x,y,z，且 $x\leqslant y\leqslant z$，则 $x+y+z=180$.

所以 x,y,z 中必有一个偶质数 2，得 $x=2,y,z$ 必为奇数.

若 $y\neq z$，则 $z-y\geqslant2$，与 $z-y<x$ 矛盾.

所以 $y=z$，得 $y=z=89$.

因此，三角形三个角的度数分别是 $2°,89°,89°$.

6. 填 5. 理由：因为 $\dfrac{x}{3}\geqslant\dfrac{1}{3}$，

所以 $\dfrac{14}{y}=3-\dfrac{x}{3}\leqslant3-\dfrac{1}{3}=\dfrac{8}{3}$，

则 $y\geqslant\dfrac{14\times3}{8}=\dfrac{21}{4}$，

即 $y\geqslant6$.

原方程可化为 $xy+42=9y$，

则 $42=(9-x)y$.

所以 42 能被 y 整除.

所以 y 可取 $6,7,14,21,42$. 相应地得到五组解：

$\begin{cases}x_1=2,\\y_1=6,\end{cases}\begin{cases}x_2=3,\\y_2=7,\end{cases}\begin{cases}x_3=6,\\y_3=14,\end{cases}\begin{cases}x_4=7,\\y_4=21,\end{cases}\begin{cases}x_5=8,\\y_5=42.\end{cases}$

7. 填 -15. 理由：由题意，得 $p+5q=97$，

所以 p,q 必有一个是偶数.

若 $q=2$，则 $p=87$ 能被 3 整除，不是质数，不合题意.

若 $p=2$，则 $q=19$.

于是 $p^2-q=2^2-19=-15$.

8. 填 $\begin{cases} x=1, \\ y=4, \end{cases}$ 或 $\begin{cases} x=3, \\ y=1. \end{cases}$ 理由：由 $3x<11$，得 $x<\dfrac{11}{3}$，所以 x 只能取 1，2，3.

当 $x=1$ 时，$y=4$；当 $x=2$ 时，y 无正整数解；当 $x=3$ 时，$y=1$.

所以所求方程的解为 $\begin{cases} x=1, \\ y=4, \end{cases}$ 或 $\begin{cases} x=3, \\ y=1. \end{cases}$

9. 填 1994. 理由：由题意，$n=p \cdot q$，且 p,q 均为质数，则 $1+p+q=1000$，

即 $p+q=999$.

所以 p,q 中必有一个为偶质数 2，另一个为 997.

从而有 $n=2 \times 997=1994$.

10. 填 1972. 理由：设这个四位数为 $\overline{abcd}$，根据题意，得

$1000a+100b+10c+d+a+b+c+d=1991$，

即 $1001a+101b+11c+2d=1991$.

(1) 若 $a \geqslant 2$，则 $1001a>2000$，所以 $a=1$. 从而 $101b+11c+2d=990$.

(2) 因为 $11c+2d$ 的最大值为 $99+18=117$，所以 $101b \geqslant 990-117=873$，即 $b=9$，从而 $11c+2d=81$.

(3) 由于 $0 \leqslant 2d \leqslant 18$，则 $81-18=63 \leqslant 11c \leqslant 81$.

所以 $c=6$ 或 7.

当 $c=6$ 时，$66+2d=81$，得 $d=\dfrac{15}{2}$（舍去）；

当 $c=7$ 时，$77+2d=81$，得 $d=2$.

故这个四位数是 1972.

11. 填 108. 理由：设这样的三位数为 $\overline{abc}$，则

$100a+10b+c=12(a+b+c)$，

即 $c=8a-\dfrac{2}{11}b$.

因为 a,b,c 均为整数，且 $b \leqslant 9$，所以 $b=0$，得 $c=8a$.

又因为 $1 \leqslant a \leqslant 9$，$0 \leqslant c \leqslant 9$，所以只能 $a=1$，$c=8$.

12. 填 -11. 理由：设 11 个相继整数为 $n-5, n-4, \cdots, n, \cdots, n+4, n+5$，则

$(n-5)^2+(n-4)^2+\cdots+n^2+\cdots+(n+4)^2+(n+5)^2=y^2$，

即 $11(n^2+10)=y^2$.

显然, y 最小时, 只能是 $n^2=1$.

所以 y 取最小值 -11.

B 组

1. 填 2,15. 理由: 设大盒子有 x 个, 小盒子有 y 个.

根据题意, 得 $12x+5y=99$, 从而 $y=\dfrac{99-12x}{5}=19-2x+\dfrac{4-2x}{5}$.

因为 x, y 都为整数, 所以 x 可取 2 或 7.

当 $x=7$ 时, $y=2$; 当 $x=2$ 时, $y=15$.

因为 $x+y \geqslant 11$, 所以 $x=2, y=15$.

2. 填 21,42,63,84. 理由: 设所有两位数是 $\overline{xy}$, 则 $10x+y=k(x+y)$.

其中 k 是正整数, 且为 7 的倍数.

当 $k=7$ 时, $10x+y=7(x+y)$, 即 $x=2y$.

当 $y=1$ 时, $x=2$; $y=2$ 时, $x=4$; $y=3$ 时, $x=6$; $y=4$ 时, $x=8$.

当 $k=14$ 时, $10x+y=14(x+y)$,

即 $4x+13y=0$.

此方程无正整数解.

当 $k=21,28,\cdots\cdots$, 方程均无正整数解.

所以满足条件的两位数是: 21,42,63,84.

3. 填 52. 理由: 设这个数为 $a=10x+y$, 它除以它的反序数的商数是 q, 则其反序数为 $10y+x$.

于是 $10x+y=(10y+x)q+q$, q 为自然数,

即 $(10-q)x-(10q-1)y=q$.

当 $q=1$ 时, $9(x-y)=1$, 此方程无整数解;

当 $q=2$ 时, 有 $8x-19y=2$. 可知 y 是偶数.

当 $y=2$ 时, $x=5$.

而当 $y=4$ 或 6 或 8 时, x 无整数解.

所以当 $q=2$ 时, $a=52$.

进一步, 当 $q=3$ 时, 有 $7x-29y=3$,

当 $y \leqslant 2$ 时, x 无整数解; 而当 $y \geqslant 3$ 时, $x>10$, 即 x 无满足条件的解.

当 $q=4$ 时, 有 $6x-39y=4$.

因为此方程右边 4 不被 3 整除, 所以无解.

最后, 当 $q \geqslant 5$ 时, 有 $5x \geqslant (10-q)x=(10q-1)y+q \geqslant 49y+q \geqslant 54$.

所以 $x \geqslant 11$, 不可能有解.

综上所述,所求数等于 52.

4. 填 $4\sqrt{3}$. 理由:设三角形的三边长分别为 a,b,c,且 $a\leqslant b\leqslant c$,则 $a+b+c=12$.

可得 $3c\geqslant12$,即 $c\geqslant4$.

又因为 $a+b>c$,所以 $2c<12$,即 $c<6$.

故 $4\leqslant c<6$,c 可取 4 或 5.

当 $c=4$ 时,$a\leqslant b\leqslant4$,$a+b=8$,所以 $a=b=4$.

此时三角形面积为 $S_1=\dfrac{\sqrt{3}}{4}\cdot4^2=4\sqrt{3}$;

当 $c=5$ 时,$a+b=7$. 当 $a=1$ 时,$b=6$. 此时 $a+c=b$,不合题意.

当 $a=2$ 时,$b=5$. 此时三角形面积为 $S_2=\dfrac{1}{2}\cdot2\cdot\sqrt{5^2-1^2}=2\sqrt{6}$;

当 $a=3$ 时,$b=4$.

此时三角形为直角三角形,三角形面积为 $S_3=\dfrac{1}{2}\cdot3\cdot4=6$.

显然 $S_1>S_3>S_2$,所以所求最大面积为 $4\sqrt{3}$.

5. 填 17.82. 理由:设支票上的元数与角、分数分别为 x 和 y,则可得方程 $(100y+x)-350=2(100x+y)$,其中 x,y 为整数,且 $0\leqslant x,y<100$.

化简方程,得 $98y=199x+350$.

由此推知 $2x<y$,且 x 为偶数,其可能取值为 $2,4,\cdots,48$.

又 $y=\dfrac{199x+350}{98}=2x+3+\dfrac{3x+56}{98}$,

取 $x=2,4,\cdots,48$,计算 y 值,只有当 $x=14$ 时,$y=32$ 取整数.

故李林的支票面额为 14.32 元,兑换时误看成 32.14 元,李林应退款额为 $32.14-14.32=17.82$(元).

6. 填 198. 理由:所求数不可能是一位数、四位数及四位以上的数. 故只考虑两位数及三位数.

(1)设所求自然数是 $\overline{xy}$,则 $10x+y=11(x+y)$,

即 $x+10y=0$,

此方程无满足条件的解.

(2)设所求自然数是 $\overline{xyz}$,则 $100x+10y+z=11(x+y+z)$,

即 $89x-y-10z=0$.

显然 x 只可能是 1,因此,只有一组解:$x=1,y=9,z=8$.

故所求的数是 198.

○ 初中数学竞赛中的数论问题

7. 填 1995. 理由:设前后两个二位数分别是 a,b,则 $10a+ab=100a+b$,

即 $(a-1)(b-90)=90$.

因为 $a>1$,所以 $b-90>0$.

又 b 是二位数,且个位数为 5,故 $b=95$.

于是 $a-1=18$,所以 $a=19$.

故所求四位数是 1995.

8. 填 663. 理由:设这两个正整数为 $a,b(a>b)$.

根据题意,可得 $ab-(a+b)=1997$,

则 $(a-1)(b-1)=1998$,

即 $(a-1)(b-1)=2\times3^3\times37$.

因为 $a>b$,即 $a-1>b-1$,且 a,b 中有一个是完全平方数,故

$(a-1)(b-1)=666\times3$,

所以 $\begin{cases} a=667, \\ b=4. \end{cases}$

则 $a-b=663$.

9. 填 1997. 理由:根据题意,满足条件的四位数可以写成 $16m+13$ 和 $125n+122$,
其中 m,n 为自然数,则

$16m+13=125n+122$.

于是 $m=7n+6+\dfrac{13(n+1)}{16}$.

所以 n 最小取 15 时,$m=124$.

此时满足条件的最小的四位数是 1997.

10. 填 7. 理由:设该生做对 x 个题,做错 y 个题,没做的题目有 z 个,则

$\begin{cases} x+y+z=20, \\ 8x-5y=13. \end{cases}$

所以 $8(x+y)=8x+8y=13+13y=13(1+y)$.

又 8 与 13 互质,则 $x+y$ 被 13 整除.

而 $0\leqslant x+y\leqslant20$,所以 $x+y=13$,从而 $z=20-(x+y)=7$.

所以这个学生没做的题有 7 个.

11. 填 18. 理由:设某人出生于 $\overline{19xy}$ 年,则他的年龄应为 $1+9+x+y=10+x+y$
(岁).

所以 $1998-\overline{19xy}=10+x+y$,

即 $98-10x-y=10+x+y$,

得 $11x+2y=88$,

则 $y=\dfrac{88-11x}{2}$.

又易知 x 只能取偶数,取 $x=0,2,4,6,8$,相应地,$y=44,33,22,11,0$.

只有 $x=8,y=0$ 满足条件.

所以所求年龄为 18 岁.

12. 填 17 或 9 或 1. 理由:设足球有 x 个,排球有 y 个,则 $7x+y+x=25$,

即 $8x+y=25$.

当 $x=1$ 时,$y=17$;当 $x=2$ 时,$y=9$;当 $x=3$ 时,$y=1$.

所以排球的个数是 17 或 9 或 1 个.

13. 填 4. 理由:设小明摸出的 10 个球中有 x 个红球,y 个黄球,则蓝球有 $(10-x-y)$ 个.

根据题意,得 $x+2y+3(10-x-y)=21$,

即 $2x+y=9$.

易知,x 的最大值是 4,即小明摸出的 10 个球中至多有 4 个红球.

14. 填 25,18. 理由:根据题意,得 $ab=2(2a+2b)$,

即 $ab-4a=4b$,

则 $a=\dfrac{4b}{b-4}=4+\dfrac{16}{b-4}$.

因为 a,b 均为正整数,且 $a>b$,所以 $b-4$ 一定是 16 的正约数.

当 $b-4$ 分别取 $1,2,4,8,16$ 时,代入上式得:

$b-4=1$ 时,$b=5,a=20$;

$b-4=2$ 时,$b=6,a=12$;

$b-4=4$ 时,$b=8,a=8$(舍去);

$b-4=8$ 时,$b=12,a=6$(舍去);

$b-4=16$ 时,$b=20,a=5$(舍去).

因此 $a+b=25$ 或 18.

故应填 25,18.

15. 首先排除这个数是一位数,假设这个数是两位数 $\overline{ab}$ $(1\leqslant a\leqslant 9,0\leqslant b\leqslant 9)$,则 $10a+b=13(a+b)$,

即 $3a+12b=0$.

此方程无满足条件的解.

假设这个数是三位数 $\overline{abc}$ $(1\leqslant a\leqslant 9,0\leqslant b,c\leqslant 9)$,则 $100a+10b+c=13(a+b+c)$,

即 $87a=3b+12c$，

得 $29a=b+4c$.

因为 $b-4c\leqslant 9+4\times 9=45$，所以 $29a\leqslant 45$，得 $a=1$.

从而 $b-4c=29$.

这里 b 只能是奇数 $1,3,5,7,9$.

经检验，$b_1=1,c_1=7$；$b_2=5,c_2=6$；$b_3=9,c_3=5$ 符合条件.

于是 $\overline{abc}=117$ 或 156 或 195.

当这个数是四位数或四位以上数时，它的数字和的 13 倍小于这个数.

所以满足条件的自然数有 $117,156,195$.

16. 设 $\overline{a0b}=n\times\overline{ab}$（$n$ 为自然数），则

$100a+b=10na+nb$，

所以 $10(10-n)a=(n-1)b$.

由于 $1\leqslant a\leqslant 9,0\leqslant b\leqslant 9$，因此可得 $1\leqslant n\leqslant 10$.

分析 n 取值从 1 到 10，符合条件的两位数一共有 12 个：$10,15,18,20,30,40,45$，$50,60,70,80,90$.

17. 设这个四位数千位上是 a，百位上是 b，十位上是 c，那么个位上是 $c-3$.

这个四位数是 $1000a+100b+10c+(c-3)$，

新四位数是 $1000(c-3)+100c+10b+a$.

根据题意，得 $1001(a+c-3)+110(b+c)=8987$，

$1001(a+c)+110(b+c)=11990$，

$91(a+c)+10(b+c)=1090$.

因为 $10(b+c)$，1090 被 10 整除，而 10 与 91 互质，所以 $a+c$ 被 10 整除.

又因为 $1\leqslant a\leqslant 9,4\leqslant c\leqslant 9$，所以 $5\leqslant a+c\leqslant 18$，得 $a+c=10$.

因此可得 $b+c=18$，则 $b=c=9$，继而 $a=1,c-3=6$.

故这个四位数是 1996.

18. 设这个数为 $\overline{abcd}$，依题意，得 $1000a+100b+10c+d+a+b+c+d=1999$，

即 $1001a+101b+11c+2d=1999$.

（ⅰ）显然 $a=1$. 否则，$1001a>2000$.

两边减去 1001，得 $101b+11c+2d=998$.

（ⅱ）因为 $11c+2d$ 的最大值为 $99+18=117$，

故 $101b\geqslant 998-117=881$，

即 $b=9$，

则 $11c+2d=89$.

○初中数学竞赛中的数论问题

（ⅲ）由于 $0 \leqslant 2d \leqslant 18$，则 $89-18=71 \leqslant 11c \leqslant 89$.

所以 $c=7$ 或 $c=8$.

当 $c=7$ 时，$77+2d=89$，则 $d=6$；

当 $c=8$ 时，$88+2d=89$，则 $d=\dfrac{1}{2}$（舍去）.

故这个四位数是 1976.

19. 设 x 为所求五位数，则 $x=874 \cdot n$，n 为自然数.

所以 $\dfrac{10000}{874} \leqslant n \leqslant \dfrac{99999}{874}$，

即 $12 \leqslant n \leqslant 114$.

x 的末两位数 92 是由 $74 \times \overline{ab}$ 得来的（$\overline{ab}$ 是 n 的末两位数），则

$100m+92=74 \cdot (10a+b) \ (m \in \mathbf{N})$.

乘积 $4b$ 的末位数字是 2，所以 $b=3$ 或 8.

若 $b=3$，则 $100m+92=74(10a+3)$，

即 $100m=740a+130$，

从而 $13=2(5m-37a)$.

因此此方程无整数解.

若 $b=8$，则 $100m+92=74(10a+8)$，

即 $100m=740a+500$，

从而 $74a=5(2m-10)$.

于是 a 被 5 整除，即 $a=0$ 或 $a=5$.

在 12 至 114 的 n 中，只有 108 和 58 的末两位数字是 08 和 58，从而知所求的 x 是 94392 或 50692.

第十五章 高次不定方程的整数解

A 组

1. 填 -500. 理由：先考虑 a 是自然数的情况.

设 $\sqrt{a^2-1996}=m$，则 $a^2-m^2=1996$，

即 $(a+m)(a-m)=1996$.

由于 $a+m$ 与 $a-m$ 的奇偶性相同，而它们的乘积为偶数，因此 $a+m$ 与 $a-m$ 同为偶数. 而 $1996=2 \times 998$ 是唯一能分解成两个偶数乘积的情况，则

$$\begin{cases} a+m=998, \\ a-m=2, \end{cases}$$

解得 $\begin{cases} a=500, \\ m=2. \end{cases}$

因为满足 $\sqrt{a^2-1996}$ 是整数的最大自然数是 500,所以满足 $\sqrt{a^2-1996}$ 是整数的最小整数是 -500.

2. 填 63. 理由:不妨设 x 为奇数,y 为偶数.

因为 x^2+y^2 的个位数字是 7,所以 x^2,y^2 的个位数字必是 $1,6$.

则 x,y 的个位数字必是 $1,4$ 或 $1,6$ 或 $9,4$ 或 $9,6$.

又 1997 被 4 除余 1,

则 x,y 除以 4 的余数必为 $1,0$.

由 $x^2<1997$ 知 $x<45$,因此 x 的可能值是 $1,9,21,29,41$.

经检验,仅当 $x=29$ 时,有 $y=34$.

此时 $x+y=29+34=63$.

3. 填 1998. 理由:因为 $ac+bd+ad+bc=1997$,所以 $(a+b)(c+d)=1\times 1997$.

注意到 1997 是质数,且 $a+b$,$c+d$ 都是非负整数,所以

$\begin{cases} a+b=1, \\ c+d=1997 \end{cases}$ 或 $\begin{cases} a+b=1997, \\ c+d=1. \end{cases}$

因此 $a+b+c+d=1998$.

4. 填 4. 理由:$2x^2-(x-1)y-3x+2006=0$,

即 $(x-1)y=2x^2-3x+2006$.

显然 $x=1$ 不满足方程,故 $x\neq 1$.

因此 $y=\dfrac{2x^2-3x+2006}{x-1}$

$\qquad =\dfrac{(x-1)(2x-1)+2005}{x-1}$

$\qquad =2x-1+\dfrac{2005}{x-1}$.

从而 $x-1\mid 2005$. 由于 $2005=401\times 5$,

故取 $x=2,6,402,2006$,分别可得相应的正整数 y,故共有 4 对正整数解.

5. 填 196. 理由:设 k 是 m,n 的最大公约数,则 m 和 n 可以表示为 $m=ka$,$n=kb$ $(k>1,a,b$ 均为正整数$)$.

于是,$m^3+n=(ka)^3+kb=k(k^2a^3+b)=371=7\times 53$.

因为 $k>1$ 且 7 与 53 都是质数,$k^2a^3+b>k^2a^3\geqslant k^2>k$,

所以 $k=7$ 且 $k^2a^3+b=53$,

即 $49\times a^3+b=53$. 由 a,b 是正整数,得 $a=1,b=4$.

所以 $m=7,n=28$. 故 $mn=7\times28=196$.

6. 填 222. 理由:由 $ab^3c+a=2000$,得 $a(b^3c+1)=2000$,

所以 2000 能被 a 整除.

又因为 a 是质数,所以 a 只能取 2 或 5.

当 $a=2$ 时,$b^3c=999$,

即 $b^3c=3^3\times37$.

所以 $b=3,c=37$.

当 $a=5$ 时,$b^3c=399$.

因为 $399=3\times7\times19$,所以 b,c 无整数解.

所以 $abc=2\times3\times37=222$.

7. 填 2. 理由:由原方程,得 $(5-2x)y=-4x^2+12x-11$,

则 $y=2x-1+\dfrac{6}{2x-5}$,

所以 $2x-5$ 是 6 的约数.

因为 $2x-5=\pm1$ 或 ±3,

则可得 $\begin{cases}x=3,\\y=11;\end{cases}\begin{cases}x=2,\\y=-3;\end{cases}\begin{cases}x=4,\\y=9;\end{cases}\begin{cases}x=1,\\y=-1.\end{cases}$

所以共有 2 组正整数解.

8. 设长方形的长为 a,宽为 b,根据题意,得 $ab=2(a+b)$,

即 $(a-2)(b-2)=4$.

因为 a,b 都是正整数,且 $a>b$,所以 $\begin{cases}a-2=4,\\b-2=1,\end{cases}$

解得 $a=6,b=3$.

因此,长方形的长为 6,宽为 3.

9. 填 3. 理由:原方程可化为 $xy=1997x+1997y$,

得 $(x-1997)(y-1997)=1997\times1997$,

即 $\begin{cases}x-1997=1,\\y-1997=1997\times1997\end{cases}$ 或 $\begin{cases}x-1997=1997,\\y-1997=1997\end{cases}$ 或 $\begin{cases}x-1997=1997\times1997,\\y-1997=1.\end{cases}$

所以共有 3 个整数解.

10. 填 3. 理由:原方程可化为 $n^2-m^2=1998^2-1997^2$,

即 $(n-m)(n+m)=5\times17\times47$.

显然对 3995 的任意整数分拆均可得到 (m,n).

由题设 $0<m<n<1998$,可以得到满足条件的整数对 (m,n) 共 3 个.

11. 填 $(0,0)$ 或 $(-1,0)$. 理由:因为 $x^2+x=x(x+1)$,所以 y^3 等于两个连续整数的积.

当 $x \geqslant 2$ 时,x 与 $x+1$ 互质,且不存在两个完全立方数,使它们的差为 1,所以原方程无解.

同理,$x \leqslant -2$ 时,原方程也无解.

于是 x 只能取 $-1,0,1$.

经试验可知,原方程有两组解:$(x,y)=(0,0)$ 或 $(-1,0)$.

12. 填 3. 理由:化简方程,得 $\dfrac{ab}{a+b}=\dfrac{2}{3}$,

则 $(3a-2)(3b-2)=4$.

因为 a,b 为整数且不相等,所以 $3a-2,3b-2$ 只可能取值 $1,4$ 或 $-1,-4$.

不妨设 $a<b$,则 $\begin{cases}3a-2=1,\\3b-2=4\end{cases}$ 或 $\begin{cases}3a-2=-1,\\3b-2=-4.\end{cases}$

所以 $a=1,b=2$.

故 $a+b=3$.

13. 填 15. 理由:原方程可化为 $(3a+5)(2b-3)=288$,

即 $(3a+5)(2b-3)=2^5 \cdot 3^2$.

因为 a,b 均为整数,所以 $3a+5,2b-3$ 亦为整数.

又因为 $3a+5$ 不能被 3 整除,$2b-3$ 不能被 2 整除. 所以,只有

$\begin{cases}3a+5=2^5,\\2b-3=3^2,\end{cases}$

解得 $a=9,b=6$.

故 $a+b=9+6=15$.

14. 填 960. 理由:原方程可化为 $15x^2y^2-35x^2+3y^2-7=405$,

即 $(5x^2+1)(3y^2-7)=3^4 \cdot 5$.

因为 $5x^2+1$ 不能被 5 整除,$3y^2-7$ 不能被 3 整除,所以 $\begin{cases}5x^2+1=3^4,\\3y^2-7=5,\end{cases}$

即 $\begin{cases}x^2=16,\\y^2=4.\end{cases}$

从而 $15x^2y^2=15 \times 16 \times 4=960$.

15. 填 78. 理由:根据题意,得 $m \cdot n \cdot p=5(m+n+p)$.

因为 m,n,p 都是质数,所以必有一个是 5,不妨设 $m=5$,

则 $np=n+p+5$,

即 $(n-1)(p-1)=6$.

从而有 $\begin{cases}n-1=1,\\p-1=6,\end{cases}$ 或 $\begin{cases}n-1=6,\\p-1=1,\end{cases}$

解得 $\begin{cases}n=2,\\p=7,\end{cases}$ 或 $\begin{cases}n=7,\\p=2.\end{cases}$

因此,$m^2+n^2+p^2=5^2+2^2+7^2=78$.

16. 填 40. 理由:不定方程可化为 $x\cdot y\cdot(x+y)=2^5\cdot 3$.

因为 x,y 是正偶数,所以 $x+y$ 也是正偶数,且 $x+y>x,x+y>y$.

而 $2^5\cdot 3=2\times2\times24=2\times4\times12=2\times6\times8=4\times4\times6$,

经试验,只有 $x=2,y=6$ 满足原方程,则 $x^2+y^2=2^2+6^2=40$.

17. 填 993012. 理由:由方程可知 $(x+y)(x-y)=1993\times1$.

可得 $\begin{cases}x+y=1993\\x-y=1\end{cases}$ 或 $\begin{cases}x+y=1\\x-y=1993\end{cases}$ 或 $\begin{cases}x+y=-1993\\x-y=-1\end{cases}$ 或 $\begin{cases}x+y=-1\\x-y=-1993\end{cases}$

解得 $\begin{cases}x=997,\\y=996\end{cases}$ 或 $\begin{cases}x=997,\\y=-996\end{cases}$ 或 $\begin{cases}x=-997,\\y=-996\end{cases}$ 或 $\begin{cases}x=-997,\\y=996\end{cases}$

所以 $|\alpha\beta|=997\times996=993012$.

18. 填 $\dfrac{31}{3}$. 理由:因为 q 为质数,且 $q=mn$,所以 m,n 中必有一个为 1.

不妨设 $m=1$,则 $p=n+1,q=n$.

所以 q,p 是连续自然数,又都是质数,因此 $p=3,q=2$.

于是 $n=2$,从而 $\dfrac{p^p+q^q}{m^n+n^m}=\dfrac{3^3+2^2}{1^2+2^1}=\dfrac{31}{3}$.

19. 填 84. 理由:原方程可化为 $n^2-m^2=167$,

即 $(n-m)(n+m)=1\times167$.

因为 $n-m$ 与 $n+m$ 奇偶性相同,且 $n-m<n+m$,所以

$\begin{cases}n-m=1,\\n+m=167,\end{cases}$

解得 $n=84$.

20. 填 20 或 119. 理由:设 $x^2+(x+1)^2=v^2$,则 $(2x+1)^2=2v^2-1$.

令 $u=2x+1$,则 $u^2-2v^2=-1$.

其为佩尔方程,其基本解为 $(u_0,v_0)=(1,1)$.

其全部正整数解可由 $u_n+v_n\sqrt2=(u_0+v_0\sqrt2)^{2n+1}$ 得到.

其中,$(u_1,v_1)=(7,5),(u_2,v_2)=(41,29),(u_3,v_3)=(239,169),u_4>400$.

故 $x=20$ 或 119.

B 组

1. 填 56. 理由:因为 1993 是质数,a^2+b^2 与 c^2+d^2 都是正整数,所以 a^2+b^2 与 c^2+d^2 分别取值 1 与 1993. 若 $a^2+b^2=1,c^2+d^2=1993$.

(1)$a^2+b^2=1$. 可知 $a=0,b=1$ 或 $a=1,b=0$. 因此 $a+b=1$.

(2)$c^2-d^2=1993$. 若 $c\leqslant 31,d\leqslant 31$,则 $c^2+d^2\leqslant 2\times 31^2=1992<1993$.

所以 c,d 中至少有一个大于 31.

又由于 $45^2=2025>1993$.

因此,若设 c 为 c,d 中较大的一个,则 $32\leqslant c\leqslant 44$.

依次取 $c=32,33,\cdots,43,44$,可得只有 $1993-43^2$ 是完全平方数.

所以 $c=43,d=12$ 或 $c=12,d=43$,则 $c+d=55$.

因此,$a+b+c+d=1+55=56$.

当 $a^2+b^2=1993,c^2+d^2=1$,同样可得所求和为 56.

2. 填 25. 理由:设初一获奖人数为 $n+1$ 人,初二获奖人数为 $m+1$ 人$(n\neq m)$.

依题意,得 $3+7n=4+9m$,

即 $m=\dfrac{7n-1}{9}$.   ①

由于 $50<3+7n\leqslant 100,50<4+9m\leqslant 100$,

解得 $\dfrac{47}{7}<n\leqslant \dfrac{97}{7},\dfrac{46}{9}<m\leqslant \dfrac{96}{9}$.

所以,n 可取 $7,8,\cdots,13$.

分别代入①,可知只有 $n=13$ 时,m 有满足条件的整数解 $m=10$.

因此,获奖人数共有$(13+1)+(10+1)=25$(人).

3. 填 3982. 理由:由条件,得

$b(a+c)=3984$,   ①

$c(a+b)=1993$.   ②

因为 1993 是质数,所以由②,得 $c=1,a+b=1993$.

将 $b=1993-a$ 代入①,得 $(1993-a)(a+1)=3984$,

即 $a^2-1992a+1991=0$,

解得 $a_1=1,a_2=1991$.

从而得到 $b_1=1992,b_2=2$.

所以两组解是:$a_1=1,b_1=1992,c_1=1;a_2=1991,b_2=2,c_2=1$.

因此,abc 的最大值是 $1991\times 2\times 1=3982$.

4. 填 65. 理由:菱形的对角线互相垂直,若设菱形的边长为 a,对角线长分别为 m,

n,则 $a^2 = (\frac{1}{2}m)^2 + (\frac{1}{2}n)^2$,即 $(2a)^2 = m^2 + n^2$.

设菱形的边长为 $10x+y$,则菱形的一条对角线长的一半为 $10y+x$. 而

$$(10x+y)^2 - (10y+x)^2 = 99(x^2-y^2),$$

x,y 是自然数,且菱形的另一条对角线长也是整数,因此 $99(x^2-y^2)$ 一定是完全平方数.

因为 $x^2-y^2 \leqslant 80$,$99 = 9 \times 11$,所以 x^2-y^2 可以是 11 或 44.

当 $x^2-y^2 = 11$ 时,$\begin{cases} x+y=11, \\ x-y=1, \end{cases}$

解得 $\begin{cases} x=6, \\ y=5. \end{cases}$

当 $x^2-y^2 = 44$ 时,没有满足条件的解.

所以该菱形的边长为 65.

5. 设原两位数为 $10x+y$,由题意得 $|(10x+y)^2 - (10y+x)^2| = k^2$,其中 k 是自然数.

则 $9 \times 11 \times (x+y)|(x-y)| = k^2$,

故有 $\begin{cases} x+y=11, \\ |x-y|=1, \end{cases}$

解得 $\begin{cases} x=6, \\ y=5, \end{cases}$ 或 $\begin{cases} x=5, \\ y=6. \end{cases}$

因此所求的两位数是 65 或 56.

6. 设 $\overline{abcd} = m^2$,则 $32 \leqslant m \leqslant 99$.

又设 $\overline{cd} = x$,则 $\overline{ab} = 2x+1$,

所以 $100(2x+1) + x = m^2$,

则 $201x = m^2 - 100$,

则 $67 \cdot (3x) = (m-10)(m+10)$.

因为 67 是质数,所以 $m-10, m+10$ 中至少有一个是 67 的倍数.

如果 $m+10 = 67k$(k 是正整数),

由于 $32 \leqslant m \leqslant 99$,因此 $m+10 = 67$.

检验知 $57^2 = 3249$,不合题意,舍去;

如果 $m-10 = 67k$(k 是正整数),

则 $m-10 = 67$,

所以 $m = 77$.

所以 $\overline{abcd}=77^2=5959$.

7. 设原有战士 $8x$ 人，则由已知 $8x+120$ 与 $8x-120$ 均为完全平方数，可得

$\begin{cases} 8x+120=m^2, \\ 8x-120=n^2, \end{cases}$ 其中 m,n 为正整数.

两式相减，得 $m^2-n^2=240$,

即 $(m+n)(m-n)=240$.

由原方程组可知，m,n 能被 4 整除，所以 $m+n$ 与 $m-n$ 能被 4 整除，则可得

$\begin{cases} m+n=60, \\ m-n=4, \end{cases}$ 或 $\begin{cases} m+n=20, \\ m-n=12, \end{cases}$

解得 $\begin{cases} m=32, \\ n=28, \end{cases}$ 或 $\begin{cases} m=16, \\ n=4. \end{cases}$

从而可求得 $8x$ 分别为 904 和 136.

故原有战士 904 人或 136 人.

8. 填 $(48,32),(160,32)$. 理由：

因为 208 是 4 的倍数，偶数的平方被 4 除余 0，奇数的平方被 4 除余 1，所以，x,y 都是偶数.

设 $x=2a,y=2b$，则

$a^2+b^2=104(a-b)$.

同上可知，a,b 都是偶数.

设 $a=2c,b=2d$，则

$c^2+d^2=52(c-d)$.

所以，c,d 都是偶数.

设 $c=2s,d=2t$，则

$s^2+t^2=26(s-t)$.

于是，$(s-13)^2+(t+13)^2=2\times13^2$，其中，$s,t$ 都是偶数.

所以，$(s-13)^2=2\times13^2-(t+13)^2\leqslant 2\times13^2-15^2<11^2$.

由此，$|s-13|$ 可能为 $1,3,5,7,9$，进而 $(t+13)^2$ 为 $337,329,313,289,257$，故只能是 $(t+13)^2=289$. 因此，$|s-13|=7$.

于是，$(s,t)=(6,4),(20,4)$.

所以，$(x,y)=(48,32),(160,32)$.

9. 设这块地的面积为 S，则 $S=nx^2=(n+124)y^2$,

即 $n(x^2-y^2)=124y^2$.

因为 x,y,n 都是自然数，所以 $x>y$，且 $124y^2$ 被 x^2-y^2 整除.

又 x,y 互质,则 x^2,y^2 互质,从而 x^2-y^2,y^2 互质.

故 124 被 (x^2-y^2) 整除.

由于 $124=2^2\times31$,$x^2-y^2=(x-y)(x+y)$,注意到 $x+y$ 与 $x-y$ 具有相同的奇偶性,且 $x+y>x-y>0$.因此

$$\begin{cases} x+y=31, \\ x-y=1 \end{cases} 或 \begin{cases} x+y=2\times31, \\ x-y=2. \end{cases}$$

因为 x,y 互质,所以 $x=16,y=15$.

于是 $n=\dfrac{124y^2}{x^2-y^2}=900$.

所以 $S=nx^2=900\times16^2=230400(\text{cm}^2)=23.04(\text{m}^2)$.

这块地有 23.04m^2.

第十六章　数谜问题

A 组

1. 填 0 或 7.理由:由 $20006\div7=2858$,$20706\div7=2958$,则嵌入的数字为 0 或 7.

2. 填 18.理由:设阿龙 n 岁,因 $17^4<100000$,$22^3>10000$,故 $18\leqslant n\leqslant21$.

但 20 显然不合;21^3 和 21^4 的个位数学都是 1,也不合;$19^4<20^4=160000$,19^4 的首位和末位都是 1,也不合.

只有 $n=18$ 合适:$18^3=5832$,$18^4=104976$.

3. 填 102564.理由:设"飞天"$=x$,"六号"$=y$,则题设算式可化为

$4\times(10000y+100x+25)=25\times(10000x+2500+y)$,

化简得 $4\times(400y+4x+1)=10000x+2500+y$,

即 $1599y=9984x+2496$,

即 $533y=3328x+832$.

两边约去 13 得 $41y=256x+64$,即 $41y=64(4x+1)$,64 与 41 互质,64 整除 y.故 $y=64$.

"号"$=4$ 与题设符合.

代入得 $41=4x+1$,$x=10$.

于是"飞天神舟六号"$=102564$.

4. 填 14.理由:设 喜欢$=x$,$\overline{五羊杯}=y$,$\overline{我}=z$,则由题意

$12(1000x+y)=1000y+100z+x$,

化简得 $11999x=988y+100z$,即 $13(923x-76y)=100z$.

此式左边为 13 的倍数,但 13 和 100 互质,所以 z 是 13 的倍数.

但 z 是一位数,唯有 $z=0$,代入得 $11999x=988y$,即 $923x=76y$.

因为 923 和 76 互质,所以 x 为 76 的倍数.

设 $x=76n$,则 $y=923n$,n 是正整数.

因为 x 是 2 位数,所以 $n=1$,从而 $y=923$.

所求的"五"+"羊"+"杯"$=9+2+3=14$.

5. 填 5. 理由:$\dfrac{\overline{CA}}{\overline{AD}}=\dfrac{\overline{ABC}}{999}=\dfrac{\overline{ABC}}{27\times37}$,所以 $\overline{AD}$ 是 37 或 27 的倍数,那么 $\overline{AD}=27,37,54,74,81$.

对这些数依次讨论,如果 $\overline{AD}=27$,那么 $C=4$ 时,CD 的个位是和 $9A$ 的个位相等. 此时 $\overline{CA}$ 过大.

如果 $\overline{AD}=37$,那么 $C=1$ 时,CD 的个位是和 $9A$ 的个位相等. 此时 $\overline{CA}=13,\dfrac{13}{37}=0.\overline{351}$ 满足条件,所以 $B=5$.

通过检验,$\overline{AD}=54,74,81$ 都不成立,所以 $B=5$.

6. 由于 $5\times400=2000<7850$,则 $x\neq0$.

因为 $3\nmid7850$,知 $x\neq1,x\neq4$.

又因为 $7\nmid7850$,知 $x\neq3$.

当 $x\geqslant5$ 时,$\overline{x5}\cdot\overline{3yz}\geqslant55\cdot330>10000>7850$,

所以,$x\neq5,6,7,8,9$.

于是只有 $x=2$.

此时有等式 $25\times314=7850$.

故 $x=2,y=1,z=4$ 为所求.

7. 由于 $100\leqslant\overline{abc}\leqslant999$,则

$100\leqslant(a+b+c)^3\leqslant999$,即 $5\leqslant a+b+c\leqslant9$.

当 $a+b+c=5$ 时,$5^3=125\neq(1+2+5)^3$,

当 $a+b+c=6$ 时,$6^3=216\neq(2+1+6)^3$,

当 $a+b+c=7$ 时,$7^3=343\neq(3+4+3)^3$,

当 $a+b+c=8$ 时,$8^3=512\neq(5+1+2)^3$,

当 $a+b+c=9$ 时,$9^3=729\neq(7+2+9)^3$.

于是,所求三位数为 512.

8. 填 37. 理由:

因为 $1\leqslant a,b\leqslant9$,a,b 为整数,且 $\overline{bbb}=b\cdot111=b\cdot3\cdot37$,所以 $a\cdot b\cdot\overline{ab}=b\cdot3\cdot37$,即 $a\cdot\overline{ab}=3\cdot37$.

于是 $a=3,b=7$, 所求两位数为 37.

9. 选 D. 理由: 由题意, 得 $A=BC+27,B>27,C\geqslant0$,

代入 $A-80B+21C-524=0$, 得 $BC-80B+21C+551=0$,

所以 $(B+21)(C-80)=-2231$.

因为 $2231=23\times97,23$ 与 97 互质,

所以只可能 $B+21=97,C-80=-23$.

解得 $B=76,C=57$.

所以 $A=76\times57+27=4359$.

10. 选 A. 理由: 设 $\overline{abcd}=x,\overline{ef}=y$, 可得 $4(100x+y)=10000y+x$,

则 $399x=9996y$,

即 $19x=476y$.

因为 19 与 476 互质, 所以 $y=19k,x=476k,k$ 为正整数.

由于 y 为两位数, x 为四位数, 所以只有 $k=3,4,5$, 得

$$\begin{cases}x=1428,\\y=57;\end{cases}\begin{cases}x=1904,\\y=76;\end{cases}\begin{cases}x=2380,\\y=95.\end{cases}$$

从而知被乘数 $\overline{abcdef}$ 有三个解: 142857,190476,238095, 都恰有

$a+b+c+d+e+f=27$.

11. 由于 $714=2\times3\times7\times17$, 因此要使第三行方框中的数与 714 互质, 在剩下未填的数字 2,3,5,6 中只能选 5.

因 714 是偶数, 所以第二行的三位数不能是偶数, 因此, 它的个位数只能是 3.

故第二行的三位数只能是 263 或 623.

但 623 能被 7 整除, 所以 623 与 714 不互质.

通过检验可知, 2,3,7 和 17 都不是 263 的因数, 所以 714 与 263 这两个数互质.

显然, 263 与 5 也互质. 因此, 714,263 和 5 这三个数为所求.

12. 本题中, 三个分数的分母都是四位数, 不能立刻看出结果, 因此, 有必要将问题先简化一下.

我们知道, 如果将三个分数的分母同时扩大或缩小相同的倍数, 等式照样成立. 这就启发我们用一种化简的方法, 使分母尽量变得简单.

自然的想法是将 1988 这个数作质因数分解.

$1988=2\times2\times7\times71$.

这样, 根据上面的分析, 可以先用 1988 的约数 4 来代替 1988, 试着找一组解, 然后将分母都乘以适当的倍数, 检查一下是否都是四位数就行了: 容易找到 $\frac{1}{12}+\frac{1}{4}=\frac{1}{3}$.

由于 $1988=4\times497$, 所以将上面等式的两边均乘以 $\frac{1}{497}$, 就得

$$\frac{1}{12\times497}+\frac{1}{4\times497}=\frac{1}{3\times497},$$

即 $\frac{1}{5964}+\frac{1}{1988}=\frac{1}{1491}.$

这样就给出了一组适合条件的解.

再如：$1988=2\times2\times7\times71$

$$=(2\times7)\times(2\times71)$$

$$=14\times142,$$

而且有 $\frac{1}{35}+\frac{1}{14}=\frac{1}{10},$

两边同乘以 $\frac{1}{142}$，就得 $\frac{1}{4970}+\frac{1}{1988}=\frac{1}{1420}.$

这就给出了另一组解.

13. $\overline{ABCD}-\overline{DBCA}=(A\times1000+D)-(D\times1000+A)=999\times(A-D)=9\times3\times37\times(A-D).$

被 $63=9\times7$ 整除，所以 $A-D$ 被 7 整除.

因为 $1\leqslant A,D\leqslant9$，并且 $A\neq D$（否则 $\overline{ABCD}$ 与 $\overline{DBCA}$ 相等），所以（不妨设 $A>D$）$A-D=7$，

从而 $A=9,D=2$ 或 $A=8,D=1$.

当 $A-D=7$ 成立时，$\overline{ABCD}=7000+D\times1001+\overline{BC0}=7\times(1000+D\times11\times13)+\overline{BC}\times10$ 被 7 整除，所以 $\overline{BC}$ 被 7 整除，$\overline{BC}=0,7,14,21,28,35,42,49,56,63,70,77,84,91,98.$

又因为 $\overline{ABCD}$ 被 9 整除，所以数字和 $A+B+C+D$ 被 9 整除.

如果 $A=9,D=2$，那么 $B+C+2$ 被 9 整除，所以 $\overline{BC}=7,70,\overline{ABCD}=9072,9702.$

如果 $A=8,D=1$，那么 $B+C$ 被 9 整除，所以 $\overline{BC}=0,63,\overline{ABCD}=8001,8631.$

经检验，$\overline{ABCD}$ 和 $\overline{DBCA}$ 为 9702 和 2709，8001 和 1008，8631 和 1638.

（9072 和 2079 的最大公约数是 3×65，不符合要求）

B 组

1. 首先设未知数.

设纸片盖住的六个数顺次为 a,b,c,d,e,f，则由条件得

$$ab=c,bc=d,cd=\frac{1}{2},d\cdot\frac{1}{2}=e,\frac{1}{2}\cdot e=f,ef=\frac{1}{16}.$$

由最后两式消去 f，得 $\frac{1}{2}e^2=\frac{1}{16}.$

e 是正数，所以，$e=\frac{1}{2\sqrt{2}}.$

进而,顺次利用前面四式,得

$$d=2e=\frac{1}{\sqrt{2}},c=\frac{1}{2}\cdot\frac{1}{d}=\frac{1}{\sqrt{2}},b=d\cdot\frac{1}{c}=1,a=c\cdot\frac{1}{b}=\frac{1}{\sqrt{2}}=\frac{\sqrt{2}}{2}.$$

所以,被纸片盖住的第一个数是 $\frac{\sqrt{2}}{2}$.

2. 填天山. 理由:(1)因为 $\frac{7}{1}=\frac{14}{2}=\frac{21}{3}=\frac{28}{4}$,所以 $\frac{7^{2008}}{1^{2008}}=\frac{14^{2008}}{2^{2008}}=\frac{21^{2008}}{3^{2008}}=\frac{28^{2008}}{4^{2008}}$,由等

比性质知被开方式 $=\left(\frac{7}{1}\right)^{2008}=7^{2008}$,从而原式 $=\sqrt[2008]{7^{2008}}$,则编号为 7,故第一个字为

"天"字;

(2)由题意有 $(18+10+11+2)\div 3=20$,则第二个字为"山"字,地名为"天山".

3. 填 8. 理由:将未填各空格标注字母,如下图.

32	a	x
b	c	d
e	64	f

九个已知数的乘积是 $\frac{1}{4}\times\frac{1}{2}\times 8\times 1\times 2\times 32\times 4\times 16\times 64=64^3$.

所以,每行、每列、每条对角线上三个数的定积等于 64.

因为定积等于 64,所以从第二列和第三行分别得到 $ac=1,ef=1$.

由此得到,a,c,e,f 分别是 $\frac{1}{4},\frac{1}{2},2,4$ 中的某个数.

考虑第一行的乘积,得 $ax=2$.

这样一来,x 只可能是 1 或 8.

考虑到对角线的乘积,得 $64=cex$.

若 $x=1$,则 $ce=64$,不可能.

唯一可能是 $x=8$.这时的填法是:

32	$\frac{1}{4}$	8
1	4	16
2	64	$\frac{1}{2}$

4.(ⅰ)将 A 点处填的数记为 a,B 点处填的数记为 b,其余类推,如右图(1).

大小搭配,试取 $a=1,b=8$.

由 $a+b+c\geqslant 12$,得 $c\geqslant 3$.

精打细算,取最小可能值,令 $c=3$.

继续这样精打细算，顺次得 $h=4,g=7,f=2$.

最后，剩下 5 和 6 两个数，可以随意安排，例如取 $d=5,e=6$ [如图(2)].

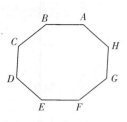

图(1)

(ⅱ)由 $S_1=a+b+c$，$S_2=b+c+d$，两式相减，得

$S_1-S_2=a-d$.

因为 $a \neq d$，所以 $S_1 \neq S_2$.

类似地得到 $S_2 \neq S_3,\cdots,S_8 \neq S_1$.

这样就发现了一个规律：

性质 1：八个和 $S_1,S_2,\cdots,S_8$ 中，每相邻两个互不相等.

其次，记 $S=S_1+S_2+S_3+\cdots+S_8$，则在求 S 时，八边形每个顶点上的数都恰好计算了 3 遍，因而

$S=3 \times (1+2+3+4+5+6+7+8)=108$.

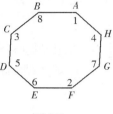

图(2)

于是又发现了第二个规律：

性质 2：八个和 $S_1,S_2,\cdots,S_8$ 的总和 S 等于常数 108.

如果八个和 $S_1,\cdots,S_8$ 都大于或等于 13，由于 $13 \times 8=104=108-4$，

可知这时八个和中至少有四个等于 13.

不妨设 $S_2=13$，那么根据性质 1，与它相邻的和 S_1,S_3 都不能等于 13，至少等于 14.

所以，这四个等于 13 的和互不相邻，只能是 S_2,S_4,S_6,S_8.

另外四个和都比 13 大，因而只能都等于 14（这样才能保证总和等于 108）.

于是，由 $a+b+c=14$，$b+c+d=13$ 两式相减，得

$a-d=1$，即 $a=d+1$.

又由 $d+e+f=13$，$e+f+g=14$ 两式相减，得 $g=d+1$.

由此将推出 $a=g$. 但这是不可能的，因为八个数 $a,\cdots,g,h$ 互不相等.

这样就证明了，没有一种填法能使八个和 $S_1,\cdots,S_8$ 都大于或等于 13.

5. 我们不妨仍用不同的字母代替星号：

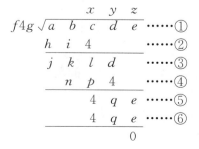

$$
\begin{array}{r}
\phantom{f4g\sqrt{a}}x\ y\ z \\
f4g\sqrt{a\ b\ c\ d\ e}\quad \cdots \cdots ① \\
\underline{h\ i\ 4}\quad\quad \cdots\cdots ② \\
j\ k\ l\ d\quad \cdots\cdots ③ \\
\underline{n\ p\ 4}\quad \cdots\cdots ④ \\
4\ q\ e\quad \cdots\cdots ⑤ \\
\underline{4\ q\ e}\quad \cdots\cdots ⑥ \\
0
\end{array}
$$

为方便计算,标出各行顺序.由第③行减去第④行后前两位均为 0 可推出 $j=1, n=9$, $k=0, l \leqslant p$,我们可以从这里突破并进一步逐步分析.

由第③行减去第④行后前两位均为 0 $\Rightarrow j=1 \Rightarrow n=9, k=0$.

由第②行与第④行知,$x \cdot g$ 与 $y \cdot g$ 的积的末位数都是 4,有 7 种可能的情形: $1 \times 4, 2 \times 2, 2 \times 7, 3 \times 8, 4 \times 6, 6 \times 9, 8 \times 8$.

因 xg 与 yg 有一个因子 g 相同,并且由 $j \geqslant 1 \Rightarrow h < 9 \Rightarrow h < n$.

因此,由 $h, i, 4$ 所成的三位数 $\overline{hi4}$ 小于由 $n, p, 4$ 所成的三位数 $\overline{np4}$. 由此推出 $x < y$.

因此 xg 与 yg 有一个因数相同,另一个因数不同,上述七个乘积中有 4 对合于这个条件,如下表:

$g \times x$	2×2	4×1	6×4	8×3
$g \times y$	2×7	4×6	6×9	8×8

现在分别讨论:

(1)当 $g=8, x=3, y=8$.

这时 $y \times \overline{f4g} = 8 \times \overline{f48} \geqslant 8 \times 148$,为一四位数,与第④行矛盾.

(2)当 $g=6, x=4, y=9$.

这时 $y \times \overline{f4g} = 9 \times \overline{f46} > 9 \times 146$,为一四位数,与第④行矛盾.

(3)当 $g=4, x=1, y=6$.

若 $f \geqslant 2$,则 $6 \times \overline{f44} \geqslant 6 \times 244$,为一四位数,与第④行矛盾.

若 $f=1$,则 $6 \times 144 = 864 < 900$,与 $n=9$ 矛盾.

(4)当 $g=2, x=2, y=7$.

由第④行,$y \times \overline{f4g} = 7 \times \overline{f42} \Rightarrow p=9$ 且进位为 $2 \Rightarrow f=1$.

由 $2 \times 142 = 284, 3 \times 142 = 426, 4 \times 142 = 568$,由第⑤⑥行 $\Rightarrow z=3$.

故本题的答案是除数为 142,商为 273.

6. 根据题意,用不同的字母表示三个数码可以列出一些方程.

设这三个数码从小到大顺次为 x, y, z,用它们排成的三位数有:

$\overline{xyz} = 100x + 10y + z$,   ①

$\overline{xzy} = 100x + 10z + y$,   ②

$\overline{yxz} = 100y + 10x + z$,   ③

$\overline{yzx} = 100y + 10z + x$,   ④

$\overline{zxy} = 100z + 10x + y$,   ⑤

$\overline{zyx} = 100z + 10y + x$.   ⑥

根据题意,将 6 个数相加,得 $222(x+y+z) = 2886$,

即 $x+y+z = 13$.   ⑦

又由⑥减去①得 $99(z-x)=495$,

即 $z-x=5$.　　　　　　　　　　⑧

将⑧代入⑦得 $y=8-2x$.

若 $x=1 \Rightarrow y=z=6$,不合题意.

若 $x=3 \Rightarrow y=2,z=8$,也导出矛盾.

若 $x \geqslant 4$,则 y 非正数.

故只能 $x=2$,从而 $y=4,z=7$.

7. $a=6,b=7,c=8,d=4,e=3$. 理由:

由 $9 \cdot c=72$ 知 $c=8$.注意积为五位数,推知乘数□□□8 中的前两个方框中的数应为 0,即乘数可为□8.

若 a 取 1,2,3,4,5,则乘数□8 中十位数字没有恰当的数,使得乘积小于 6000.因而 a 取 6,此时乘数□8 应为 08.由此推出 $d=4,b=7,e=3$.

8. 设 $\overline{abcd}=x,\overline{ef}=y$.

由题意 $(100x+y) \cdot 3=10000y+x$,

即 $23x=769y$.

因为 $(23,769)=1$,

所以可设 $x=769k,y=23k$.

由于 y 是两位整数,所以 k 只能取 1,2,3,4.

$k=1$ 时,$x=769$ 不是四位数.

$k=2$ 时,$y=46,x=1538$,即 153846.

$k=3$ 时,$y=69,x=2307$,即 230769.

$k=4$ 时,$y=92,x=3076$,即 307692.

所求六位数为 153846,230769 和 307692.

9. 若原数是 ABCD,倒看后成为 EFGH,则有下式

$$\begin{array}{cccc} A & B & C & D \\ + 6 & 8 & 7 & 3 \\ \hline E & F & G & H \end{array}$$

(显然 $A \neq 0$).

计算器上数字倒看也能成数的只有 0,1,2,5,6,8,9.

由上算式可知 $A \leqslant 3$,即 A 只能是 2 或 1.

若 A 是 2,则 H 也应是 2,D 就应是 9,而 E 是 6,但 $E>6$,矛盾.

故 A 只能是 1,H 是 1,D 是 8,E 是 8.于是得新算式如下:

$$\begin{array}{cccc} 1 & B & C & 8 \\ + 6 & 8 & 7 & 3 \\ \hline 8 & F & G & 1 \end{array}$$

由算式，B 可能是 $2,5,6,8,9$.

若 B 是 2，则 G 是 $2C$，是 4，但 4 倒看不是数字，故 B 不能是 2. 同样可确定 B 不是 $5,6,8$，只能是 9，这时 G 是 6，C 是 8，F 是 8. 算式正确，故原数是 1988.

10. 除数乘以 8 得两位数，可知除数不大于 12. 又由除数乘以商的首位数或末位数均为三位数，可知除数不小于 12. 因此，除数为 12.

而由 12 乘以商的首位数或末位数为三位数，所以其首位数、末位数均为 9，即商为 989.

被除数为 $12 \times 989 = 11868$.

11. 给原式的"$*$"号标以字母，即

$$
\begin{array}{r}
7\ \ y_2\ \ y_3\ \ y_4\ \ y_5 \\
x_1x_2x_3\,)\,\overline{a_1\ \ a_2\ \ a_3\ \ a_4\ \ a_5\ \ a_6\ \ a_7\ \ 8} \\
\underline{b_1\ \ b_2\ \ b_3} \\
c_1\ \ c_2\ \ a_5\ \ a_6 \\
\underline{d_1\ \ d_2\ \ d_3} \\
e_1\ \ e_2\ \ a_7\ \ 8 \\
\underline{e_1\ \ e_2\ \ a_7\ \ 8} \\
0
\end{array}
$$

上式中所有字母都表示 $0,1,2,\cdots,9$ 这十个数码中的一个，且下标为 1 的字母都不为 0.

（ⅰ）因为第一次试商 7 后，同时移下二位数码 $a_5 a_6$，说明 $\overline{c_1 c_2 a_5} < \overline{x_1 x_2 x_3}$，所以 $y_2 = 0$，同理 $y_4 = 0$.

（ⅱ）四位数 $\overline{a_1 a_2 a_3 a_4}$ 与三位数 $\overline{b_1 b_2 b_3}$ 之差为两位数 $\overline{c_1 c_2}$，只有在 $a_1 = 1$，$a_2 = 0$，$b_1 = 9$，且 $\overline{a_3 a_4} < \overline{b_2 b_3}$ 时才行，否则其差必为三位数. 同理，$c_1 = 1$，$c_2 = 0$，$d_1 = 9$，$\overline{a_5 a_6} < \overline{d_2 d_3}$.

（ⅲ）因为 $c_2 = 0$，所以 $a_4 = b_3$，又因为 $c_1 = 1$，而 $\overline{a_3 a_4} < \overline{b_2 b_3}$，所以有 $a_3 < b_2$. 这样有 $\overline{1a_3} - b_2 = 1$，所以 $a_3 = 0$，$b_2 = 9$.

（ⅳ）因为 $7 \cdot \overline{x_1 x_2 x_3} = \overline{b_1 b_2 b_3} = \overline{99 b_3}$，所以 $x_1 = 1$，$x_2 = 4$，否则若 $x_1 \geqslant 2$ 或者 $x_1 = 1$，$x_2 \geqslant 5$ 时，$7 \cdot \overline{x_1 x_2 x_3}$ 为四位数.

又 $x_1 = 1$，$x_2 \leqslant 3$ 时，$7 \cdot \overline{x_1 x_2 x_3} < 980$.

由 $7 \cdot \overline{14 x_3} = \overline{99 b_3}$，即 $7 \cdot (140 + x_3) = 990 + b_3$，所以 $7 \cdot x_3 = 10 + b_3$，于是 $x_3 = 2$，$b_3 = 4$，从而 $a_4 = b_3 = 4$.

（ⅴ）因为 $7 \cdot 142 = 994$，而 $y_5 \cdot 142$ 是四位数，所以 $y_5 \geqslant 8$，即 $y_5 = 8$ 或 9，而因为 $y_5 \cdot 142$ 的末位数必须是 8，所以 $y_5 = 9$.

（ⅵ）因为 $\overline{e_1 e_2 a_7} < \overline{x_1 x_2 x_3}$，所以 $e_1 = 1$.

由 $\overline{1a_5}-d_2=e_1=1$，不论 a_5 为何数，d_2 必须是 9.

由 $y_3 \cdot \overline{x_1x_2x_3}=\overline{d_1d_2d_3}$，即 $y_3 \cdot 142=\overline{99d_3}$，所以 $y_3=7,d_3=4$.

(vii) 由 $\overline{e_1e_2a_78}=9 \cdot 142=1278$，所以 $e_2=2,a_7=7$，从而 $\overline{c_1c_2a_5a_6}=\overline{d_1d_2d_3}+\overline{e_1e_2}=$

$994+12=1006$，所以 $a_5=0,a_6=6$.

所以商为 70709.

原式为

$$
\require{enclose}
\begin{array}{r}
70709 \\[-3pt]
142\,\enclose{longdiv}{100\,40678} \\
\end{array}
$$

```
              7 0 7 0 9
    142 ) 1 0 0 4 0 6 7 8
           9 9 4
           1 0 0 6
             9 9 4
             1 2 7 8
             1 2 7 8
                     0
```

第十七章　高斯函数 $[x]$

A 组

1. 选 B. 理由：由 $\left[\dfrac{3x+7}{7}\right]=4$，知 $4 \leqslant \dfrac{3x+7}{7}<5$，得 $7 \leqslant x<\dfrac{28}{3}$. 故 $x=7,8,9$.

2. 选 C. 理由：$\dfrac{10^{2009}}{10^{49}-2}=\dfrac{(10^{49})^{41}}{10^{49}-2}=\dfrac{(10^{49})^{41}-2^{41}}{10^{49}-2}-\dfrac{2^{41}}{10^{49}-2}$，显然 $\dfrac{2^{41}}{10^{49}-2}<1$，而

$\dfrac{(10^{49})^{41}-2^{41}}{10^{49}-2}=(10^{49})^{40}+(10^{49}) \cdot 2^1+\cdots+2^{40}$，所以只考虑乘方数 2^{40} 的个位数字即

可.

3. 选 B. 理由：以 a_n 记 $\left[\dfrac{2001n}{2007}\right]+\left[\dfrac{2001(2007-n)}{2007}\right]$，易见 $S=a_1+a_2+\cdots+a_{1003}$.

用 $\{x\}$ 表示的小数部分，则 $x=[x]+\{x\}$.

注意到 $\dfrac{2001n}{2007}+\dfrac{2001(2007-n)}{2007}=2001,n=1,2,\cdots,1003$.

对 $n=1,2,\cdots,1003$，若 2007 不整除 $2001n$，则 2007 不整除 $2001(2007-n)$，易见

此时 $0<\left\{\dfrac{2001n}{2007}\right\}=p_n<1$，$0<\left\{\dfrac{2001(2007-n)}{2007}\right\}=q_n<1$，$a_n=\left(\dfrac{2001n}{2007}-p_n\right)+$

$\left(\dfrac{2001(2007-n)}{2007}-q_n\right)=2001-(p_n+q_n)$.

因为 a_n 是整数，所以 p_n+q_n 是整数.

但 $0<p_n+q_n<2$，故 $p_n+q_n=1,a_n=2000$.

注意到 2007 和 2001 的质因数分解式为 $2007=3^2 \times 223$，$2001=3 \times 667$，所以在 1，2，$\cdots$，1003 中，只有 $n=3 \times 223=669$，才能使 2007 整除 2001n.

因此，$S=(a_1+a_2+\cdots+a_{668}+a_{670}+\cdots+a_{1003})+a_{669}=2000 \times 1002+2001=2006001$.

4. 选 A. 理由：

原式 $=\left[\dfrac{(2009+0) \times 83}{2009}\right]+\left[\dfrac{(2009+1) \times 83}{2009}\right]+\cdots+\left[\dfrac{(2009+2008) \times 83}{2009}\right]$

$=83+\left[\dfrac{0 \times 83}{2009}\right]+83+\left[\dfrac{1 \times 83}{2009}\right]+\cdots+83+\left[\dfrac{2008 \times 83}{2009}\right]$

$=83 \times 2009+\dfrac{0 \times 83}{2009}+\dfrac{1 \times 83}{2009}+\cdots+\dfrac{2008 \times 83}{2009}-\left\{\dfrac{0 \times 83}{2009}\right\}-\left\{\dfrac{1 \times 83}{2009}\right\}-\cdots-\left\{\dfrac{2008 \times 83}{2009}\right\}$

$=2009 \times 83+\dfrac{83}{2009}(1+2+\cdots+2008)-\left\{\dfrac{0 \times 83}{2009}\right\}-\left\{\dfrac{1 \times 83}{2009}\right\}-\cdots-\left\{\dfrac{2008 \times 83}{2009}\right\}$

$=2009 \times 83+83 \times 1004-\left\{\dfrac{0 \times 83}{2009}\right\}-\left\{\dfrac{1 \times 83}{2009}\right\}-\cdots-\left\{\dfrac{2008 \times 83}{2009}\right\}$.

显然，2009 与 83 互质，0×83，1×83，$\cdots$，2008×83 除以 2009 有 2009 个不同的余数. 所以，

$$\left\{\dfrac{0 \times 83}{2009}\right\}+\left\{\dfrac{1 \times 83}{2009}\right\}+\cdots+\left\{\dfrac{2008 \times 83}{2009}\right\}=\dfrac{0+1+\cdots+2008}{2009}=1004.$$

故原式 $=2009 \times 83+83 \times 1004-1004=166747+82328=249075$.

B 组

1. 选 D. 理由：令 $[x]=m$，则 $x=m+\alpha$，$0 \leqslant \alpha \leqslant 1$，

代入原方程得 $4(m+\alpha)^2-40m+51=0$，

即 $4\alpha^2+8m\alpha+(4m^2-40m+51)=0$.

解出 α 得：$\alpha=\dfrac{-2m \pm \sqrt{40m-51}}{2}$.

注意到 $0 \leqslant \alpha < 1$，及 $40m-51 \geqslant 0$，有

$$\begin{cases} 0 \leqslant \dfrac{1}{2}(-2m+\sqrt{40m-51})<1, & \text{①} \\ m>\dfrac{51}{40}. & \text{②} \end{cases}$$

由①，$0 \leqslant -2m+\sqrt{40m-51}<2$，即 $2m \leqslant \sqrt{40m-51}<2+2m$.

因 $m>\dfrac{51}{40}$，$4m^2\leqslant 40m-51<4+8m+4m^2$，

故得 $4m^2-40m+51\leqslant 0\Rightarrow\dfrac{3}{2}\leqslant m<\dfrac{17}{2}$，　　　　　　　　　③

　　　　$4m^2-32m+55>0\Rightarrow m<\dfrac{5}{2}$ 或 $m>\dfrac{11}{2}$．　　　　　　　　④

综合③④，$\dfrac{3}{2}\leqslant m<\dfrac{5}{2}$，或 $\dfrac{11}{2}<m<\dfrac{17}{2}$．

注意到 m 为整数，知 $m=2,6,7,8$．

代入可得相应的四个 α 值，$\alpha=-2+\dfrac{\sqrt{29}}{2}$，$-6+\dfrac{\sqrt{189}}{2}$，$-7+\dfrac{\sqrt{229}}{2}$，$-8+\dfrac{\sqrt{269}}{2}$．

可得原方程有四个实数解：$x_1=\dfrac{\sqrt{29}}{2}$，$x_2=\dfrac{\sqrt{189}}{2}$，$x_3=\dfrac{\sqrt{229}}{2}$，$x_4=\dfrac{\sqrt{269}}{2}$．

2. 设 $f(n)=\dfrac{n^2}{2008}$．

当 $n=2,3,\cdots,1004$ 时，有 $f(n)-f(n-1)=\dfrac{n^2}{2008}-\dfrac{(n-1)^2}{2008}=\dfrac{2n-1}{2008}<1$．

而 $f(1)=0$，$f(1004)=\dfrac{1004^2}{2008}=502$，

所以，从 0 到 502 的整数都能取到．

当 $n=1005,1006,\cdots,2008$ 时，有 $f(n)-f(n-1)=\dfrac{n^2}{2008}-\dfrac{(n-1)^2}{2008}=\dfrac{2n-1}{2008}>1$．

而 $f(1005)=\dfrac{1005^2}{2008}=\dfrac{(1004+1)^2}{2008}=502+1+\dfrac{1}{2008}>503$，

故 $\left[\dfrac{1005^2}{2008}\right]$，$\left[\dfrac{1006^2}{2008}\right]$，$\cdots$，$\left[\dfrac{2008^2}{2008}\right]$ 是互不相同的整数．

从而，在 $\left[\dfrac{1^2}{2008}\right]$，$\left[\dfrac{2^2}{2008}\right]$，$\cdots$，$\left[\dfrac{2008^2}{2008}\right]$ 中，共有 $503+1004=1507$ 个不同的整数．

3. 由题意有 $x=[x]+\{x\}$．

所以，原方程可化为 $[x]^2=([x]+\{x\})\{x\}$．　　　　　　　　　①

(1)设 $\{x\}=0$，则 $[x]=0$．从而，$x=0$，这与已知 x 为正数矛盾．

(2)设 $\{x\}\neq 0$，则 $0<\{x\}<1$．

若 $[x]=0$，则由 $x>0$，知 $[x]^2=x\{x\}$ 不成立．

若 $[x]\geqslant 2$，将方程①化为 $[x]([x]-\{x\})=\{x\}^2$．　　　　　　　　②

因为 $0<\{x\}<1$，所以 $0<\{x\}^2<1$．

但 $[x]-\{x\}>1$，于是，$[x]([x]-\{x\})>2\times 1=2$，

故$[x]([x]-\{x\})\neq\{x\}^2$.

因此,式②不成立.

综上所述,有且只有$[x]=1$.

此时,式①可化为$\{x\}^2+\{x\}-1=0$.

解得$\{x\}=\dfrac{\sqrt{5}-1}{2}$.

故$x=[x]+\{x\}=1+\dfrac{\sqrt{5}-1}{2}=\dfrac{\sqrt{5}+1}{2}$.

第十八章　有序整数对问题

A 组

1. 选 C. 理由:由 $2009=49\times41$,得$\sqrt{2009}=7\sqrt{41}$.

又 $0<x<y$,故可将$\sqrt{2009}$改写成

$$\sqrt{2009}=\sqrt{41}+6\sqrt{41}=2\sqrt{41}+5\sqrt{41}=3\sqrt{41}+4\sqrt{41},$$

即$\sqrt{2009}=\sqrt{41}+\sqrt{1476}=\sqrt{164}+\sqrt{1025}=\sqrt{369}+\sqrt{656}$.

因此,满足条件的整数对(x,y)为$(41,1476),(164,1025),(369,656)$.共有 3 对.

2. 填 8. 理由:已知等式可化为$(\sqrt{x}+\sqrt{y}+\sqrt{2006})(\sqrt{xy}-\sqrt{2006})=0$.

因为$\sqrt{x}+\sqrt{y}+\sqrt{2006}>0$,所以,$\sqrt{xy}=\sqrt{2006}$,

即 $xy=2006=1\times2006=2\times1003=17\times118=34\times59$,

则$(x,y)=(1,2006),(2006,1),(2,1003),(1003,2),(17,118),(118,17),(34,59),(59,34)$.

故满足已知等式的正整数对(x,y)共有 8 个.

3. 由已知条件知$9(m^2+1)=(n-m)(n+m)$.

注意到 m^2+1 是一个质数,且 $m^2+1\equiv1$ 或 $2(\bmod\ 3)$,故 m^2+1 不是 3 的倍数.

因此,$\begin{cases}n-m=1,3,9,m^2+1,\\ n+m=9(m^2+1),3(m^2+1),m^2+1,9.\end{cases}$

(1)若$\begin{cases}n-m=1,\\ n+m=9(m^2+1),\end{cases}$

将两式相减得$9m^2+8=2m$,不可能.

(2)若$\begin{cases}n-m=3,\\ n+m=3(m^2+1),\end{cases}$

将两式相减得 $m^2-8=2m$,故 $m=4$.

(3)若 $\begin{cases} n-m=9, \\ n+m=m^2+1, \end{cases}$

将两式相减得 $m^2-8=2m$,故 $m=4$.

(4)若 $\begin{cases} n-m=m^2+1, \\ n+m=9, \end{cases}$

将两式相减得 $m^2-8=-2m$,故 $m=2$.

当 $m=2$ 或 4 时,$m^2+1=5$ 或 17 均为质数,此时,对应的 n 为 7 或 13.

故满足条件的 $(m,n)=(2,7),(4,13)$.

将两式相减得 $3m^2=2m$,不可能.

B 组

1. 由 $p=x^2-y^2=(x-y)(x+y)$ 及 p 为质数知

$$\begin{cases} x+y=p, \\ x-y=1 \end{cases} \text{或} \begin{cases} x+y=-p, \\ x-y=-1 \end{cases} \text{或} \begin{cases} x+y=1, \\ x-y=p \end{cases} \text{或} \begin{cases} x+y=-1, \\ x-y=-p. \end{cases}$$

(1)当 $\begin{cases} x+y=p, \\ x-y=1 \end{cases}$ 时,$\begin{cases} x=\dfrac{p+1}{2}, \\ y=\dfrac{p-1}{2}. \end{cases}$

将其代入 $3xy+p(x-y)=p^2$ 中,得 $\dfrac{3}{4}(p^2-1)+p=p^2$,

即 $p^2-4p+3=0$.

解得 $p=3$ 或 $p=1$(舍).

(2)当 $\begin{cases} x+y=-p, \\ x-y=-1 \end{cases} \text{或} \begin{cases} x+y=1, \\ x-y=p \end{cases} \text{或} \begin{cases} x+y=-1, \\ x-y=-p \end{cases}$ 时,

经计算可知没有符合条件的质数 p.

所以,符合条件的质数 $p=3$.

2. 在条件等式两边都乘以 4,有 $4x^4+4x^3+4x^2+4x=4y^2+4y$,

配方变形得 $4x^4+4x^3+4x^2+4x+1=(2y+1)^2$.

注意到 $(2x^2+x)^2=4x^4+4x^3+x^2$ 和 $(2x^2+x+1)^2=4x^4+4x^3+5x^2+2x+1$ 是

两个相邻的平方数,并且 $2x^2+x=2(x+\dfrac{1}{4})^2-\dfrac{1}{8}$ 作为实值函数,其最小整数值等于 0.

从而,在 x 取整数值条件下 $|2x^2+x| \leqslant |2x^2+x+1|$.

故只有两种情况.

(1) $(2y+1)^2 = 4x^4 + 4x^3 + 4x^2 + 4x + 1 \leqslant 4x^4 + 4x^3 + x^2$.

(2) $(2y+1)^2 = 4x^4 + 4x^3 + 4x^2 + 4x + 1 \geqslant 4x^4 + 4x^3 + 5x^2 + 2x + 1$.

若(1)成立,则 $3x^2 + 4x + 1 \leqslant 0$, $-1 \leqslant x \leqslant -\dfrac{1}{3}$, $x = -1$.

于是,$(2y+1)^2 = 1$,有 $y = 0$ 或 $y = -1$,得解 $(-1, 0)$, $(-1, -1)$.

若(2)成立,则 $x^2 - 2x \leqslant 0$, $0 \leqslant x \leqslant 2$.

故 $x = 0, 1, 2$.

当 $x = 0$ 时,$y = -1$ 或 0,从而有解 $(0, 0)$, $(0, -1)$.

当 $x = 1$ 时,$y^2 + y - 4 = 0$, y 无整数解.

当 $x = 2$ 时,$y^2 + y - 30 = 0$, $y = -6$ 或 5,有解 $(2, -6)$, $(2, 5)$.

综上,满足条件的解是 $(-1, 0)$, $(-1, -1)$, $(0, 0)$, $(0, -1)$, $(2, -6)$, $(2, 5)$.

参考文献

天津师范大学. 中等数学[C],2000—2010 年各期.

彭林. 初中数学竞赛中的数论初步[M]. 北京:中国物质出版社,2004.

罗增儒. 数字谜题的所有解[J]. 中等数学,2008(3,4):2-4.

蒋声. 填数问题[J]. 中等数学,2003(1):2-4.

冯跃峰. 完全平方数[J]. 中等数学,2008(10,11):5-8.

冯跃峰. 整除[J]. 中等数学,2008(12):2-4.

冯跃峰. 带余除法[J]. 中等数学,2009(4):2-5.

冯跃峰. 同余的应用[J]. 中等数学,2009(5):2-5.

沈文选. 整数整除性问题的若干证法[J]. 数学园地,1985(10):3-4.

沈文选. 整数的分类、分解及末位数[J]. 湖南数学通讯,1990(4):32-35.

沈文选. 整数的多项式表示及整除性[J]. 湖南数学通讯,1990(3):32-35.

沈文选. 3 的剩余类及应用[J]. 中等数学,1999(3):5-8.

沈文选. 数的二进位制及应用[J]. 中学数学(苏州),1990(10):23-25.

图书在版编目（CIP）数据

初中数学竞赛中的数论问题 / 沈文选，张垚，吴仁芳编著 .—长沙：湖南师范大学出版社，2011.1
（奥赛经典丛书·专题研究系列）
ISBN 978-7-5648-0358-2

Ⅰ.①初…　Ⅱ.①沈…②张…③吴…　Ⅲ. 数论—初中—教学参考资料
Ⅳ.G634.663

中国版本图书馆 CIP 数据核字（2010）第 240499 号

初中数学竞赛中的数论问题

沈文选　张　垚　吴仁芳　编著

◇策　　划：廖小刚　周基东
◇责任编辑：廖小刚　周基东
◇责任校对：胡晓军
◇出版发行：湖南师范大学出版社
　　　　　　地址/长沙市岳麓区　邮编/410081
　　　　　　电话/0731-88873070　88873071　传真/0731-88872636
　　　　　　网址/https：//press. hunnu. edu. cn
◇印刷：长沙超峰印刷有限公司
◇开本：787 mm×1092 mm　1/16 开
◇印张：17
◇字数：498 千字
◇版次：2011 年 1 月第 1 版　2024 年 5 月第 19 次印刷
◇书号：ISBN 978-7-5648-0358-2
◇定价：42.00 元